TITE-LIVE

HISTOIRE ROMAINE

LIVRE XXXIII

COLLECTION DES UNIVERSITÉS DE FRANCE
publiée sous le patronage de l'ASSOCIATION GUILLAUME BUDÉ

TITE-LIVE

HISTOIRE ROMAINE

TOME XXIII

LIVRE XXXIII

TEXTE ÉTABLI ET TRADUIT
PAR
GUY ACHARD
Professeur à l'Université de Lyon III

Deuxième tirage

PARIS
LES BELLES LETTRES
2002

Conformément aux statuts de l'Association Guillaume Budé, ce volume a été soumis à l'approbation de la commission technique, qui a chargé M. Christian Gouillart d'en faire la révision et d'en surveiller la correction en collaboration avec M. Guy Achard.

95 boulevard Raspail, 75006 Paris
www.lesbelleslettres.com

Première édition 2001

ISBN : 2-251-01422-5
ISSN : 0184-7155

INTRODUCTION

I

PLACE DU LIVRE XXXIII DANS LA QUATRIÈME DÉCADE, CONTENU ET COMPOSITION.

Quelle que soit l'opinion que l'on ait sur la fameuse question de la composition de l'œuvre livienne, il faut convenir que le livre 33 occupe une place centrale dans le récit des rapports entre Rome et la Grèce : si l'on pense que l'historien n'a pas organisé son œuvre en ensembles formés d'un nombre de livres donné et qu'il fait une narration continue, le *liber* 33, avec la victoire sur Philippe en 197 et la proclamation de la liberté de la Grèce en 196, marque le point culminant du récit de la seconde guerre macédonienne et de ses suites [1] ; si l'on admet que Tite-Live a généralement regroupé son œuvre en ensembles de cinq, voire de dix livres — les « pentades » [2] et « décades » —, le livre 33 occupe donc

1. Le conflit a commencé en 201 et les conséquences directes de cette guerre s'étendent jusqu'à 192. La première guerre a duré de 215 à 205 : Philippe V avait voulu profiter des embarras de Rome pour lui reprendre l'Illyrie où elle s'était implantée, mais finalement les Romains, après s'être alliés avec les Étoliens, purent conserver, par le traité de Phoinike, des têtes de pont dans cette région.

2. Sur la question des pentades et décades, en particulier pour les livres 31 à 40, on verra A. Hus et la vaste bibliographie que celui-ci signale (p. IX sqq.)°. Voir aussi en faveur de la construction par décade ou par pentade, T. J. Luce ; A. Fontán, *Continuidad y articulacíon del relato en la historia de Livio, CFC*, X, 1976, p. 249-270 ; P. Hasse, *A*

naturellement une position médiane dans la pentade 31-35 [3], à la charnière entre les opérations militaires contre le roi de Macédoine et leurs suites.

Regardons plus précisément la situation au début du livre 33.

Dans le livre 31, après la Préface, le narrateur a indiqué les causes de la guerre, les mesures prises par les Romains à la fin de l'année 201, la déclaration de guerre à Philippe, l'aide que le consul Galba a trouvée chez les Athéniens, les Rhodiens et Attale, les premières opérations, en particulier les actions infructueuses de Philippe contre Athènes. Puis il a insisté sur les atermoiements des Étoliens, qui attendront la mi-199 pour se ranger aux côtés des adversaires des Macédoniens ; ensuite il a raconté les campagnes heureuses de Rome au printemps et dans l'été de 199 à Lynkos, en Éordée, à Andros

remarkable pattern in Livy, 21-45, AClass, 39, 1996, p. 5-16. Signalons pour la bibliographie deux outils indispensables pour toute étude de Tite-Live : 1) le rencensement exhaustif de W. Kissel pour les années 1933-1978 dans l'*ANRW*, II, 30, 2, 1982, p. 901 à 997 ; 2) dans le même volume, la bibliographie critique sur les travaux en linguistique livienne parus après la guerre par H. Aili, *Livy's language. A critical Survey of Research*, p. 1122-1147. Le commentaire de J. Briscoe, à qui nous devons beaucoup, reste fondamental. Pour les traductions en français on peut ajouter d'Isabelle Piette, *Tite-Live traduit en français, une bibliographie, LEC*, LIX, 1991, p. 147-164 (depuis la première traduction de P. Bersuire à Paris en 1486).

° Pour les références qui comportent ici seulement un nom d'auteur, voir la liste « Abréviations » à la fin de cette introduction.

3. Ou la position médiane dans la première partie de la quatrième décade, si l'on pense qu'il y a une quatrième décade, ce qui nous paraît tout à fait défendable, puisque les livres 36 à 40 narrent surtout la guerre de Syrie et ses suites (années 191 à 179), qui succède logiquement à la seconde guerre de Macédoine. Mais il est évident que la narration des livres 31 à 35 ne concerne pas la seule situation en Grèce : ainsi le livre 31 consacre une quinzaine de chapitres sur cinquante à d'autres questions (expédition contre les Boïens, délibérations du sénat, tirage au sort des provinces, guerre contre les Ligures, rapports avec Carthage, prodiges, triomphes, jeux), le livre 34, plus d'une trentaine sur soixante-deux (débats à propos de l'abrogation de la loi Oppia, campagnes de Caton en Espagne, victoires sur les Boïens et les Insubres, élections, attributions des provinces, fondations de colonies, prodiges, présages, guerre contre les Ligures, relations avec Carthage).

et Oreos, mais aussi les succès de Philippe contre les Dardaniens et les Étoliens, quelques chapitres étant consacrés aux événements d'Occident : soulèvements assez vite réprimés en Ligurie et en Cisalpine dans l'année 200 etc..

Le livre 32 concerne la fin de l'année 199, l'année 198 et le début de 197 [4] : Tite-Live y décrit les campagnes victorieuses de Flamininus en Épire et en Thessalie, le Romain bénéficiant de l'aide des Étoliens et des Athamans. Il narre aussi les succès obtenus par les flottes ; mais Rome subit deux revers, à Atrax et à Corinthe. En Italie éclate une conspiration d'esclaves qui est rudement réprimée et on livre de farouches combats contre les Insubres. Flamininus est prorogé dans son commandement, mais, n'étant pas encore informé de cette décision, il accepte, pour gagner du temps, de rencontrer Philippe à Nicée : une trêve est conclue et les propositions des Macédoniens sont présentées au sénat qui les juge insuffisantes et qui laisse le général libre de continuer la guerre contre le roi. Nabis s'empare d'Argos ; un traité est passé avec lui.

Le livre 33, quant à lui, nous l'avons dit, est riche en événements importants : victoire contre Philippe, proclamation de la liberté de la Grèce, mais aussi fuite d'Hannibal auprès d'Antiochus. La narration s'organise ainsi :

Les événements de Grèce et d'Asie au début de 197 (1-20) :

Flamininus et les Béotiens : Flamininus assure ses arrières en obtenant par ruse l'alliance de la Béotie (1-2)

La bataille de Cynoscéphales : Devant l'imminence du conflit, Philippe accélère les préparatifs militaires (3) ; les deux généraux marchent vers la Thessalie et s'affrontent près des monts Cynoscéphales ; Philippe est défait(4-9) et s'enfuit à Gonnoi (10).

Les négociations après Cynoscéphales : un différend éclate entre Flamininus et les Étoliens, celui-là souhaitant,

4. Dans ce dernier secteur chronologique il n'est traité que des événements d'Italie.

pour de nombreuses raisons, maintenir le roi, ceux-ci voulant le tuer ou le chasser de son pays (11-13). Le Romain impose ses vues et le roi accepte toutes les conditions.

Sur les autres fronts : Les Achéens l'emportent sur un général macédonien, Androsthenes (14-15) ; le frère de Flamininus qui n'a pas réussi à détacher les Acarnaniens du parti de Philippe, s'empare de Leucas malgré la résistance courageuse des habitants (16-17) ; les Macédoniens sont aussi vaincus par les Rhodiens (18) mais battent leurs voisins dardaniens.

En Asie, Antiochus entre en guerre, avec l'idée d'aider Philippe (19) et s'empare de nombreuses villes (20). Attale meurt. Tite-Live fait son éloge (21a).

Événements en Espagne et à Rome à la fin de 197 (21b- 25a) :

En Espagne : une guerre éclate (21b).

À Rome : Différend à propos du triomphe des consuls en charge de l'Italie (22-23). Elections. Délibérations du sénat à propos de la paix à conclure avec Philippe et au sujet de Cosa (24). Jeux (25a).

Le début de l'année 196 à Rome (25b-26) :

La paix avec Philippe est votée. On apprend de mauvaises nouvelles d'Espagne (25b). On y envoie des légions. On conjure des prodiges plutôt menaçants (26).

En Grèce en 196 (27-35) :

Événements de Béotie : Les Béotiens se rapprochent des Macédoniens (27) : des pro-Romains, Pisistratos et Zeuxippe, ayant éliminé Brachylles, béotarque pro-macédonien, Zeuxippe doit s'exiler et Pisistratos est condamné à mort (28). Les Béotiens tuent des soldats romains ; aussi Flamininus se livre à une expédition punitive. (29)

Proclamation de la liberté de la Grèce : Les modalités de la paix sont précisées à Philippe (30). Sur l'insistance de

Flamininus, la liberté est accordée à la Grèce (31) et proclamée aux Jeux Isthmiques, au milieu d'une joie immense (32-33). Les délégués de Rome règlent le statut de diverses cités d'une manière qui déplaît aux Étoliens (34-35).

Les événements d'Italie en 196 (36-37) :

L'Italie du nord est en proie à la guerre : les Boïens et les Insubres attaquent avec des fortunes diverses les Romains, qui finalement l'emportent (36-37).

Les menées d'Antiochus en Asie en 196 (38-41) :

En Asie Antiochus entreprend de mettre la main sur toutes les cités, rebâtit Lysimachia (38), où il rencontre les délégués de Rome. Ceux-ci le somment de se retirer d'Europe et des villes laissées par Philippe en Asie. Mais le roi refuse (39-40). La mort de Ptolémée ayant été annoncée, Antiochus et Cornelius quittent la conférence, car chacun a l'idée de précéder l'autre en Égypte ; mais, la nouvelle se révélant fausse, Antiochus revient à Antioche (41).

La fin de l'année 196 et le début de l'année 195 à Rome (42-44) :

Élection des triumvirs épulons. Comices consulaires. Jeux (42). Entrée en charge des consuls. Tirage au sort des attributions des consuls et des préteurs (43). Les Romains reçoivent la nouvelle d'une victoire en Espagne. Du coup, ils redoutent davantage Antiochus et Nabis, tyran de Lacédémone (44).

Les événements de 195 à Carthage et en Étolie :

La fuite d'Hannibal : Un nouveau péril s'annonce avec Hannibal que les Carthaginois, amis de Rome, présentent comme un agitateur (45). Celui-ci s'en étant pris au despotisme de l'ordre des juges, les Carthaginois en appellent aux

Romains qui envoient une ambassade : Hannibal s'enfuit (46-47), passe dans l'île de Cercina (48), et rejoint Antiochus à Ephèse (49a)

Défection des Étoliens : Les Étoliens, mécontents de l'attitude des Romains à leur égard pendant la guerre avec Philippe, se détachent de l'alliance avec Rome (49b).

Les deux livres suivants, sans que soient délaissés les événements de Rome et les campagnes en Italie du nord et en Espagne [5], narrent les suites de la lutte contre Philippe : victoire de Flamininus sur Nabis et libération d'Argos, tentatives infructueuses de négocier avec Antiochus, montée de l'hostilité des Étoliens à l'égard de Rome, menées de ceux-ci auprès de Nabis, d'Antiochus et de Philippe pour accélérer le déclenchement de la guerre, conflit entre Nabis et les Achéens, arrivée d'Antiochus en Grèce et premières escarmouches qui vont entraîner la guerre entre Rome et le roi. On voit combien le livre 33, en marquant l'aboutissement des campagnes contre Philippe et la montée de nouveaux périls qui conduiront à un nouveau conflit, occupe une position centrale...

L'organisation générale du livre 33 semble annalistique, puisque l'ouvrage couvre globalement 197 et 196, que les débuts d'année sont nettement marqués et qu'une part à peu près égale est attribuée à 197 (avec près de vingt-cinq chapitres) et à 196 (avec dix-sept chapitres). Pour chaque année l'ordre est ferme et s'inscrit bien dans le cadre annalistique : la campagne de Grèce de 197 — qui occupe les chapitres 1 à 20 — est nettement composée : précautions de Flamininus, campagne principale, négociations, autres opérations (victoire des Achéens, de Lucius Flamininus, et des Rhodiens) ; lui succède pour cette même année l'évocation des événements en Espagne et à Rome (21-25) ; pour 196 la *dispositio*

5. Ces événements sont quelquefois, même quand ils semblent limités à la Ville seule, liés aux événements de Grèce et d'Asie : ainsi les débats sur la loi Oppia (au début du livre 34) sont la conséquence de l'enrichissement de la cité, lui-même consécutif à l'expansion de Rome en Orient.

est plus complexe puisque les théâtres successifs sont Rome et l'Italie, puis la Grèce, puis à nouveau l'Italie, puis encore la Grèce, et enfin une nouvelle fois Rome. Il faut cependant observer que Tite-Live a dû se trouver devant des sources imprécises ou contradictoires en matière de chronologie [6] ; de plus certains événements de 197 à Rome ont déjà été évoqués dans le livre 32 et les chapitres 43 à 49 empiètent sur l'année 195. L'organisation est bel et bien annalistique, mais elle est mise en œuvre avec souplesse. Il semble que Tite-Live ait trouvé un peu insuffisant un livre qui se serait arrêté à la fin de 196. Il a souligné au début du livre 31 l'ampleur de sa tâche, aussi essaie-t-il, malgré la richesse en événements de cette période, de traiter un peu plus de deux années dans un même livre.

Mais il faut sans doute chercher ailleurs que dans la conception annalistique le facteur d'unité de ce livre. Est-ce, comme il arrive souvent dans l'œuvre livienne, le rôle majeur dévolu à tel ou tel personnage qui constitue l'élément directeur ? À vrai dire, si Flamininus ou Philippe tiennent les premières places, il en est de même dans d'autres livres de la décade.

De fait l'unité vient de la place primordiale des affaires de Grèce et d'Asie qui occupent quelque trente-huit chapitres sur quarante-neuf (en incluant évidemment les débats à Rome qui concernent ces régions et ce qui se rapporte à Hannibal). Cette unité est renforcée par une opposition entre la brillante victoire de Cynoscéphales, l'extraordinaire proclamation de la liberté de la Grèce d'une part et les dangers nouveaux qui se lèvent avec Antiochus, Nabis, Hannibal, les Étoliens, voire l'Espagne [7]. Les prodromes de la guerre de Syrie sont subtilement disséminés en 13, 15 [8] ; 19, 6 ; 27, 6 ;

6. Voir infra la partie intitulée « Difficultés chronologiques ».

7. V. H. Brüggemann, *Komposition und Entwicklungstendenzen der Bücher 31-35 des Titus Livius*, Kiel, 1955. Le récit des événements d'Espagne annonce les campagnes de Caton au livre suivant.

8. Les références à deux nombres (quelquefois accompagnées, pour clarifier, des mentions « ici », « supra », « infra ») renvoient aux chapitres et paragraphes du livre 33.

31, 6 ; 31, 10 ; 34, 1-4 ; 38 et 49, 7 [9]. Ce livre occupe bien une position charnière dans la phase proprement hellénique de la quatrième décade [10]. La proclamation de la liberté de la Grèce jouant le rôle de pivot au centre du livre [11], mais aussi au cœur de l'ensemble de la pentade. Mais les autres événements, quoique manifestement réduits, ne sont pas laissés dans l'ombre et le livre contient les éléments habituels : assemblées, conférences, prodiges, élections, discours et triomphes, etc..

II

SOURCES

La question des sources de Tite-Live a été souvent étudiée, en particulier pour les quatrième et cinquième « décades » [12] : il était évident que l'historien n'avait pas lu directe-

9. De même sera annoncée la guerre contre Persée dans la deuxième « pentade » (l. 36 à 40).

10. C'est souvent le rôle des livres dont le numéro se termine par 3 ou par 8. Cf. B. Pagnon, *Le récit de l'expédition de Cn. Manlius Vulso contre les Gallo-Grecs et ses prolongements dans le livre 38 de Tite-Live*, *LEC*, L, 1982, p. 115-128.

11. Luce (p. 35) a montré que Tite-Live plaçait souvent des événements fondamentaux en position centrale dans les livres.

12. On citera surtout : H. Nissen, *Kritische Untersuchungen über die Quellen der vierten und fünften Dekade des Livius*, Berlin, 1863 ; G. F. Unger, *Die römischen Quellen des Livius in der vierten und fünften Dekade*, *Philologus*, Suppbd. III, 6,1878 ; W. Soltau, *Die annalistischen Quellen in Livius' IV und V Dekade*, *Philologus*, 52, 1894, p. 664-701 ; *Livius' Geschichtswerk : seine Komposition und seine Quellen*, Leipzig, 1897, R. B. Steele, *The historical attitude of Livy*, *A. J. Ph.*, 25, 1904, p. 15-44 (avec tableaux) ; K. Witte, *Ueber die Form der Darstellung in Livius' Geschichtswerk*, *Rh. Museum*, LXV, 1910, p. 270-305 ; 359-419 ; U. Kahrstedt, *Zum Ausbruche des römisch-makedonischen Krieges*, *Klio*, 11, 1911, p. 415-430 ; *Die Annalistik von Livius, Bücher XXXI-XLV*, Berlin, 1913 ; A. Klotz, *Zu den Quellen der vierten und fünften Dekade des Livius*, *Hermes* L, 1915,

ment inscriptions, archives ou fastes, mais que sa documentation avait été essentiellement livresque : il fallait donc tenter de préciser quels auteurs il avait pu consulter : cette fameuse *Quellenforschung* a été d'abord menée par H. Nissen et G. F. Unger. W. Soltau a apporté un élément très concret et déterminant en essayant de retrouver les conditions de travail des historiens de cette période : il a observé qu'il était sans doute bien difficile pour Tite-Live de dérouler pour s'informer plus d'un *uolumen*, qu'il y avait donc une source dominante (ou même unique), voire — si l'historien changeait d'inspirateurs en cours de rédaction — une succes-

p. 481-536 ; M. Zimmerer, *Der Annalist Qu. Claudius Quadrigarius*, Munich, 1937 ; M. Holleaux, *Études d'épigraphie et d'histoire grecques*, Paris, 1938-1968 ; A. Klotz, *Livius und seine Vorgänger*, Leipzig-Berlin, 1940-1941, p. 24-100 ; J. Bayet, *Tite-Live, Histoire romaine*, t. I, p. XXVI-XLI, CUF, 1940 ; Gelzer, *Gnomon*, XVIII (1942), 226 = Kleine Schriften, III, 275 ; Volkman, *Valerius Antias*, in *RE*, 7, 1, 1948 ; A. Klotz, *Die Benutzung des Polybios bei römischen Schriftstellern, Studi italiani di filologia classica*, XXV, 1951, p. 243 sqq. ; R. Jumeau, *Recherches méthodologiques sur l'utilisation de Polybe par Tite-Live dans la IV*[e] *et V*[e] *Décade, Tite-Live, adaptateur de Polybe*, (thèse dactylographiée), Paris, 1954 ; P. G. Walsh, *The Literary Techniques of Livy, Rh. Museum*, XCVII, 1954, p. 97-114 ; A. H. McDonald, *The style of Livy, JRS*, XLVII, 1957, p. 155-172 ; P. G. Walsh, *The Negligent Historian : « Howlers » in Livy, Greece and Rome*, V, 1958, p. 83-88 ; Mezzar-Zerbi, *Le fonte di Livio nelle guerre combattute contro i Liguri, Riv. di Studi classici*, (série d'articles) 1958 ; 1959 ; 1960 ; 1965 ; 1966 ; P. G. Walsh, *Livy : His Historical Aims and Methods*, Cambridge, 1961, p. 133-137 ; P. Pedech, *La méthode historique de Polybe*, Paris, 1964 ; U. Schlag, *Regnum in senatu*, Stuttgart, 1968 ; E. Pianezzola, *Traduzione e ideologia, Livio interprete di Polibio*, Bologne, 1969 ; F. W. Walbank, *Livy*, Londres-Toronto, 1971, p. 49-60 ; P. Jal, édit. livres 41-42, CUF, Paris, 1971, p. XXV-XXXVIII ; H. Tränkle, *Livius und Polybios, Gymnasium*, 79, 1972, p. 1331 ; J. Briscoe, *A commentary on Livy, Books XXXI-XXXIII*, Oxford, 1973, p. 6-12 ; A. Hus, *Une version livienne d'un récit polybien : Tite-Live, XXXI, 14, 11-16, 8 ; Polybe, XVI, 25-29* in *Mélanges Boyancé*, Rome, 1975, p. 419-434 ; H. Tränkle, *Livius und Polybios*, Bâle-Stuttgart, 1977 ; R. A. Laroche, *Valerius Antias : Livy's source for the number of military standards captured in battle in books XXI-XLV, Latomus*, 47, 1988, p. 758-771 ; S. P. Oakley, *A commentary on Livy, Books VI-X*, vol. I, Oxford, 1998.

sion de sources dominantes [13]. Du coup, bien que ces érudits n'aient pas prétendu que l'œuvre de Tite-Live était un pur et simple démarquage d'autres ouvrages, celle-ci tendit à devenir, par la mise en œuvre d'une *Quellenforschung* mal comprise, un habit d'Arlequin [14], fait de lambeaux des œuvres de Polybe, d'Antias, de Macer, etc.. Mais ce type de recherche, activement mené à la fin du XIXe siècle et dans la première partie du XXe, a été mis en question. On a observé que les Anciens avaient une mémoire suffisante pour retenir des éléments, même précis, d'œuvres multiples, qu'ils pratiquaient aisément la *contaminatio,* et que le Padouan avait fort bien pu effectuer une synthèse après la lecture de plusieurs auteurs [15]. De plus les écrivains pouvaient remédier à d'éventuelles défaillances de mémoire grâce à des *commentarii,* à des notes prises pendant les lectures, et même recourir à un secrétaire [16]. Même si Tite-Live se référait, ajoutait-on, à une source dominante, il avait bien été obligé, pour choisir cette source, de lire différentes œuvres, dont le souvenir pouvait lui fournir des éléments divers.

Il n'en reste pas moins que les conditions matérielles imaginées par Soltau ont de fortes chances d'être vraies : l'hypothèse semble confirmée par deux faits : 1) de nombreux passages de l'œuvre sont très semblables à des sources que nous connaissons [17] 2) de nombreux détails — nombres, noms propres peu courants, liste de magistrats etc. [18] — sont

13. Soltau, (*op. cit.,*) p. 8 ; 14 sqq. ; *u.* aussi Briscoe, p. 10. L'historien usait-il d'une table ? Ou d'un pupitre ? Ou tenait-il avec les mains le *uolumen* ? Nous n'avons de fait aucune source précise sur ce point. Horace (*Sat.*, II, 3, 148) évoque une *mensa*, mais pour un autre usage : pour compter de l'argent, comme les banquiers !

14. Pour reprendre la belle expression de J. Bayet, p. XXVII

15. J. Bayet, p. XXVII sqq. ; M. Gelzer, *op. cit.* ; M.L.W. Laitsner, *The Greater Roman Historians*, Berkeley, 1947, p. 83-102 ; E. Pianezzola, *op. cit.* ; H. Tränkle, *op. cit.*, ; R. Adam, *Valerius Antias et la fin de Scipion l'Africain (A propos de T.J. Luce, Livy, The Composition of his History, Princeton, 1976) REL*, LVIII, 1980, p. 90 sqq. etc..

16. Cf. la méthode de Pline le Jeune, III, 5.

17. Similitudes nombreuses avec les œuvres de Polybe, surtout.

18. Dans cette décade 31, 27, 1-2 ; 31, 49, 6 ; 31, 50, 3-7 etc.

malaisés à mémoriser et ne peuvent guère avoir été écrits qu'avec une source sous les yeux.

Mais on observe aussi qu'il y a quelquefois chez l'historien de Padoue des doubles versions d'un même événement [19] ; on note de plus pour des mentions précises — et en particulier de chiffres — que Tite-Live se réfère à deux ou trois auteurs [20], ce qui peut conduire à modifier l'hypothèse de Soltau et à penser que la table (?) de travail n'était pas si étroite : elle acceptait peut-être, outre les *tabellae* ou la *charta* de l'écrivain, non pas un mais deux ou trois *uolumina.*

Nous sommes donc devant trois hypothèses principales : lecture d'un *uolumen* unique, contamination de nombreux ouvrages ou lectures de deux ou trois *uolumina.* De fait ces hypothèses ne sont pas si contradictoires, car Tite-Live, quelles que soient ses conditions matérielles de travail, n'a pas nécessairement adopté la même méthode tout au long de son œuvre : il a pu dans certains cas trouver une source unique qui lui a paru particulièrement intéressante et la démarquer plus ou moins fidèlement, et dans d'autres cas se référer à deux ou trois œuvres, en effectuant une synthèse entre elles, toute la gamme des méthodes pouvant se rencontrer ; il est clair par exemple que, pour raconter la période royale, le narrateur n'a pas dû trouver une source unique, en revanche pour des faits plus récents, tel témoin a pu lui paraître mieux placé pour donner des informations exactes.

Or le livre 33 est exemplaire à cet égard : de nombreux passages (voir le tableau infra) sont très proches du texte correspondant de l'historien grec Polybe et Tite-Live lui-même confie qu'il l'a suivi, en justifiant clairement son choix : *Polybium secuti sumus non incertum auctorem cum*

19. Tite-Live ayant démarqué successivement deux auteurs sans se rendre compte que leurs narrations concernaient un même événement. Voir maints exemples chez P. Walsh, p. 147-148. Ici même des événements sont assignés à 197, alors qu'ils semblent provenir de l'année 200 (cf. 33, 23, 1 et les chapitres 10 et 11 du livre 31). Hamilcar est mort, nous dit Tite-Live en 31, 21, 18, mais l'historien nous apprend sa capture en 32, 30, 12 et l'homme figure dans le triomphe de Cornelius en 33, 23, 5...

20. En 38, 23, 8 par exemple.

omnium Romanarum rerum, tum praecipue in Graecia gestarum, [21] citation qui implique que l'historien grec est dans ce livre (comme il l'est dans les autres de la décade) la source principale des événements de Grèce et d'Asie ; le Padouan semble bien n'avoir sur sa table que ce *uolumen* ; mais Polybe est-il vraiment la source unique ? Il faut noter d'abord que Tite-Live affirme au livre 32 (6, 8) avoir lu des annales (*...ceteri Graeci Latinique auctores quorum quidem ego legi annales...*) : même si l'expression est certainement excessive, nous ne pouvons la récuser entièrement ; ensuite nous observons qu'à l'instant même où il loue Polybe il cite deux annalistes « récents », de l'époque syllanienne, Valerius d'Antium et Claudius Quadrigarius, pour critiquer d'ailleurs les nombres de tués macédoniens qu'ils proposent ! Il est donc clair qu'il n'a pas loin de lui le texte de ces deux auteurs [22]. Et il se peut que nombre des modifications apportées à Polybe par Tite-Live proviennent de ces annalistes [23].

D'autre part le jugement sur Polybe évoqué plus haut implique que celui-ci n'a pas été délaissé pour les affaires d'Occident : le Grec avait d'ailleurs l'habitude de passer successivement en revue l'Italie (et l'Espagne), la Grèce, l'Asie et l'Égypte. Cependant nous avons un passage polybien qui concerne les événements qui se sont déroulés à Rome — les débats à propos de la paix et des requêtes des Achéens en 18, 42 — ; or il est largement différent [24] de celui du Padouan qui se trouve en 24, 3-7 : celui-ci a donc dû naturellement, pour narrer ces faits, se tourner vers ceux qui

21. 10, 10. Autre jugement très favorable à la fin de la troisième décade en 30, 45, 5 : Polybe y est qualifié d'*haudquaquam spernendus auctor.* Tite-Live le cite comme sa source aussi en 34, 50, 6 ; 36, 19, 11 ; 39, 52, 1. Il a bien compris la supériorité de Polybe, qui est souvent bien informé, qui a vécu à une époque contemporaine ou proche des événements et qui n'est pas hostile à Rome (*u.* P. Jal, p. XXXI-XXXIII). Pour un autre motif de ce choix *u.* n. 199 p. LV.

22. Briscoe, p. 7-8

23. Par exemple en 30, 6, à propos des conditions de paix accordées à Philippe.

24. En particulier pour la chronologie, nous y reviendrons dans la partie sur les difficultés chronologiques.

ont écrit l'histoire de Rome avant lui. Là encore nous trouvons dans le livre 33 mention de Valerius et de Claudius : le premier est cité trois fois pour les événements d'Italie (en 30, 8 et 10 et en 36, 13) et le second deux fois (30, 8 sqq. ; 36, 13). W. Soltau, G. F. Unger, U. Kahrstedt en particulier ont essayé de déterminer les passages qui pouvaient se rapporter à l'un ou à l'autre, — en y adjoignant même Caton, Pison ou Rutilius pour d'autres livres de la décade — mais les résultats auxquels ils ont abouti sont très contestables : ces érudits se sont fondés en effet sur les contradictions ou les doubles versions que l'on peut déceler dans l'œuvre livienne [25], mais comme nous n'avons que des fragments de ces annalistes, il est bien difficile de dire quelles étaient leurs caractéristiques propres, leur manière ou leurs ignorances [26]. De plus, ainsi que le remarque très justement Briscoe [27], ces erreurs, ces contradictions peuvent aussi bien être le fait des prédécesseurs de Tite-Live, puisque lui-même en a laissé passer... Il est plus sage de s'en tenir à ce que le texte même de l'historien nous indique : or on observe que Valerius Antias est nommé plus souvent que tous les autres dans la décade : vingt fois, alors que Claudius Quadrigarius [28] ne l'est que quatre, dont trois pour corriger des nombres fournis par Antias ! On note aussi qu'Antias, bien qu'il se voie reprocher d'exagérer tous les chiffres (*immodice omnium rerum numerum augenti*) [29], est toujours cité en première ligne : il faut donc admettre qu'il est, pour les événements d'Occident, la source

25. Exemples de contradictions : un Cornelius est surnommé Blasio en 33, 27, 1, alors qu'il était appelé Lentulus en 31, 50, 11 ; M. Sergius Silus est préteur pérégrin en 33, 21, 9 alors qu'il était préteur urbain en 32, 28, 2 ; la titulature des gouverneurs de provinces espagnoles est fluctuante (encore que Briscoe — p. 5 — l'estime logique, un préteur chargé de la province étant *praetor pro consule*, un préteur prorogé dans cette fonction *pro consule*). Pour les exemples de doublons voir note 19 supra.

26. P. G. Walsh, entre autres, a essayé de dégager leurs traits particuliers (ch. V). A Klotz (*Zu den Quellen*... p. 481-536 et *Livius*... p. 1 à 100) était, en la matière, partisan de la prudence.

27. P. 4

28. Il est en fait nommé sans son cognomen de *Quadrigarius*.

29. 10, 8 ; autre jugement défavorable en 26, 49, 3.

principale et Claudius la secondaire [30] et que le Padouan a alors deux *uolumina* sur sa table. Mais Polybe n'est pas complètement écarté, comme le prouve aussi le fait suivant : l'on a observé en 44, 8, en plein développement annalistique, une formule comme les aimait l'historien grec.

Ces conclusions générales sont confirmées par toute une série d'observations : dans la partie relative aux événements de Grèce on lit maintes explications de termes grecs [31] et des traits qui caractérisent la manière de Polybe : omission des *cognomina*, développements sur les tactiques militaires, abondance de considérations géographiques et institutionnelles [32] etc.. Dans les parties concernant Rome, l'Italie ou l'Espagne, il n'en est pas ainsi. En revanche c'est là qu'on observe quelques contradictions, doublons qui peuvent venir d'une double, voire triple source [33].

On peut donc distinguer dans le livre 33, comme dans l'ensemble de la décade d'ailleurs :

1) les passages où, sans rejeter les annalistes et en particulier Antias, Tite-Live s'est inspiré de Polybe [34] ; ces passages ont

30. V. aussi 26, 49, 3. En 23, 5 Tite-Live use de la formule...*quidam.. auctores sunt* pour dire que certains ont prétendu qu'Hamilcar figurait parmi les prisonniers d'un triomphe, ce qui peut faire penser à une vaste documentation, mais la formule peut aussi bien avoir été trouvée chez Antias ou Claudius Quadrigarius. D'autre part la question se pose de savoir quelles ont pu être les sources d'Antias et de Claudius : de fait nous ne sommes guère informés sur ce point : Tite-Live, au livre 35 (ch. 14, 5) dit, sans plus de précision, que Claudius suit les livres rédigés en grec de C. Acilius (qui écrivait à l'époque de Caton).

31. Ces explications sont introduites par *uocant* : 7, 3 ; 17, 2 ; 18, 1 ; 18, 6 ; 41, 7 ; 48, 1

32. Sur ces critères, voir Nissen, ch. IV.

33. Quand Polybe n'est pas laissé de côté.

34. Se poserait évidemment aussi la question des sources de Polybe. Sur ce point voir Pédech, p. 259-275 ; 317-330 ; 355-388, qui souligne l'importance des ouvrages et des témoins grecs : ainsi dans le livre 33 des passages peuvent avoir une origine rhodienne (*u.* ch. 20) ; pour la partie relative à Hannibal il faut peut-être penser à Sosylos de Lacédémone, historiographe d'Hannibal (*u.* I. G. Taifacos, *Tito Livio e una fonte antiromana di Polibio, Latomus,* 41, 1982, p. 817-832, à propos du discours de Nabis dans le livre 34), mais voir aussi notre note au ch. 47,

des parties correspondantes chez l'historien grec ou présentent des marques qui suggèrent une origine polybienne : ces développements concernent donc surtout les affaires de Grèce et d'Asie :

Tite-Live (l. 33) (sections inspirées par Polybe)	Polybe (l. 18) (portions conservées)
1-17	
2, 1	17, 6
5, 4-10, 10	18-27
11-13, 15	33-34 ; 36-39
18-21, 5	
20, 2-3	41a
21, 1-5	41
27, 5-35, 12	
27, 5-28	43 ; 40, 1-4
30-35	44-48
38-41	
39-40	49-51
45, 6-fin [35]	

2) les parties où, sans rejeter Polybe, Tite-Live s'est inspiré plutôt des annalistes, et en particulier d'Antias. Elles traitent donc des événements de Rome, d'Italie et d'Espagne :

soit : **21, 6-27, 4**
36-37
42-45, 5 [36]

4). Pédech rappelle en outre que Polybe, qui devait avoir alors une dizaine d'années, a pu assister à certains événements et même à la proclamation de la liberté de la Grèce. Quoi qu'il en soit, il ne faut pas exclure non plus l'influence d'annalistes « anciens ».

35. Cette partie doit être inspirée de Polybe, mais Briscoe (p. 335) note des ressemblances avec la narration thucydidéenne du départ de Thémistocle (I, 135-138)

36. Ce qui équivaut au quart du livre environ.

Mais n'allons pas, à force d'étudier les sources, imaginer une fidélité servile de Tite-Live aux textes qu'il lit : ce n'est pas parce que nous pensons que l'historien dispose de la documentation à portée de main qu'il la démarque étroitement : même les conditions de travail suggérées par Soltau n'impliquent pas que Tite-Live ait copié des textes... P. Jal, à juste titre, a montré que là aussi le Padouan n'agissait pas toujours de la même façon [37] : il lui arrive certes, comme le montre la comparaison avec les passages correspondants de Polybe, de traduire — pas toujours exactement d'ailleurs [38] — mais généralement il modifie sa source : H. Nissen, K. Witte, R. Jumeau, P. G. Walsh, A. H. Mc Donald, E. Pianezzola, J. Briscoe, A. Hus, H. Tränkle, et pour le livre 33 en particulier J. A. de Foucault [39] et T. J. Luce [40] ont précisé la manière dont le Padouan s'inspirait de Polybe : ils ont montré que Tite-Live supprimait les considérations tactiques générales (comme la comparaison de la légion et de la phalange, cf. Pol., 18, 28-32 et Liv., 33, 11, 1), les réflexions sur les évolutions morales (ainsi chez Philippe, cf. Pol., 18, 33 et Liv., 33, 11, 1), les parties défavorables à Rome (cf. Pol. 18, 26, 12 et Liv., 33, 10, 5-6) et quelques traits favorables à l'adversaire (cf. Pol., 18, 21, 5-8 ; 27, 2 et Liv., 33, 7, 7 ; 10, 6), ou qu'il élaguait (en enlevant par exemple chez Antiochus des références aux cités libres ou aux discours des représentants de Lampsaque et de Smyrne : cf. Pol., 18, 51, 9 et Liv.,

37. Édition des livres 41 et 42, p. XXX-XXXI. Luce (p. 219-220) a montré la diversité des méthodes utilisées par Tite-Live dans un même passage, qui se trouve justement être dans le livre 33 : il s'agit des chapitres 30 à 35.

38. 8, 13 ; 35, 8 ; 40, 3 ; moins nettement en 5, 9 ; 7, 3 ; 13, 7 sqq. ; 30, 2. Peut-être d'autres passages obscurs, pour lesquels nous ne pouvons pas vérifier dans Polybe, s'expliquent-ils ainsi : 18, 7 par exemple. Voir sur ces erreurs P. G. Walsh, *The negligent historian. « Howlers » in Livy*, *G&R*, NS, 5, 1958, p. 83-88 ; Briscoe, p. 6. Tränkle a essayé d'en expliquer un certain nombre (nous signalons ces explications aux passages concernés). Il a fait remarquer à juste titre que de nombreuses fautes se trouvaient dans la partie où nous ne disposons que du manuscrit *B*, lequel peut fournir des leçons fautives.

39. *Tite-Live, traducteur de Polybe*, *REL*, 46, 1968, p. 208-221.

40. P. 39-46.

33, 40, 6), mais qu'il ajoutait des descriptions d'émotions, des commentaires, et qu'il déplaçait des éléments narratifs ou oratoires [41] : bref tout se passait comme si Tite-Live, loin de démarquer, de copier sa source, avait d'abord lu un ensemble plus ou moins vaste de celle-ci, puis l'avait recomposé [42]. Il semble qu'il ait souvent lu un ensemble de trois ou quatre « chapitres » polybiens pour les adapter [43], mais le remaniement peut porter sur un passage plus bref [44]. Et il est hautement probable que le Padouan a adopté la même attitude à l'égard des annalistes, mais en partant de deux sources dominantes, et non d'une seule, comme il le fait pour les événements de Grèce et d'Asie. Cette mise en œuvre n'excluant pas l'utilisation de souvenirs divers qu'il est impossible d'identifier [45] dans la mesure où l'historien n'en précise pas l'origine.

Il peut être utile, pour finir, de signaler les auteurs autres que Polybe qui ont traité de ces événements [46]

En voici le tableau avec les paragraphes correspondants dans le livre 33 de Tite-Live :

41. 5, 12 ; 6, 7 ; 9, 11 ; 11, 2 ; 30, 4 ; 31, 10 ; 32, 5 ; 32, 6 ; 33, 1-2 ; 33, 5 sqq.

42. Voir ici à cet égard de nombreux exemples au ch. 27. Nous préciserons dans l'analyse des aspects historiques, idéologiques et littéraires, infra, certaines de ces modifications. Mais il faut observer que la comparaison entre les deux auteurs n'est pas si simple car il n'est pas sûr que Tite-Live ait eu sous les yeux exactement le même texte de Polybe que celui qui nous est parvenu (*u.* Tränkle, p. 33 sqq.).

43. Luce, p. 217-218, pour les ch. 36-39 du livre 18 de Polybe et les ch. 12-13 de Tite-Live ; et p. 211-212 pour les ch. 49-51 du même livre de l'historien grec et les ch. 39-40 de l'historien romain.

44. Luce, p. 212, pour le portrait d'Attale.

45. Peut-être les *Annales Maximi* pour les prodiges par exemple (ainsi en 26, 8).

46. Ils sont, sauf Diodore et Nepos, postérieurs à Tite-Live.

Diodore de Sicile (XXVIII, 12)						39-41	
Nepos (*Hann.*, VII, 4-7)							45,4-49
Justin (XXX, 3-4 ; XXXI, 1-2)		6-10			30-35		45-49
Valère-Maxime (IV, 1, 6 ; 8, 5)					30-35		47, 3-6
Plutarque (*Flam.*, X, 6-XXVI, 1-3)	1-3		11-13		30-35		
Appien (*Mac.*, IX, 1-4 ; *Syr.*, 2-3)			11-13		30-35	39-41	45-49
Florus (I, XXIII, 10 ; XXIV, 8)					30-35		45-49
Dion Cassius (XVIII, 60)			11-13				
Zonaras (IX, 16 ; 18)		6-10	14-17		30-35		45-49
Jérôme (*in proph. Dan.* XI, 15-16)				19-20			
Orose (IV, 20, 6 ; 11)						36-37	

La plupart de ces historiens s'inspirent manifestement de Polybe ou de Tite-Live. Leur position à l'égard des belligérants est variable : ainsi Diodore est très favorable à Rome, Justin hostile ; Plutarque loue, comme il le fait généralement, le personnage dont il dresse la biographie, mais il est d'autant plus élogieux que Flamininus a libéré la Grèce.

III

DIFFICULTÉS DE CHRONOLOGIE

Il a été souvent reproché à Tite-Live de l'imprécision en la matière. Et de fait déjà, pour ce qui est de la chronologie générale, la quatrième décade présente une grave erreur : l'ensemble des événements est mal daté par rapport à la fondation de Rome : le Padouan déclare en 31, 5, 1 que la seconde guerre de Macédoine a commencé la « cinq cent cinquante-et-unième année » (*anno quingentesimo quinquagesimo primo*) après la fondation de Rome, soit, d'après le comput varronien qu'il suit ordinairement, en 203, alors qu'elle a réellement débuté en 200. L'historien est donc en retard de trois ans pour le récit des livres 31 et suivants.

Qu'en est-il de la chronologie dans le livre 33 lui-même ? Apparemment Tite-Live montre un grand souci de préciser le déroulement temporel dans la mesure où ce livre abonde en expressions indiquant la date ou la durée : *per hiemem* (1, 1) ; *initio ueris* (1, 1 ; 19, 9) ; *primo uere* (3, 1) ; *per eosdem ferme dies* (3, 6) ; *eodem tempore* (14, 1 ; 21, 1) ; *iisdem diebus* (18, 1) ; *sub idem tempus* (19, 7) ; *exitu ferme anni* (24, 3) ; *eo anno* (42, 2) ; *eodem anno* (42, 5) etc.. Mais en fait, dès qu'il s'agit d'établir une chronologie précise, l'on arrive mal à proposer un ensemble cohérent [47].

C'est qu'il faut bien voir que le Padouan a été aux prises avec de grosses difficultés pour dater correctement les faits : il était devant deux systèmes différents : un calendrier romain — celui adapté sans doute par les annalistes — en décalage par rapport à l'année réelle, et un calendrier grec — celui de Polybe — plus proche, semble-t-il, de l'année astronomique, mais d'une nature originale pour les Romains.

47. La confusion chronologique à propos de l'histoire de l'île de Leucade (voir note à 17, 6) pourrait même nous inciter à penser que l'historien n'a pas toujours un sens suffisamment aigu du déroulement temporel !

L'année consulaire romaine commençait en effet aux ides de mars (*u.* par exemple ici en 43, 1). De plus les dates officielles, les mois ne coïncidaient pas avec le temps réel : on avait, pendant de nombreuses années, omis de placer des périodes intercalaires à la fin de février, périodes nécessaires pour compenser la brièveté de l'année officielle qui ne comportait que 355 jours, et le calendrier romain s'était trouvé de ce fait en avance par rapport au calendrier réel : il est probable qu'à cette époque il avait une avance de quelque trois mois [48], ce qui signifie qu'un événement daté de mars 196 s'était passé réellement en décembre de l'année antérieure [49]. Il faut ajouter que la délimitation des saisons était fluctuante : globalement cependant l'hiver était censé commencer au début de novembre [50].

Polybe, lui, comptait en olympiades [51], divisions du temps débutant aux fêtes d'Olympie qui prenaient place, tous les quatre ans, à la deuxième pleine lune après le solstice d'été soit fin juillet ou début août [52]. De plus la conception de la subdivision de l'olympiade, l'année proprement dite, n'était

48. On a pu arriver à cette conclusion grâce à la mention des éclipses que signale Tite-Live et que les astronomes modernes parviennent à dater exactement : pour 217 l'année romaine et l'année astronomique coïncident, mais pour l'année 190, en 37, 4, 4 une éclipse est signalée qui, selon l'année romaine, eut lieu le 17 juillet, alors que l'on sait qu'elle s'est déroulée en fait le 14 mars, ce qui donne pour cette année là près de 4 mois d'avance pour le calendrier officiel romain : *u.* E. Cavaignac, *La chronologie romaine de 215 à 168*, *Klio*, 14, 1914, p. 37-42 ; P. Marchetti, *La marche du calendrier romain de 203 à 190*, in *L'Antiquité classique*, 42, 1973, p. 473 à 496 (contra K.J. Beloch, *Der römische Kalender von 218-168*, *Klio*, 15, 1917-1918, p. 390). Si l'on fait une règle de trois l'avance dans les années 197-195 devait être de trois mois... C'est sur cette base que nous raisonnerons.

49. Les campagnes militaires sont de ce fait anticipées : ce qui donne plus de temps pour préparer l'armée, qui peut être organisée pendant l'hiver, mais elles doivent se terminer plus tôt par rapport à l'année réelle.

50. *V.* Pline, *Hist. nat.*, 18, 309.

51. *V.* Pol., 5, 31, 5 ; 14, 12, 1 ; 15, 24a etc..

52. *V.* Walbank, I, 35 ; Pédech, p. 342 sqq. Le livre 33 recouvre la fin de la 144e olympiade, qui s'est terminée en juillet 197, et le début de la 145e, qui s'est donc terminée en juillet 193.

pas tout à fait la même en Grèce qu'à Rome : la période automnale était rarement mentionnée ; les deux saisons importantes étaient l'hiver qui commençait le 7 novembre et culminait au solstice, et l'été qui commençait au début mai [53] et culminait aussi au solstice, avec une période intermédiaire, printanière (ἐαρινὴ ὥρα), en mars-avril. Le système grec était peu applicable car totalement décalé par rapport aux campagnes militaires, qui duraient en théorie de mars à octobre et qui étaient coupées par cette subdivision de la grande année olympique. Il y avait en plus à l'intérieur du cadre olympique des décalages comme à Rome, l'année ne faisant pas 365 jours 1/4 [54] ! Cependant, à supposer qu'il y ait eu une remise en ordre tous les quatre ans, le décalage n'affectait pas trop nos années puisque 197 constituait, comme nous venons de le voir (n. 52), le début d'une olympiade. Ajoutons que Polybe, bien qu'il ait été assez attentif à la chronologie (voir 14, 1a en particulier [55]), n'a pas précisé suffisamment le déroulement temporel : le nom de l'année est rare chez lui [56] ; il mentionne plus volontiers les saisons, les synchronismes que les datations réelles [57].

Tite-Live ne pouvait ignorer les décalages entre l'année officielle romaine et l'année polybienne, mais il n'avait évidemment pas de tables de correspondance... et il est clair qu'il n'a pas cherché à modifier les données romaines en fonction du décalage entre temps officiel et temps réel non plus qu'à transposer les données grecques dans leurs équiva-

53. *V.* Pol., 4, 37, 3 ; 5, 1, 3.

54. Il est probable que Polybe a eu tendance à prolonger la durée de l'année jusqu'à la fin de la campagne d'été pour supprimer cette coupure : voir Nissen, *Die Oekonomie der Geschichte des Polybios, Rh. Mus.*, 26, 1871, p. 244 sqq. ; G. Unger, *Der Olympionmonat, Phil.*, 33, 1874, p. 234-245 ; De Sanctis, *Storia dei Romani*, III, 1, p. 219-223 ; Pédech, p. 455.

55. Ajouter la remarque de Scipion dans le *De republica* (VII, 27) : *Sequamur enim potissimum Polybium nostrum quo nemo fuit in exquirendis temporibus diligentior.*

56. 15, 24a.

57. L'influence de ces synchronismes sur Tite-Live a été bien dégagée par Pédech, p. 467.

lents romains. Il a utilisé de préférence les datations saisonnières (ainsi en I, 1 Flamininus part *initio ueris*), tenté de mettre en relief, manifestement à la suite de Polybe, les synchronismes (ainsi la victoire des Achéens se situe à la même époque — *eodem tempore* — que celle de Cynoscéphales [58]) et essayé de dégager surtout un temps relatif (ainsi L. Quinctius intervient à Leucade avant la bataille de Cynoscéphales, mais termine les opérations après celle-ci [59]).

Cependant cette méthode n'est pas toujours satisfaisante : les datations par les saisons restent difficiles à interpréter : Flamininus part donc en campagne *initio ueris*, et Philippe *primo uere* (3, 1) : que faut-il entendre par là ? l'expression renvoie-t-elle au bref printemps polybien, au début du mois de mars, qui correspondrait au commencement du printemps astronomique, ou au début du printemps dans le calendrier officiel romain, ce qui correspondrait, alors, à une date nettement plus précoce ?

Pour ce qui est du synchronisme, il est si fréquemment évoqué qu'il en paraît suspect : il semble étonnant que la bataille de Cynoscéphales, les combats des Achéens, ceux des Rhodiens se déroulent en même temps. Tous les événements de la campagne de Grèce de 197 ont l'air absolument simultanés ! De même l'on apprend que la guerre d'Espagne a éclaté au même moment (*sub idem tempus*, 19, 7) que le départ d'Antiochus, mais en 21, 6, elle éclate seulement avant la conclusion de la paix avec Philippe. Il faut aussi prendre garde aux circonstances opportunes à l'excès : on note en effet qu'en narrant l'entrée en guerre d'Antiochus, Tite-Live se réjouit que les Romains aient eu la chance que le roi n'ait déclenché le conflit qu'après la défaite de Philippe, mais au ch. 19 (§ 9) l'historien lui-même dit qu'il part dès le début du printemps (de 197), c'est-à-dire bien avant Cynoscéphales.

Et il y a des procédés qui perturbent plus encore la chronologie : à la suite des annalistes, mais aussi de Polybe

58. 14, 1
59. 16, 1 ; 17, 15.

d'ailleurs, qui, nous l'avons vu, suit généralement l'ordre : Italie, Espagne, Grèce, Asie, Égypte — Tite-Live regroupe les actions qui se déroulent dans un même théâtre d'opération ou les événements de même type : la méthode donne évidemment plus de cohésion à la description, mais le lecteur souhaiterait des précisions chronologiques : par exemple pour les présages et les jeux qui sont évoqués ensemble comme s'ils se déroulaient à la même époque, alors qu'il n'en est rien : les *Ludi Romani* et les *Ludi plebeii* sont décrits comme s'ils étaient contemporains ou immédiatement successifs quand les premiers se déroulaient en septembre, et les autres en novembre... (25, 1).

Autre procédé aux conséquences fâcheuses : la « postdatation » : les événements de Béotie sont placés au début de 196, mais ils comprennent maintes péripéties ; ils ont dû durer plus longtemps et commencer dès la fin de 197 [60]. De même les menées d'Antiochus contre Smyrne et Lampsaque, décrites dans la section concernant 196, doivent se rapporter à la fin de 197 [61]. Antiochus — on le voit bien au chapitre 19 pour les années 198/197 — ne reste pas inactif en automne et en hiver. Pour ce qui est des affaires carthaginoises [62], tout semble bien, pour Tite-Live, se dérouler en 195, mais au début de la narration Hannibal est sufète, pas à la fin : c'est donc que le début de la narration se situe en 196. Pour quelle raison le Padouan a-t-il introduit ces postdatations ? Ces événements, comme on peut le remarquer, concernent surtout les affaires d'Asie et de Grèce. Tite-Live a donc dû, sous l'influence de Polybe, regrouper tous les faits se rapportant à l'année olympique de l'historien grec dans l'année consulaire suivante. D'où le décalage presque systématique des événements qui se produisent à la fin de l'année en Asie.

60. 27, 5 sqq. V. Pédech, p. 455. Le meurtre de Brachylles a dû avoir lieu dans l'hiver de 197.

61. 38, 3 sqq. Voir H. H. Schmitt, *Untersuchungen zur Geschichte Antiochos' des Grossen und seiner Zeit*, Historia, Einzelschriften, 6, Wiesbaden, 1964, p. 289-295 ; E. Will, *Histoire politique du monde hellénistique*, II, p. 157 ; Walbank, II, p. 620 ; Briscoe, p. 3.

62. 45, 6 sqq.

Dans un passage, aux erreurs de méthode sus-évoquées se mêle une fâcheuse confusion, particulièrement malaisée à démêler. Il s'agit de la succession des événements de Rome à la fin de l'année 197 et au début de l'année 196 [63] (24-25) : Tite-Live propose le déroulement suivant, en regard duquel on peut mettre la chronologie polybienne (18, 42), bien qu'elle ne commence que vers mars 196 :

	Tite-Live	Polybe
Fin 197 [64] : (*exitu ferme anni*)	annonce de la victoire en Grèce	
Peu après (*breui post*)	arrivée des députés de Titus et du roi	
	audience de Macédoniens	
	nomination de dix *legati*	
	Ludi Romani	
	Ludi plebeii	
mars 196 (25, 4)	Entrée en charge des consuls	Entrée en charge des consuls
	Débat sur les provinces	Arrivée des députés
	Intervention de Marcellus sur le maintien d'une armée en Grèce	Approbation par le sénat du projet de paix
	Intervention tribunicienne pour faire voter la paix par le peuple	Proposition de paix soumise au peuple
		Intervention de Marcellus contre le projet de paix
	Vote de la paix	Vote de la paix
		Nomination des dix *legati*

63. Période toujours délicate à dater pour l'historien puisque c'est à ce moment que l'écart devient plus sensible entre l'année astronomique et polybienne d'une part et l'année romaine d'autre part.

64. Il s'agit, comme pour l'indication suivante, de dates de l'année officielle romaine.

Les différences sont, on le voit, considérables [65] :

Comment ont pu se dérouler les événements ? La nouvelle de la victoire de Cynoscéphales a dû arriver très vite : certes les nouvelles de certaines guerres parviennent tard : ainsi on apprend probablement bien après les faits la victoire de Minucius en Espagne (44, 4) [66], mais en 34, 42, 1 l'annonce de la victoire de Flamininus contre Nabis arrive très vite, avant les comices ; la victoire de Pydna en Macédoine parvient en 12 jours (Liv., 45, 1, 1-6). Ici même d'ailleurs c'est un préteur qui lit la lettre (33, 24, 4) [67] : c'est donc que les consuls ne sont pas revenus du nord de l'Italie. Si la bataille a bien eu lieu en juin (astronomique), la nouvelle a dû parvenir en juillet, soit en octobre romain.

Les députés sont arrivés sûrement plus tard, car la conférence des Tempé a pris nécessairement de nombreux jours : une arrivée en octobre (cal. astro. = janvier romain) est vraisemblable. Ensuite les consuls sont normalement entrés en charge en mars et c'est alors seulement que l'on a dû entendre les députés, discuter de la paix au sénat, et que Marcellus est intervenu dans le débat. C'est seulement ensuite qu'a été votée la paix par le peuple et qu'ont été nommés les *legati*.

On constate que la chronologie polybienne est plus proche du déroulement qui semble logique, encore que la venue des députés y soit bien tardive. Chez Tite-Live la mention d'une arrivée de la nouvelle *exitu ferme anni* est absolument inacceptable ; les jeux ne sont pas placés non plus comme il conviendrait ; en revanche l'intervention de Marcellus semble bien située. Excluons d'abord la question des jeux qui

65. Pour résoudre la difficulté, Nissen et B. Niese ont même essayé de corriger Polybe...

66. La nouvelle arrive après les ides de mars 195, ce qui correspond à décembre 196 astronomique, or, même dans le sud de l'Espagne où les conditions climatiques restent longtemps favorables à la guerre, la campagne ne peut avoir dépassé largement octobre : la nouvelle a donc mis un mois, un mois et demi sans doute pour parvenir. Mais les communications entre Rome et l'Espagne n'ont rien à voir avec celles entre Rome et la Grèce.

67. V. Briscoe p. 294.

sont regroupés généralement hors-chronologie, nous l'avons dit : reste surtout la nomination des dix *legati* trop tôt placée, et cette expression *exitu ferme anni*. Nous ne voyons guère comment expliquer la place de la nomination des *legati*. Pour la mention de la fin de l'année, il y a en revanche des explications possibles : peut-être faut-il lire *aestatis* au lieu d'*anni* ? [68] Mais il est plus simple de penser que Tite-Live, aux prises avec deux systèmes, a fait une confusion et compris un ἐνιαυτός (= *annus*) chez Polybe comme l'équivalent de l'année astronomique, alors que ce terme désignait chez celui-ci l'année grecque, la fin de l'année en question étant la fin juillet, voire le début d'août ? Donc aux regroupements hors-chronologie, à la postdatation se mêle, semble-t-il, une confusion dans les calendriers [69].

Ainsi le livre 33 présente les mêmes erreurs chronologiques que la plupart des autres livres de l'*Ab Vrbe condita*, des erreurs que l'on peut classer sous les cinq rubriques suivantes : datations vagues, simultanéités abusives, regroupements extensibles, postdatations, mélange probable des dates polybiennes et romaines. Pour dresser un calendrier plus cohérent, il faut donc garder seulement les datations par saison ou les simultanéités, si elles sont défendables [70], se défier des regroupements, reculer à l'automne et à l'hiver précédents les événements de Grèce et d'Asie datés par l'historien au début de l'année, essayer de démêler les parties où il y a apparemment confusion de deux calendriers. Il est évidem-

68. *Mog.* présente *eius, B ferme,* mais il faut convenir que cette divergence nous autorise difficilement à contester *anni*. Remarquons cependant qu'il y a l'expression *exitu aestatis* en 23, 48, 4. On observera qu'à la mi-novembre Cicéron, dans le *Pro Murena*, dit qu'il est presque à la fin de son consulat.

69. D. Baronowski, *A reconsideration of the Roman-approval of peace with Macedonia in 196 BC, Phoenix*, 37, 1983, p. 218-223, a bien montré le mélange des deux influences, la polybienne et l'annalistique, sur la chronologie livienne. Ses conclusions rejoignent les nôtres, mais on aurait aimé qu'il situât nettement la place de l'entrée en fonction des consuls dans la succession des événements.

70. Elles le sont généralement dans le livre 33 (sauf pour le départ d'Antiochus et le déclenchement de la guerre d'Espagne en 197, comme il a été dit supra).

ment hautement probable que pour les parties grecques le Padouan se réfère surtout à la chronologie polybienne et à une année astronomique. En revanche, pour les parties traitant de Rome ou de l'Espagne, il prend en compte une année officielle qui comporte une avance de trois mois sur le temps réel. Nous avons, pour ce travail, peu de repères sûrs car rares sont les dates fixes : les campagnes militaires débordent aisément de la période mars-octobre ; les quartiers d'hiver commencent quelquefois tôt (ce dut être le cas après Cynoscéphales) ; la date des comices eux-mêmes est variable : on a l'exemple de comices qui se déroulent juste avant les ides de mars... (38, 42, 4). Les seules dates sûres pour le livre 33 sont l'*aequinoctium* de 3, 5, jour où Philippe V arrive à Dion en mars 197 et le triomphe de Claudius Marcellus assigné par les Fastes au 4 mars 196 (37, 10) du calendrier romain. [71] C'est fort peu, puisqu'on n'a pas de correspondant précis pour la deuxième date.

Cela posé, on peut suggérer la chronologie suivante :

Événements	cal. astronomique	cal. romain
197 Alliance avec les Béotiens (1-2)	mars 197 [72]	juin 197 [73]
Départ en campagne de Philippe (3)	mars 197	juin 197
La flotte d'Antiochus appareille (19b)	mars 197	juin 197
Bataille de Cynoscéphales (6-10)	juin 197	sept. 197
Victoire des Achéens (14-15)	" "	" "
Prise de Leucas (16-17)	" "	" "
Victoire des Rhodiens (18)	" "	" "
Ludi Romani (25, 1)	" "	" "
Philippe vainc les Dardaniens (19a)	juillet 197	oct. 197
Annonce de la victoire en Grèce (24)	" "	" "
Guerre en Espagne ultérieure (21b)	juillet 197	oct. 197
Ludi plebeii (25, 1)	août 197	nov. 197

71. Pour ce qui est des durées, nous savons aussi qu'après la bataille de Cynoscéphales une trêve de quinze jours est accordée à Philippe (12, 1)

72. Pour Polybe c'est de fait la quatrième année de la 144ᵉ olympiade.

73. Nous disons 197 av. n.è par commodité : de fait il s'agit pour les Romains de l'année 557 *ab Vrbe condita*, selon le comput varronien.

Antiochus, Smyrne et Lampsaque (38a)	aut.-hiv. 197	hiv.-pr. 197-196
Arrivée des députés	oct. 197	janv. 196
Entrée en charge des consuls (25, 4)	déc. 197	mars 196
Audition des députés (24, 6)	〃 〃	〃 〃
Débat sur les provinces (25, 4)	〃 〃	〃 〃
196 Vote de la paix (25, 7)	janv. 196	avril 196
Envoi de délégués en Grèce (24, 7)	〃 〃	〃 〃
Annonce d'une défaite en Esp. cit. (25, 8) [74]	〃 〃	〃 〃
Événements de Béotie (27b-29)	hiv. 197/196	print. 196
Arrivée des délégués en Grèce (30, 1)	mars 196	juin 196
Antiochus part d'Ephèse (38b)	〃 〃	〃 〃
Début de campagne en Italie (36b-37)	avril 196	juillet 196
Ludi Romani (42, 9)	juin 196	sept. 196
Proclamation de la liberté des Grecs (32) [75]	juillet 196	oct. 196
Ludi plebeii (42, 11)	août 196	nov. 196
Assemblée de Thermos (35, 8)	automne 196	hiver 196
Mesures d'Hannibal, sufète (45b-47a)	〃 〃	〃 〃
Conférence de Lysimachia (39-40)	sept. 196	déc. 196
Comices (42, 7)	〃 〃	〃 〃
Entrée en charge des consuls (43, 1)	déc. 196	mars 195
Annonce d'une victoire en Esp. cit. (44, 4)	〃 〃	〃 〃
195 Fuite d'Hannibal (47b-49a) [76]	mars 195	juin 195
Défection des Étoliens (49b)	〃 〃	〃 〃 [77]

74. La défaite a dû avoir lieu tout à fait à la fin de la campagne de 197 (en oct.-nov. ?) — les nouvelles d'Espagne arrivent bien plus lentement que celles de Grèce.

75. Sur la date habituelle des Jeux Isthmiques pendant lesquels s'est déroulée la proclamation, voir note à 32, 1.

76. Tite-Live dit qu'on est en plein été (48, 5). Nous pensons qu'il ne s'agit pas de la saison réelle, mais de la datation dans le calendrier romain.

77. Nous mettrons en haut de page l'année astronomique présumée et en note nous donnerons pour chaque événement important la date astronomique et celle qui y correspondait probablement dans le calendrier romain. Pour ce calendrier-ci, alors qu'à Rome en janvier, février, et début mars, les dates appartiennent encore à l'année consulaire anté-

La démarche n'est donc absolument pas linéaire. Malgré les apparences les retours en arrière sont constants. Mais saurait-il y avoir une histoire du simultané ?

IV

ASPECTS HISTORIQUES ET IDÉOLOGIQUES

Les Anciens ne mettaient pas toujours Tite-Live en première place parmi les historiens de la fin de la République et du début du principat : Martial donnait le premier rang à Salluste [78]. Les modernes, quant à eux, ont souvent critiqué le manque d'objectivité et de rigueur, l'insuffisance de la documentation du Padouan [79].

Pourtant nous avons observé — la lecture du livre 33 en témoigne — combien celui-ci possédait l'une des qualités fondamentales de tout historien : le souci de la chronologie, même s'il ne parvenait pas toujours sur ce point à la précision souhaitable. De plus il est clair qu'il possédait une méthode et une vision historiques.

Il recherche les causes : il explique pourquoi les armées de Philippe sont en position de faiblesse, elles qui sont exsangues et qu'on a complétées avec de tout jeunes soldats [80] ; pourquoi les fortifications romaines sont supérieures [81] ; pourquoi les Boïens sont impatients [82] ; il donne les motifs pour lesquels Flamininus pratique l'apaisement à l'égard des Béotiens [83], ménage Philippe et veut donner la liberté à la Grèce [84].

rieure, ici elles sont évidemment présentées comme appartenant à une année nouvelle.

78. *Epigr.* XIV, 191.
79. *V.* supra notes 19 ; 25 ; 38 ; 61 etc..
80. Ch. 3, 4.
81. Ch. 5.
82. Ch. 36, 8.
83. Ch. 27, 6.
84. Ch. 31, 8.

Il recherche le vrai [85] : ainsi il s'attache aux écrivains qui lui semblent les meilleurs *auctores*, et en particulier à Polybe [86] ; il critique les chiffres extravagants que donne Antias pour les pertes ennemies au combat [87] ; il exclut le merveilleux dans la narration de la proclamation de la liberté de la Grèce [88]. Il signale, à propos de la chronologie des campagnes de Cisalpine, des interprétations opposées et se garde de trancher, parce que, manifestement, cela ne lui paraît pas possible [89].

Il se montre précis, tant dans le domaine militaire que civil : détaillant de façon presque systématique l'itinéraire des généraux [90], l'importance des contingents engagés [91], le montant des sommes et le nombre des prisonniers exhibés dans les triomphes [92] ; relatant avec soin et exhaustivité les résultats électoraux [93].

Il est sûr que le Padouan manifeste souvent ces qualités parce qu'il suit Polybe — qui aime à rechercher les causes et qui se veut toujours exact — ou parce qu'il souhaite flatter le goût de ses lecteurs romains, qui prennent toujours plaisir aux péripéties des cursus ou au déroulement des triomphes. Mais le bilan reste très positif. Que de faits ignorerions-nous si Tite-Live ne nous les avait rapportés avec le plus grand soin !

En outre le livre 33 n'est pas seulement une narration : il offre une vision globale et politique de l'histoire. La vaste monographie qu'est l'histoire de Rome ne se limite plus au monde méditerranéen et à la Grèce, mais recouvre en fait largement à la fois les événements d'Orient et d'Occident, au

85. L. 1, *praef.*, § 5 : l'historien ne saurait se détourner du *uerum*.
86. Ch. 10, 10.
87. Ch. 10, 8.
88. On comparera avec Valère-Maxime et Plutarque : voir infra p. LXIII n. 232.
89. Ch. 36, 15.
90. Ch. 3 et 6 par exemple.
91. Ch. 3.
92. Ch. 23, 7 et 9.
93. Ch. 24 début.

point que l'auteur avoue ne pas suffire à la tâche [94]. Tite-Live est parfaitement conscient aussi de la nouveauté de l'attitude des Romains en Grèce et de l'importance de la proclamation de la liberté des Grecs [95] qui va créer un lien solide entre les deux peuples. Il est conscient en outre de ce nouveau pas que franchissent en 196 les Romains qui se posent comme les défenseurs de l'Europe [96] et qui se doivent dès lors de surveiller les affaires d'Asie. Tite-Live indique bien quels sont les motifs de Flamininus [97] et des Romains : des motifs politiques : il faut en effet se concilier l'ensemble des Grecs [98], pour avoir des alliés d'une part contre Antiochus qui veut annexer les territoires autrefois arrachés à Lysimaque par son aïeul Antiochus Sôter et qui se montre menaçant, d'autre part contre les Étoliens qui regimbent contre Rome [99]. Mais l'historien suggère qu'ils ont aussi des motifs idéologiques : ils veulent répandre la paix et assurer l'amitié entre les Grecs et eux.

Il reste que les insuffisances sont criantes : dans la méthode d'abord : il est clair que, comme les autres historiens anciens, Tite-Live ne consulte pas la documentation primaire (inscriptions, archives etc.) pour le livre 33, comme pour les autres. Il ne va certainement pas voir, alors que ces événements ne se sont pas déroulés bien loin de Padoue, les théâtres d'opération des guerres contre les Insubres et les Boïens [100]. Les erreurs sont nombreuses dans le domaine

94. Ch. 20. V. de même dans la Préface du livre 31. Sur les inévitables superpositions des « histoires romaines » et des « histoires mondiales » *u.* P. Jal, *Monographies historiques et Ἱστορίαι κοιναί (καθολικαί): quelques remarques, REL*, LXXII (1994), p. 56-78.

95. 33, 7.

96. 39, 7

97. Le rôle du proconsul n'est pas seulement militaire, on le sait : le livre 33 le montre bien : Flamininus négocie avec les alliés (ch. 11), inspire ou modifie, par amis ou délégués interposés, les décisions sénatoriales (ch. 24, 7 ; 31, 7-11), reçoit plus ou moins de latitude pour appliquer celles-ci ou les adapter (45, 3).

98. Ch. 27, 6.

99. Ch. 11, 9 ; 13, 15.

100. Il n'avait pas davantage cherché à se rendre compte du déroulement des batailles du Tessin et de la Trébie (livre 21). N. Horsfall dans

chronologique, militaire, institutionnel et géographique. Nous avons déjà évoqué les passages où les erreurs sur la succession des événements ou leurs dates sont manifestes [101]. En outre Tite-Live manque, comme on l'a souvent dit, d'expérience militaire, et il n'a pas compris comment s'était déroulée la bataille de Cynoscéphales [102], faisant franchir à Philippe la chaîne du même nom (ch. 7, 3) alors que chez Polybe, il n'en est rien. Il n'a pas expliqué non plus les manœuvres de Dinocrates, lors de la lutte entre les Rhodiens et les soldats de Philippe [103]. Il a aussi interprété à tort un passage de Polybe à propos des sarisses macédoniennes [104]. Il a mélangé sénatus-consulte et vote populaire, parlant d'une paix conclue avec Philippe, alors qu'il s'agissait seulement d'une décision du sénat [105]. Il a commis une erreur sur la carrière de L. Sergius [106]. Il s'est mépris enfin sur la localisation de certains lieux quand il a placé Myrina, Thasos, et Perinthos en Asie [107] ou confondu Thermos et Thermopyles [108], forgeant l'expression d'*assemblée Pylaïque*, alors que celle-ci n'a jamais existé.

Illusion and reality in Latin topographical writing, *G&R*, 32, 1985, p. 197-208 a montré que les descriptions liviennes (et virgiliennes) comportaient des éléments descriptifs traditionnels, et ne visaient pas l'exactitude, mais un effet artistique.

101. Ch. 24 et 25 etc. Voir p. XXX supra.

102. Voir n. à 7, 3.

103. Ch. 18.

104. Ch. 8, 13. Dans le livre 5 à propos du siège de Véies et dans le livre 38 à propos du siège d'Ambracie, il imagine que les sapes sont faites pour entrer dans les villes, et non pour abattre les murs.

105. Ch. 30, 1 et 31, 1.

106. Ch. 21, 9.

107. Ch. 30.

108. Ch. 35, n. au § 8. Sur Tite-Live géographe, H. Bornecque, *Tite-Live*, Paris, 1933, p. 76-77, Walsh, p. 153, Bayet, p. XXII, entre autres, ont émis des jugements particulièrement sévères. M. R. Girod, *La géographie de Tite-Live*, in *ANRW*, II, 30, 2, p. 1190-1228, a montré que le Padouan restait là aussi très tributaire de Polybe — insistant surtout, à la suite du Grec, sur les implications stratégiques de la topographie — et il a expliqué pourquoi il ne s'intéressait guère à cet aspect (*u.* infra p. LIII n. 189).

Il s'est contredit apparemment sans s'en apercevoir : nous avons déjà évoqué les surnoms différents donnés à Cornelius et le surprenant retour à la vie d'Hamilcar [109].

Le fait qu'il ait en général abrégé Polybe, non sans garder d'ailleurs des anecdotes qui ne sont pas toujours utiles au reste du développement [110], aboutit à ce que certaines explications font défaut : l'escarmouche de Pherai par exemple est trop sommairement narrée [111].

Et il est remarquable que le livre 33 est l'un des deux livres où l'on trouve le plus de « perles » [112].

D'autre part l'interprétation des événements des années 197-196 appelle bien des nuances, des compléments voire des rectifications.

Les premières questions qui se posent à nous concernent la politique de libération de la Grèce : les motifs de Flamininus sont-ils ceux que nous venons de voir ? D'autre part les autres Romains ont-ils été eux aussi partisans de la paix et de cette libération ?

Le philhellénisme du général n'est pas en question : certains faits pourraient faire douter de la réalité de son attachement envers les Grecs : le châtiment des Béotiens coupables par exemple [113], mais Flamininus réagit en chef romain et il est notable que Polybe, qui ne lui est pourtant pas toujours favorable [114], ne conteste pas sa générosité à l'égard de la

109. Voir n. 19 et 25 supra dans le développement sur les sources de Tite-Live.

110. Voir la partie sur les aspects littéraires, p. LX.

111. Ch. 6

112. P. G. Walsh, article cité à la note 38 supra.

113. Ch. 29, 7-12. Il a aussi expulsé sans ménagement les habitants d'Elatée après la prise de la ville (*SEG*, X, 1107 malgré Liv., 32, 24, 7).

114. Sur Flamininus voir H. Gundel dans la *RE* (1963) col. 1047-1100. E. Carawan, *Graecia liberata and the role of Flamininus in Livy's fourth decade* in *TAPhA*, CXVIII, 1988, p. 209-252, a montré les différences entre les portraits polybien et livien du proconsul. Mais l'auteur de l'article pense que Tite-Live a cherché surtout à donner une vision différente de celle d'Antias, très négative. Les préventions polybiennes à l'égard de Flamininus peuvent être dues à l'hostilité que lui manifestèrent Paul-Émile et ses amis ou aux liens de l'historien grec avec Philo-

Grèce [115]. Certains détails montrent bien les égards dont le Romain fait preuve envers les Grecs : en préférant Corinthe pour la fameuse déclaration, il choisit un endroit qui leur est cher et qui est hautement symbolique — puisque ce lieu a vu maintes réunions, maintes déclarations en faveur de la liberté de la Grèce, que ce soit contre Xerxès, contre les Perses, contre les Étoliens etc. ; en employant pour la proclamation des termes qui s'inspirent de décrets similaires votés en Grèce [116], il donne une portée particulière au texte. D'autre part il n'interfère pas dans les affaires des cités, même si ces affaires peuvent concerner Rome. Ainsi il ne demande pas sur le champ le retour de Zeuxippe dans sa patrie. De plus sa conception de la *fides* est généreuse [117]. Et il est incontestable que la plupart des Grecs ont bien jugé Flamininus comme un libérateur. Ils lui ont d'ailleurs accordé des honneurs singuliers [118].

Ce philhellénisme n'est pas sélectif : McDonald estimait que Flamininus voulait surtout favoriser les États-cités [119] ; mais ce n'est guère visible. En aristocrate romain, il est sûr qu'il est plus favorable aux notables qu'au peuple, aux régimes timocratiques qu'aux royaumes ou aux tyrannies, mais il est difficile de voir ici des différences de traitement [120]. Il est sûr aussi qu'il pense surtout à la liberté des Grecs d'Europe (ch. 31, 7-11), mais il s'associe sans difficulté aux vœux du sénat concernant l'Asie, une politique qui d'ailleurs n'aura guère de succès car seules Lampsaque et Smyrne se sont vraiment dressées contre Antiochus [121].

Mais la politique du proconsul ne saurait se réduire au philhellénisme : l'ami des Grecs est aussi un stratège politi-

poemen, auquel le général romain s'est souvent opposé (*u.* Briscoe, p. 23 ; Errington, *Philopoemen*, ch. VI et VII).

115. Polybe, 18, 46.

116. Voir les références et la bibliographie chez Ferrary, p. 83 à 88.

117. Voir Ferrary, p. 72-74.

118. Plut., *Flam.*, 12 ; 16, 4 ; *IG*, XII, 9, 931 ; *IGRR*, IV, 1049 etc.. Mais il n'est évidemment pas le seul Romain à avoir été honoré : *u.* n. 2 p. 28 chez Briscoe.

119. *JRS*, XXVIII, 1938, p. 153-164.

120. *V.* Briscoe, p. 28.

121. Ferrary, p. 142-143.

que, dont l'habileté est incontestable : la scène qui ouvre le livre 33 est significative : c'est par ruse qu'il occupe pacifiquement Thèbes. On constate dans la suite maintes occasions où il déploie son talent : il arrive à un compromis avec les délégués de Rome à propos des fameuses entraves de la Grèce, Chalcis, Corinthe et Demetrias, pour obtenir une solution à la fois acceptable pour les Grecs et militairement sûre. Cette habileté, soulignée à l'envi par Polybe [122], est sans doute reconnue par tous, puisque c'est lui que l'on chargera en 183 d'éliminer Hannibal. Flamininus sait aussi, c'est évident, qu'une Grèce devenue une sorte de protectorat sera une espèce d'État-tampon, de boulevard avancé susceptible de protéger l'Italie. De plus son souci majeur semble alors d'éviter qu'un État ne soit trop puissant et ne rompe un équilibre utile à Rome : c'est ainsi qu'il rabaisse les Étoliens en leur refusant certaines positions stratégiques, comme Leucade, mais il leur laisse tout de même de larges zones d'influence en leur redonnant la Phocide et la Locride opontienne, et il fait ces concessions d'autant plus aisément que les Béotiens ne semblent pas des alliés bien sûrs, comme le montre l'affaire de Zeuxippe [123] ; d'autre part il n'écrase pas Philippe : contre l'avis des Étoliens il ne lui enlève pas son royaume ; il pratique aussi une balance entre Nabis et les Achéens. Mais surtout il ne peut que redouter la puissance et l'audace grandissantes d'Antiochus [124], qui annexe — malgré des promesses de liberté, et malgré la résistance de Smyrne et de Lampsaque — à son royaume les territoires enlevés jadis à Lysimaque et qui s'empare de Lysimachia en Chersonèse de Thrace. Flamininus sait très bien qu'Antiochus est seulement un *amicus* — titre assez vague — et non pas un *socius* du peuple romain, malgré ce que dit Tite-Live en 32, 8, 13 et 16, et il n'est pas difficile de comprendre que,

122. 18, 12
123. Ferrary, p. 104.
124. Celui-ci a fini de conquérir en 198 la Coélé-Syrie ; l'empire séleucide, même s'il est un conglomérat de peuples très disparate et peu organisé, s'étend des Détroits au désert de Suez et semble face à l'Occident une réserve inépuisable en hommes et en richesses.

si le roi de Syrie n'a pas aidé effectivement Philippe contre Rome, c'est uniquement parce qu'il n'a pas été mécontent de voir un rival en difficulté. Bien que Flamininus ne parle pas lui-même de liberté pour les villes d'Asie dans la proclamation des Jeux Isthmiques, il est bien évident qu'il s'associe aux intentions des dix délégués et qu'il veut en soutenant ces villes créer un contrepoids à la formidable puissance d'Antiochus [125], même si cette politique, nous venons de le voir, n'a guère de succès.

Et il va sans dire que, pour lui, cette liberté et cet équilibre se feront sous le contrôle, sinon sous l'hégémonie, des Romains [126].

Mais il est sûr que d'autres motifs animent le proconsul : il est mû aussi par des raisons personnelles [127] : il redoute qu'on ne lui succède : il a déjà fait traîner les choses en longueur lors des négociations de Nicée ; il est vraisemblable que, grâce à la proclamation de l'Isthme, il a cherché à s'acquérir une telle gloire que le sénat a dû se trouver quasiment dans l'impossibilité de le remplacer.

Cette double politique de Flamininus — libération de la Grèce, équilibre des forces — est-elle aussi la politique souhaitée par les Romains ? Il faut observer que Polybe exalte, comme Tite-Live, la générosité de Rome. Si les Romains ne sont peut-être pas tous aussi philhellènes que Flamininus, même un Caton reconnaît la valeur de la culture grecque. Que Rome ait des ancêtres issus de la Grèce d'Asie est admis par beaucoup : en 205 une ambassade est allée chercher la fameuse pierre noire de Pessinonte, bétyle de la déesse Cybèle, protectrice des Troyens, ancêtres des Romains. Le

125. Nous ne partageons pas du tout l'avis d'A. Passerini (*Ath.*, NS, X, 1932, p. 111 sqq.) et d'U. Schlag (*Regnum in senatu*, Stuttgart, 1968, p. 71 sqq.) qui minimisent la crainte de Flamininus à l'égard du roi de Syrie. Certes Tite-Live n'évoque pas ce motif, quand le proconsul cherche à rabaisser les Étoliens et à justifier sa politique de modération à l'égard de Philippe (12, 10), mais il le répète après (13, 15 ; 31, 6). Et Polybe témoigne aussi de cette crainte (18, 43, 1).

126. Ferrary, p. 98.

127. U. Schlag, *op. cit.*, a insisté à l'excès sur cet aspect.

contenu du sénatus-consulte préparant la paix [128] montre clairement que les sénateurs sont favorables à la politique du général ; celui-ci semble assez facilement faire accepter ses vues au sénat [129]. Mais il y a des nuances — souvent importantes — dans les positions et les déclarations, et même des signes d'opposition : des nuances comme le montre le sénatus-consulte même que nous venons d'évoquer. Ce texte annonce certes la libération de la Grèce mais il exige d'abord une remise aux Romains des territoires possédés par Philippe [130], alors que la proclamation parle seulement de libération [131]. Flamininus a réussi lors des négociations avec les délégués à obtenir une déclaration plus généreuse et plus nette [132]. Il va habituellement plus loin que les sénateurs. Mais il y a aussi des signes d'opposition. En particulier quand Marcellus souhaite succéder à Flamininus [133].

S'agissait-il seulement d'une opposition individuelle ? Ou était-elle le signe de désaccords plus larges ? Dans notre société occidentale, qui vit sous la toute-puissance des partis, il était tentant de se demander s'il n'y avait pas sur cette question grecque des groupes d'influence, ou au moins des courants, plus ou moins favorables à telle ou telle politique. Cette enquête a mobilisé les chercheurs [134]. Ils en sont arrivés globalement à la conclusion que l'on pouvait dégager pendant la deuxième guerre punique et au début du deuxième siècle — avant l'influence catonienne —, l'exis-

128. Le peuple vote le principe de la paix (25, 7), mais c'est le sénat qui détermine, avec le rôle — que nous avons indiqué — du général, les modalités et finalement l'orientation politique (ch. 30 déb.).

129. 34, 10 et 45, 4. V. Briscoe, *ANRW*, p. 1091.

130. Ch. 30.

131. Même s'il reste une garnison à Acrocorinthe, si Chalcis et Demetrias sont gardées, si des cités sont remises à d'autres (les Phocidiens et Locriens furent ainsi redonnés aux Étoliens = 33, 34, 8) et s'il faut attendre 194 pour que partent les légions...

132. Ch. 31. Sur ces modifications *u*. Ferrary, p. 81-83.

133. Ch. 25, 5.

134. A.H. McDonald, *JRS*, 34-35, 1944-1945, p. 18 (avec bibliographie), H. H. Scullard, *Roman Politics, 220-150 B.C.*, Oxford, 1951, p. 39-88 ; F. Cassola, *I gruppi politici romani nel III secolo av. Cristo*, Trieste, 1962, p. 303 sqq ; Briscoe, p. 29 sqq.

tence de trois groupes, l'un qu'ils nomment les *Fabiani* (autour de Q. Fabius Maximus), l'autre qui comprend les amis de Scipion, et enfin celui des sénateurs opposés aux deux groupes précédents. Briscoe a souligné l'affaiblissement au début du deuxième siècle des *Fabiani* [135], mais le maintien de l'influence de Scipion et des sénateurs appartenant au troisième groupe qu'il appelle les *Fulviani* [136]. Dans le camp de Scipion, C. Cornelius Cethegus (consul en 197), Acilius Glabrio et Lélius, préteurs de 196, peut-être Terentius Massaliota [137], dans les *Fulviani* P. Sulpicius Galba, P. Villius [138], L. Cornelius Lentulus, voire peut-être M. Claudius Marcellus. Flamininus et ses amis (le jeune Q. Fabius, Ap. Claudius Nero etc.) recevraient l'appui de Scipion et de ses amis pour la libération de la Grèce [139], les *Fulviani* s'opposeraient à cette politique ; mais Scipion et les *Fulviani* s'accorderaient sur la nécessité de maintenir des troupes. L'existence de groupes semble justifiée par un certain nombre d'alliances familiales et par un propos significatif de Polybe : celui-ci, parle en 18, 10, 7 de *philoi* de Flamininus à Rome [140].

Mais il ne faut pas aller trop loin dans cette analyse : pas de groupes sans rivalité ou sans prédominance. Or les conflits ne semblent guère nombreux ou aigus dans le livre 33, nous l'avons vu, et, si l'on recherche le groupe dominant, on butte sur des difficultés : le sénat semble plutôt pencher du côté des *Fuluiani* puisqu'il apparaît que plusieurs des délégués

135. P. 30. De fait ce groupe reprendra toute sa vigueur lors de la guerre avec Antiochus.

136. Q. Fulvius Flaccus s'est opposé à Scipion quand celui-ci a voulu envahir l'Afrique en 205 (28, 40, 3 ; 45, 2). Mais tous les *Fulvii* n'étaient pas opposés à Flamininus : *u.* Briscoe, p. 32.

137. Voir les réserves de Briscoe p. 35.

138. Consulaires naguère chargés de la Macédoine.

139. Briscoe, *ANRW*, p. 1079. Ils bénéficieraient aussi de l'appui populaire, le peuple ayant été hostile à la guerre (31, 6, 3-6) et certains tribuns agissant pour la paix (Ch. 25, 6).

140. J.P.D.V. Balsdon (*Phoenix*, XXI, 1967, p. 181) a contesté sans argument solide l'importance de ce mot.

envoyés en Grèce appartiennent à ce groupe [141]. Mais les amis de Scipion obtiennent des succès électoraux en 197. Et le sénat se rallie à la politique généreuse de Flamininus. De plus entre ces groupes les points d'accord sont nombreux : aucun d'eux ne souhaite une mainmise romaine sur la Grèce ; leurs positions face aux entreprises menaçantes d'Antiochus, à l'accroissement inquiétant de l'influence étolienne, à Nabis sont similaires. Enfin il faut souligner que les *gentes* sont loin d'être monolithiques et que bien des faits ne s'inscrivent pas dans ces oppositions de groupe [142]. On doit aussi tenir compte des ambitions personnelles, qui peuvent d'ailleurs s'insérer dans une action plus large : Claudius Marcellus veut sans doute la Macédoine comme *prouincia* autant pour sa propre *gloria* que pour s'opposer à la politique de Flamininus [143]. Ajoutons que le sénat décide sans doute plus en fonction des compétences que des pressions collectives : s'il nomme une commission de *Fulviani,* semble-t-il, avec Galba, Villius, c'est parce que ceux-ci ont l'expérience des campagnes en Grèce mais, quand il faut trancher, les Pères se rangent à l'avis de Flamininus, partisan de la liberté, libèrent Oreos et Éretrie au lieu de les donner à Eumène comme le voulaient les délégués [144] ! Quoi qu'il en soit les compromis s'établissent assez aisément : par exemple sur les « entraves » de la Grèce, Demetrias, Chalcis et Corinthe, le général voulait que ces cités fussent totalement libres, mais les délégués souhaitaient les pourvoir de garnisons. En fin de compte l'on parvient à un accord selon lequel une ville seulement resterait avec des troupes romaines. [145]

On peut regretter d'autre part que pour les campagnes d'Italie et d'Espagne Tite-Live en reste presque exclusive-

141. De fait nous ne connaissons pas le nom de tous les délégués. Pour des précisons sur la composition de la délégation voir n. à 24, 7.
142. *V.* Briscoe, *ANRW,* p. 1121.
143. Ch. 25, 5.
144. 33, 34, 10. Ces contradictions sont notées par Briscoe, *ANRW,* p. 1089.
145. 33, 31, 11.

ment à l'aspect narratif [146]. Le Padouan ne rappelle pas combien la situation reste très délicate pour Rome dans ces régions : les Gaulois, qui s'étaient hâtés de passer à Hannibal, étaient redevenus maîtres de la Cisalpine après la victoire de la forêt de Litana en 216 et le renfort d'Hasdrubal en 207. Plaisance même, dernière place avec Crémone à rester romaine, avait été prise en 200. Les Romains avaient repris l'avantage en 198 et 197, années pendant lesquelles les habitants de Plaisance et de Crémone avaient été rapatriés dans leurs colonies et où C. Cornelius avait remporté des succès, mais les Boïens et les Insubres, sans parler des indomptables Ligures, occupaient encore une bonne partie du territoire. C'est dire que l'enjeu des combats en Cisalpine était important ; la guerre ne fut pas une promenade militaire, et Claudius Marcellus a infligé un rude coup aux Boïens.

Pour l'Espagne on aurait aimé savoir pourquoi la guerre avait repris et quelle importance elle allait avoir dans la vie politique romaine. On a montré que de fait les Espagnols trouvaient trop lourd le tribut [147] : à cela il faut ajouter que les Romains devaient porter un vif intérêt aux mines du pays [148]. Le récit des guerres dans le livre 33 présente d'autre part de surprenantes solutions de continuité, surtout entre les ch. 26 et 43, en particulier pour les combats de l'année 196. Tite-Live souligne bien l'importance des conflits dans la péninsule ibérique, mais il semble qu'il veuille surtout montrer que Rome est affrontée tant en Occident qu'en Orient à de grands périls, et non préparer en quelque sorte l'intervention de Caton qui aura une si grande influence sur la carrière du futur censeur et par contre-coup sur la politique romaine [149].

146. Mais voir infra n. 212.

147. A. Piganiol, *La conquête romaine*, Peuples et civilisations, III, Paris, 1967, p. 183.

148. Sur Tite-Live et l'Espagne voir A. Pelletier, *Les Hispani et l'Hispania de Tite-Live*, *MCV*, XXII, 1986, p. 5 à 25.

149. Les expressions sont vigoureuses : *magno tumultu* en 19, 7 ; *ingens bellum* en 44, 5.....

Quant à la narration des menées d'Hannibal, elle surprend. Quelle différence avec le sévère portrait du livre 21 ! C'est avec un vif étonnement aussi que nous voyons Scipion défendre son ancien ennemi (ch. 45 sqq.). Sans doute le ton du récit s'explique-t-il par des sources très favorables [150], qui ont amené Tite-Live à réviser ses vues et à proposer une image moins négative du Carthaginois, image que l'on retrouvera plus loin [151]. Mais la disparate est choquante, même si l'on sait qu'à Rome la peinture d'Hannibal a oscillé entre des excès contraires.

Pour ce qui a trait à la politique intérieure, tant de Rome que des cités grecques, Tite-Live paraît aller bien vite. Il semble, à le lire, qu'à Rome peuple et sénat soient pour lors unanimes. Mais le désaccord sur la guerre avec Philippe n'a-t-il pas laissé de traces ? Sur des points plus précis le *uer sacrum* a-t-il été vraiment réalisé parce que les opérations en Italie étaient terminées ? Claudius Marcellus, vainqueur des Boïens n'a-t-il pas joué un rôle [152] ? Et la mesure n'a-t-elle pas gêné Caton ? Mais nous serons d'accord avec Briscoe [153], pour dire que ni dans la création des triumvirs épulons, ni dans les mesures contre les prêtres qui s'étaient dispensés du *stipendium*, il n'y a apparemment connotation politique.

En Grèce l'évocation des cités n'est pas plus nuancée : or l'existence de ligues, de confédérations — essentiellement achéenne, étolienne et béotienne — n'allait pas sans conflits complexes entre celles-ci et à l'intérieur de celles-ci [154]. Le Padouan se limite à l'antagonisme entre les Étoliens et les autres. Il y avait aussi des conflits dans les cités mêmes entre riches et pauvres, entre pro-Romains et anti-Romains [155], —

150. Voir p. XX n. 34 et note au ch. 47, 4.
151. 35, 14, 12 etc..
152. *V.* note à 44, 1.
153. *ANRW*, p. 1090.
154. On verra une présentation commode de cette organisation confédérale chez A. Manuelian, édition du *Livre XXXVI de l'Histoire romaine de Tite-Live* dans la CUF p. XLVI-LVII, avec une bibliographie. Le Padouan est plus explicite aux l. 31 et 32.
155. C'est très visible pour les années 197-196 dans le ch. 43 du livre 18 de Polybe. Voir sur ce conflit A. Manuelian, *op. cit.*, p. LVII-LX. Dans

les riches étant souvent pro-Romains — : ces conflits, contrairement à ce que l'historien semble suggérer, ne devaient pas se limiter à Thèbes de Béotie et à l'Acarnanie !

On voit combien la description livienne réclame des compléments : mais Tite-Live est tributaire de ses sources et ne peut donner plus qu'elles ne lui proposent. En outre il est sûr qu'il se préoccupe des hommes et du destin de Rome autant, sinon plus, que des péripéties de l'histoire.

Il a, rappelle Sénèque, écrit des ouvrages de philosophie [156] et l'histoire est évidemment pour lui un des moyens de méditer sur les comportements des individus : comment ceux-ci apparaissent-ils dans le livre 33 ? Ils sont d'abord souvent dominés par les passions ou par des éléments irrationnels : ainsi Philippe passe brusquement de la joie (*gaudium*) à la peur (*trepidauit*) [157] ; les Étoliens sont poussés par la colère envers Rome [158], les Acarnaniens par l'hostilité envers les Étoliens [159] : des aiguillons qui aboutissent à de grandes conséquences : ainsi la colère faire naître de nouveaux conflits [160]. Les on-dit, la *fama* jouent aussi un grand rôle tant dans les combats [161] qu'en politique : Flamininus prend en compte l'opinion : il faut libérer la Grèce aussi parce que cela permettra de contrer la propagande des Étoliens qui prétendent que Rome ne vise qu'à remplacer Philippe. En outre des événements mineurs ou des coïncidences peuvent avoir une influence sur les attitudes : les Dardaniens tombent sur Philippe quand ils apprennent qu'il a été

le livre 33, comme dans les autres, les considérations économiques sont évidemment absentes tant pour Rome que pour la Grèce : sur la situation à Rome, voir J.-M. Engel, édition du *Livre 37 de l'Histoire romaine de Tite-Live* dans la CUF p. XIV-XIX.

156. *Epist.*, 100, 9. V. sur ce point Rossbach, *Hermes*, XVII, 1882, p. 367, n. 3 et Hirzel, *Dialog*, 1895, p. 22.

157. 8, 9.

158. 11, 4 (*tumentes*).

159. 16, 2 (*odium*).

160. 13, 13.

161. 8, 5 : comparer avec le passage correspondant de Polybe qui ne parle pas de ce rôle. Voir aussi 8, 9.

battu [162]. Le caractère enfin joue un rôle important : Philippe est versatile ou indécis [163], les Acarnaniens sont un peuple loyal et c'est pour cela qu'ils restent fidèles au roi de Macédoine [164] ; la race grecque est friande de jeux [165] ; les Gaulois Boïens ne supportent pas l'attente (*gens minime ad morae taedium ferendum patiens*) [166].

Mais les passions peuvent être utilisées à des fins louables : — la colère permet quelquefois de gagner les batailles [167] — ; ou elles peuvent être dominées par la raison : les Béotiens anti-Romains protesteraient volontiers contre Flamininus qui leur impose une alliance, mais ils se dominent vu les circonstances [168] ; Antiochus est irrité par les injonctions rhodiennes, mais il se contient (*temperauit irae*) [169]. Et il faut se garder de dévoyer la raison en ruse ou en perfidie comme le font les Boïens qui refusent les combats à la loyale et qui ne pensent qu'à tendre des pièges à l'adversaire [170].

Si l'on cherche quelle philosophie suivait Tite-Live, il semble, d'après le livre 33, vu la peinture plutôt sombre des conséquences des passions, vu le jugement favorable porté sur ceux qui les dominent, vu le rôle joué par les petits faits dans l'évolution des événements, qu'il s'agisse bien du stoïcisme, mais d'un stoïcisme débarrassé de ses exigences premières, bref du moyen stoïcisme [171]. Cependant, dans la mesure où les passions peuvent être quelquefois utilisées à bon escient, cette philosophie paraît mâtinée de péripaté-

162. Ch. 19. Tite-Live a dit lui-même l'importance des faits mineurs en 32, 17, 9.

163. 7, 8 et 8, 2.

164. 16, 2.

165. 32, 1.

166. 36, 8.

167. 37, 8 (*quantam uim ad stimulandos animos ira haberet, apparuit*).

168. 1,8.

169. 20, 7.

170. Ch. 36, 4 et 9 ; ch. 37, 5. Sur la condamnation de ces pratiques à Rome voir G. Achard, *Bellum iustum, bellum sceleratum sous les rois et sous la République, Bollettino di Studi Latini*, XXIV, II, 1994, p. 474-486.

171. V. W. Weissenborn, *Einleitung...*, p. 17 sqq. ; Walsh, p. 49-81.

tisme [172], mais le Padouan n'écrit pas un traité de philosophie et l'on cherche vainement des traces marquées de ces doctrines. Il n'y a rien de systématique dans sa description : il est remarquable que des mots comme *modestia* ou *temperantia*, ou leurs contraires, si importants pour les philosophes latins, ne soient pas utilisés dans ce livre pour les portraits [173].

D'autre part on observe que les êtres au caractère mal trempé ou habités par des passions mauvaises qu'ils ne savent pas dominer appartiennent surtout au camp ennemi, ou se trouvent quelquefois chez les alliés peu sûrs : c'est Philippe qui est versatile, ce sont les Étoliens qui se laissent emporter par la colère ; ce sont les Boïens qui sont impatients. C'est que cette peinture des hommes est étroitement liée à un amour profond pour Rome.

Les Romains, eux, sont peints de belles couleurs dans le livre 33. Tite-Live a d'abord voulu sensiblement modifier le portrait de Flamininus chez Polybe — et peut-être aussi celui qu'ont peint les annalistes [174] — : il a adouci le caractère à la fois tranchant et hypocrite que lui prêtait le Grec [175] ; il a supprimé les motifs intéressés qui l'auraient, au dire de Polybe, poussé à faire rapidement la paix avec Philippe : peur qu'on ne lui donne un successeur et qu'on ne le frustre de sa victoire [176] ; il ne parle pas de l'intervention de Béotiens, avant le meurtre de Brachylles, auprès du proconsul (28, 1) et élude la question de l'éventuelle connivence de celui-ci avec les meurtriers [177]. Il le qualifie de noms et d'adjectifs très

172. V. M. Ducos *Les passions, les hommes et l'histoire dans l'œuvre de Tite-Live, REL*, 65, 1987, p. 132-147, qui pense que cette conception vient de ce que le Padouan était influencé par la philosophie académique.

173. Voir les relevés de T. J. Moore, *Livy's Vocabulary of Virtue*, Frankfurt-am-Main, 1989, 328 p. Sur la philosophie livienne : *u. La filosofia della storia nell'opera di T. Livio*, (*Riv. Indo-greco-ital.* I, 1917, p. 321-329).

174. Voir n. 114 supra.

175. 18, 37, 10.

176. Comparer Liv., 13, 15 et Pol., 18, 39.

177. Comparer de même dans le livre 32 Liv., 36, 10-37 et Pol., 18, 10-12.

flatteurs : Flamininus se veut *magnus* (ch.12, 9) ; *mitis* (ch. 12, 9) ; il souhaite mener une guerre conforme au droit des gens (*iustum)* (ch. 29, 8). Il est habile : il sait ne pas trop parler quand c'est nécessaire (ch. 2, 5) ; avant la grande confrontation, il assure ses arrières (ch. 2, 9) ; il cherche à impressionner l'adversaire et bannit toute hésitation, toute lenteur pour montrer à celui-ci qu'il n'a pas peur (ch. 3, 9). S'il pousse l'habileté jusqu'à la ruse, c'est au profit de Rome : il joue certes un tour aux Béotiens (ch. 1), mais c'est pour éviter une lutte inutile.

Les autres hommes de guerre romains, les autres *magistratus* sont dignes d'éloges, qu'il s'agisse du tribun militaire qui prend une initiative déterminante à Cynoscéphales [178] ou de C. Cornelius, brillant vainqueur des Gaulois, ou de Marcellus, vainqueur des Boïens, ou de C. Flaminius qui n'hésite pas à faire partager sa popularité à son collègue [179]. Ne fait guère exception que Q. Minucius, qui se fait battre en Cisalpine et qui simule la prise de places-fortes [180], mais que tous les sénateurs réprouvent. En général les Romains ont de la *clementia* (ch.12, 7), du courage (ch. 22, 8) ; de la *fides* (ch. 31, 5). Il est remarquable que Tite-Live supprime l'éloge du désintéressement des *imperatores* romains rédigé par Polybe [181] car, si vif fût-il, il contenait des réserves sur les contemporains du Grec, réserves qui ont dû paraître contestables au Padouan.

S'appuyant sur de tels hommes, Rome ne peut être que grande, et le livre 33 est un des plus hauts moments de son histoire. Alors que le livre suivant et la deuxième pentade (l. 36-40) vont développer le thème de la décadence qui menace, avec le goût du luxe qui se répand chez les femmes et l'évocation des séductions de l'Asie, un thème en rapport avec la volonté proclamée par l'historien dans sa préface de peindre la dégradation des mœurs [182], ici tout proclame la

178. 9, 8.
179. 42, 8.
180. 22, 7 et 8.
181. 18, 35.
182. *Praef.*, 4 ; 9.

grandeur de Rome : la supériorité militaire de sa légion sur la phalange macédonienne, la générosité face au désir d'hégémonie des Étoliens ou d'Antiochus.

La puissance militaire et la politique libérale sont liées : c'est parce que Rome est forte qu'elle peut émanciper des peuples. Les activités guerrières, que l'historien, dit-on, connaît mal, sont pourtant pour lui manifestement un élément essentiel [183]. Que Rome soit en conflit à l'est avec Philippe, à l'ouest avec les Espagnols et au nord avec les Gaulois lui paraît aller de soi : il se félicite seulement qu'elle n'ait pas à lutter simultanément contre Hannibal et contre Philippe, ou contre Antiochus et contre Philippe [184].

On a souvent discuté du rôle de la *fortuna* dans ces succès de Rome. Il faut, nous semble-t-il, dissocier ses manifestations au combat et son rôle dans l'enchaînement des circonstances. Elle intervient dans la guerre, comme le montre, dans le livre 33, le basculement quasi général de la *fortuna* aux dépens de Philippe (ch. 18, 1 et 19, 2) [185] ; mais elle intervient aussi dans le fait que Rome n'a pas, nous venons de le rappeler, à affronter trop d'ennemis en même temps (ch. 19, 6). Tite-Live pense-t-il là à quelque action divine, c'est difficile à dire : il nous semble se rapprocher de l'avis de Polybe qui, au début de son œuvre [186], conteste que Rome ait dû ses victoires à la *fortuna* et les attribue à son courage. En effet il fait louer Flamininus par les Grecs pour avoir su allier courage et fortune [187] : il est sûr que, pour le Padouan, la Fortune sourit aux courageux. Mais cette *fortuna*, comme l'a bien montré P. G. Walsh, a quelque chose de la *pronoia*

183. *V.* R. I. Frank, *The dangers of peace*, *Prudentia*, VIII, 1976, p. 1-7.

184. 19, 6.

185. Partout sauf face aux Dardaniens (19, 5). La conduite de Flamininus d'une certaine façon s'adapte à la *fortuna*, puisque, comme elle, il ne cherche pas à écraser Philippe.

186. 1, 69, 3.

187. 33, 8. Bernard a recensé les passages — nombreux — de l'œuvre où mérite et fortune sont associés (p. 337-338).

stoïcienne [188]. La *fortuna* aide Rome dans son œuvre de paix et de liberté.

Ainsi le livre 33, comme les autres livres de l'*Ab Vrbe condita*, est bien l'œuvre d'un patriote. Même quand Tite-Live parle du reste du monde, c'est de Rome qu'il s'occupe et la phrase souvent citée du ch. 20, 13 — *ad ea quae propria Romani belli sunt uix sufficiam* — montre peut-être quelque lassitude, mais surtout le fait que c'est Rome qui intéresse au premier chef l'historien [189].

Rome apporte aux belliqueux comme les Étoliens, aux perfides comme les Boïens un modèle de *pax* et de *fides*. Elle répand chez les autres la civilisation : elle a traversé la mer, comme le narrateur le fait dire aux Grecs, « pour qu'il n'y eût pas dans le monde entier de pouvoir injuste, pour que partout la justice, les lois divines et humaines fussent les plus puissantes » (*ne quod toto orbe terrarum iniustum imperium sit, ubique ius, fas, lex potentissima sint*) [190] ; elle offre la liberté, le bien suprême, comme le souligne l'historien (ch. 32, 9). Profondément désintéressés les Romains font la guerre pour la liberté des autres (ch. 33). Tite-Live, pour mieux exalter sa nation, déforme quelque peu la réalité : il laisse l'impression que la libération de la Grèce est générale, alors qu'il apparaît que des Romains souhaiteraient garder certaines villes-clés (ch. 31), et que certaines cités sont rattachées plutôt autoritairement à telle ou telle confédération. Et il peint avec une visible délectation dans le livre 33 la sagesse et la puissance de ses compatriotes : sagesse des décisions sénatoriales dans tous les domaines et en particulier dans la répartition des troupes [191] et l'octroi des *prouinciae*, mélange habile de souplesse et de fermeté des délégués.

188. Walsh, p. 55-59. Voir aussi J. Champeaux, *Forte chez Tite-Live*, *REL*, 45, 1967, p. 363-389, pour qui *forte* n'implique pas, dans l'œuvre de l'historien, hasard, mais conséquence naturelle.

189. M. R. Girod (*op. laud.* supra) pense même que le peu d'intérêt montré par Tite-Live pour la géographie vient de qu'il s'occupe surtout de Rome et de l'Italie... une Italie qu'il n'a pas à décrire puisque tous ses lecteurs la connaissent.

190. 33, 7.

191. Ch. 43.

Quant à la puissance romaine il se complaît à l'évoquer et à peindre l'accueil généralement favorable que Rome reçoit lors des ambassades [192] et conférences.

Mais dans le livre 33 les qualifications laudatives ne concernent pas que les Romains : des Grecs — au sens le plus large — aussi sont jugés dignes d'éloges : Antiphilos le Béotien, les Rhodiens [193] etc.. À eux est associé le Pergaménien Attale [194], qui est le plus loué de tous et qui possède toutes les qualités [195]. Plus étonnant : même des Grecs, ennemis de Rome, comme les Acarnaniens, ne sont pas toujours critiqués : les habitants de Leucas résistent courageusement et leur défaite est due à la trahison de résidants... italiens [196]. Et parmi les mauvais alliés aussi, parmi les Étoliens par exemple, il y a des gens courageux et, à côté des coléreux, des notables qui savent agir *leniter* [197]. La peinture des Grecs surprend d'autant plus que la plupart d'entre eux ne se montreront pas par la suite des alliés très sûrs ! Ces jugements favorables posent la question des sentiments réels de l'historien à l'égard de la Grèce — une question qui n'a pas été étudiée de manière systématique [198].

Les lecteurs ont surtout retenu les condamnations redoutables de Caton qui vont venir juste après le livre 33 (34, 4, 3)

192. V. Jal, *Place et rôle des legati et des legationes dans le récit livien, REL*, 63, 1985, p. 118-131.

193. 20, 1. Voir les recensements de Moore, *op. cit.* Il est intéressant de noter que Tite-Live fait exprimer ses jugements par d'autres (les spectateurs des Jeux Isthmiques par exemple) ou les énonce en son propre nom.

194. Ch. 21.

195. Il est à la fois *prudens, magnificus, iustus, fidus, comis, mitis, munificus (ibid.)*.

196. Ch. 17.

197. 35, 10. Sur l'influence qu'a pu avoir Polybe, voir à propos des Étoliens K. S. Sacks *Polybius'other view of Aetolia JHS*, XCV, 1975, p. 92-106. L'historien grec, après une hostilité marquée envers les Étoliens, pour leur attitude à la fin du IIIe siècle, en serait arrivé à l'idée que l'antagonisme était naturel entre Étoliens et Romains.

198. Voir cependant C. Moreschini, *Livio e il mondo greco, SCO*, XXXIV, 1984, p. 27-57. Cf. notre article à paraître, sur le même thème, dans les *Mélanges Carl Deroux*.

et qui englobent la Grèce et l'Asie dans une même réprobation. De fait c'est à l'Asie seule que Tite-Live reproche, quand il donne son propre sentiment, sa mollesse et ses séductions funestes (39, 1, 3 ; 39, 6, 7-9). Globalement il apprécie les Grecs, même s'il juge sévèrement tel ou tel de leurs peuples [199].

Les vifs éloges que nous venons de recenser dans le livre 33, la place fondamentale que Tite-Live consacre à l'émancipation des Grecs, la vigueur du tableau des Jeux suggère qu'il existe chez lui un réel philhellénisme, dans sa signification la plus générale. Il est clair que l'historien considère la proclamation de l'Isthme comme un événement important, qui concrétise une sorte d'affinité entre Romains et Grecs, dont la réalité éclate quand les Grecs veulent tous toucher le général romain.

La place donnée à Attale — plus importante que chez Polybe — ne doit pas surprendre : elle nous suggère peut-être même les raisons de ce philhellénisme : le royaume de la nouvelle Pergame n'est pas éloigné de l'ancienne Troie où les Romains puisent leurs origines, une Troie que ceux-ci considèrent curieusement, malgré les luttes rapportées par Homère, comme plus hellénique qu'asiatique [200] et qu'ils englobent aisément dans cet ensemble grec.

Si ce rôle de l'*Asia* du nord touche déjà bien des Romains, surtout à partir de la fin de la République, il concerne plus encore Tite-Live, pour des raisons personnelles que l'on perçoit mieux, si l'on revient au début de l'œuvre. L'historien a tenu à mettre en première ligne la fameuse légende

199. Éloges répartis dans l'œuvre : 25, 40, 2 ; 39, 8, 3 ; 45, 32, 9-10, mais ... tempérés en 8, 22, 8. Nous ne sommes pas de l'avis de C. Moreschini (*op. laud.*) suivant lequel l'attitude du Padouan envers les Grecs aurait changé : partageant au début les préjugés des Romains à leur égard, il aurait modifié ses vues à partir du l. 41, et compris alors seulement les torts causés par l'impérialisme romain à la Grèce.

200. La rencontre du Troyen Énée et de l'Arcadien Évandre sur le site pré-romain de Pallantée, chez Virgile (*Én.*, VI, 97 ; VIII, 100), illustre bien cette affinité un peu étrange de la Grèce et de Troie.

d'Anténor [201] : une sorte de brévissime *Énéide* qui évoque l'arrivée de ce Troyen dans la région de Padoue ; c'est que Tite-Live n'oublie sans doute pas, en écrivant l'histoire de Rome, les origines de sa cité. Tout en restant profondément romain, il sait qu'il est aussi un peu héritier de tout ce qui est grec, au sens le plus large [202]. Il y a d'ailleurs une surprenante similitude entre les Padouans qui se sont trouvés en première ligne dans la lutte contre les Gaulois, Attale qui a vaincu les Galates, et les Grecs mêmes qui risquent d'être en butte aux mêmes peuples s'ils s'éloignent de Rome, une similitude qui est suggérée ici (*u.* ch. 21, § 3 et 12, § 10).

Cette espèce de philhellénisme livien, qui rejoint d'une certaine façon celui de Flamininus, a peut-être entraîné la critique de *patauinitas* émise par Pollion, qu'à la suite de Quintilien on aurait mal interprétée [203], qui ne serait pas affaire de langue, mais plus largement de goût, voire d'attachement à une petite patrie...

Cette exaltation de la grandeur de Rome, à laquelle est associée la Grèce [204], ne s'accompagne nullement d'un mépris envers l'ennemi. Le Padouan sait reconnaître les qualités des adversaires : si Philippe n'a pas beaucoup de vertus, il connaît le métier de roi et de général, acceptant de faire des concessions, quand elles sont nécessaires (ch. 13, 3), entraînant chaque jour sa troupe (ch. 3, 5), se battant avec

201. Question trop timidement évoquée par L. Braccesi, *La leggenda di Antenore. Da Troia a Padova*, Padoue, 1984. Cette volonté de placer Anténor sur le même rang qu'Énée n'a pas nécessairement plu à Auguste, sans doute...

202. Observons qu'Anténor est perçu comme d'autant plus proche des Grecs qu'il a toujours été favorable à la paix avec les Achéens, comme le rappelle Tite-Live dès le début de son œuvre (I, 1).

203. Pour la bibliographie de l'interprétation traditionnelle voir P. Flobert, *La* patauinitas *de Tite-Live d'après les mœurs littéraires du temps*, *REL*, LIX, (1981), p. 193-204. Notons qu'en suivant le Grec Polybe pour la narration de ces événements de Grèce, le Padouan souligne aussi son philhellénisme.

204. Une très remarquable association de Rome et de la Grèce... tout entière se lit dans le livre 33 lorsque le Padouan exalte l'action des Rhodiens en faveur de l'une et de l'autre (ch. 20 § 1).

opiniâtreté [205] ; les Macédoniens sont aussi courageux que les Achéens (ch. 18, 14 [206]) ; Antiochus organise longtemps à l'avance ses campagnes militaires (ch. 19) et sait maîtriser ses passions (ch. 20, 6) ; Hannibal est campé de manière très flatteuse, on l'a vu. Les généraux et historiens romains ont presque toujours grandi leurs adversaires, ne serait-ce que pour exalter la victoire de Rome, mais il est remarquable que, dans le livre 33, ce ne sont pas toujours les qualités militaires de l'ennemi qui sont reconnues et que certains, comme les Gaulois, sont en revanche toujours critiqués par le Padouan. Il semble donc bien que Tite-Live ne trace pas une ligne tranchée entre les civilisés et les autres, son patriotrisme n'exclut pas une certaine admiration pour les meilleurs des adversaires. L'on s'est souvent posé la question de l'impérialisme chez Tite-Live : sur les causes qu'il en donne et sur son contenu : sur le contenu on voit donc que Rome est destinée, par la qualité de son armée, par la sagesse de son sénat à dominer le monde, mais en apportant aux Grecs et à l'élite parmi les non-Romains la paix, la justice et la liberté. Cette action, d'après la narration livienne, fut-elle voulue et consciente [207] ? Il n'y a pas de réponse univoque : en ce qui concerne la guerre contre Philippe, l'on sait que le peuple ne souhaitait pas de conflit, mais que le sénat l'a majoritairement désiré ; s'agissant de la Grèce, la volonté de libération semble unanime, mais avec quelques nuances cependant et, pour la suite, les uns veulent que l'on maintienne une occu-

205. Hus, p. CXVII sqq. a montré que chez Polybe Philippe apparaît comme un grand roi au début, puis qu'il devient cruel et débauché, pour revenir à plus de sagesse, alors que chez Tite-Live, il reste grand en tant que roi, mais plutôt médiocre en tant qu'homme.

206. V. aussi 3, 12. Il n'est pas toujours aisé de voir à qui s'adressent les qualificatifs flatteurs, car les troupes sont mêlées : les mercenaires étant particulièrement nombreux dans les armées de Grèce et d'Asie.

207. P. Jal dans *L'impérialisme romain. Observations sur les témoignages littéraires latins de la fin de la République, Ktéma*, 7, 1982, p. 143-150 souligne que les textes liviens ne nous éclairent pas sur le point de savoir si l'impérialisme romain est né d'un enchaînement de circonstances ou s'il a été délibéré, mais que cette question a nécessairement été débattue dans les états-majors.

pation, les autres pas ; quant à la nécessité de contrer Antiochus, elle semble s'être imposée à tous. Globalement le peuple et certains membres du sénat apparaissent comme plus pacifiques, mais les impératifs de la défense s'imposent, dans cette société très militaire, sans difficultés.

Reste la question qui se pose pour chaque livre de l'*Histoire romaine* : y a-t-il un lien entre le récit livien et l'époque augustéenne, voire entre l'idéologie du Padouan et celle du Prince ? On sait qu'Auguste a dit de l'historien qu'il était pompéien [208], mais rien n'indique dans l'ensemble de l'œuvre une opposition au nouveau régime [209]. Il semble même que l'*Ab Vrbe condita* s'inscrive assez bien dans le dessein augustéen de refondation de Rome.

Qu'en est-il dans le livre 33 ? La quatrième décade a dû être écrite entre 21 et 12 avant notre ère [210]. Dans le domaine intérieur le principat se forme progressivement, et en 18 Auguste entame par des lois une restauration de l'ordre moral ; dans le domaine extérieur, la victoire d'Actium est d'une certaine manière une réconciliation entre l'hellénisme et l'Occident, contre l'Égypte barbare. Ensuite l'activité militaire est très importante : expédition en Arabie de Gallus, raid contre les Garamantes, restitution par Phraatès IV, le Parthe, des enseignes prises à Crassus et Marc-Antoine, campagnes contre les Cantabres et les Astures, invasion de la Germanie jusqu'à l'Ebre, extension de la frontière au Haut-Danube, annexion du Norique, soumission de la Pannonie.

Le livre n'aborde pas les questions morales qui seront évoquées dans la suite avec la lex Oppia et la pénétration en Asie des armées de Rome. En revanche on peut établir une correspondance entre les guerres contre Philippe, l'attitude face à Antiochus, la libération de la Grèce et la politique augustéenne. La prétention romaine de fixer des limites à Antiochus, la globalisation de la conception du monde font penser déjà à l'époque contemporaine du Padouan. De même

208. Tacite, *Ann.*, IV, 34.
209. Walsh, p. 10 : « *...Livy can be termed as « Augustan » historian* ».
210. *V.* Walsh, p. 8 ; Hus, p. XVI-XVII.

qu'Auguste réduit ses adversaires, conçoit une politique extérieure à l'échelle de l'univers, sait laisser la liberté à des peuples jadis hostiles [211], tend à rapprocher Orient et Occident, Flamininus l'emporte sur son adversaire sans chercher à l'écraser, possède une vision très large de la politique extérieure, établit, en libérant les Grecs, un trait-d'union entre leurs cités et Rome. Cependant nulle allusion ne peut suggérer quelque parallèle trop précis. Il est vrai que les situations ne sont plus les mêmes [212], mais il est bien clair que, dans ce livre, comme dans les autres, Tite-Live n'apparaît en tout cas nullement comme un propagandiste du régime.

Le livre 33 peint donc un moment important de l'histoire de Rome, dont Tite-Live a bien mesuré la portée, et dont il a expliqué l'essentiel, mais il est surtout capital pour préciser les idées morales et politiques du Padouan tout en apportant des éléments pour éclairer la question souvent posée de l'impérialisme romain.

V

ASPECTS LITTÉRAIRES

Œuvre à visée surtout morale et idéologique donc, l'*Ab Vrbe condita* est aussi une œuvre littéraire. Il faut sans doute que l'historien dise le vrai, mais il doit d'abord plaire ; la valeur d'un ouvrage historique doit être surtout le fruit de l'*ars*, de l'*elocutio*, le Padouan le montre dès la préface

211. Comme aux cités des Trois Gaules.

212. On a pensé que Tite-Live louait l'action de Claudius Marcellus en Gaule Cisalpine, pour honorer la famille de l'époux d'Octavia et son fils, marié à Julie, en qui le prince avait vu un héritier possible. Mais Marcellus meurt en 23, avant la rédaction, semble-t-il, du livre 33.

générale : quand il s'inquiète de la concurrence éventuelle d'autres narrateurs, c'est dans le domaine de l'*ars scribendi* [213] qu'il semble les redouter. Puisqu'il considère qu'il a affaire à une *« rem cum ueterem, tum uolgatam »* [214], à des événements qui sont relativement bien établis, son talent ne saurait donc consister qu'à mettre ceux-ci en valeur, qu'à se distinguer des autres par son écriture. Il est, comme le dit V. Warrior à propos du début de la quatrième décade, plus un *narrator* qu'un *explicator* [215].

Dans quelle mesure cet art apparaît-il dans le livre 33 ? Comme dans la plupart des autres livres, l'analyse, pour être complète, doit porter sur les récits, les portraits et les discours [216].

Pour ce qui est des *récits*, il est remarquable que Tite-Live, dans la vaste matière offerte par Polybe et par les Annalistes, en développe ici surtout deux types qui semblent s'opposer : 1) ceux qui sont traditionnels : les récits de bataille — celle de Cynoscéphales mais aussi celle de Leucade — ; les réunions du sénat, les conférences et les ambassades ; les triomphes et les débats les concernant ; une part plus limitée mais notable étant réservée aux élections, aux jeux et aux prodiges ; 2) ceux qui sont singuliers : c'est sur un récit de ce type que commence le livre, puisque Flamininus (sans doute avec la complicité d'Antiphilos) se rend littéralement maître sans coup férir de Thèbes de Béotie [217] ; mais remarquable à cet égard est l'histoire surprenante de ces Acarnaniens qui, condamnés pour leur alliance avec Rome, n'ont pas peur de se présenter devant la foule, supplient d'abord, puis habilement en viennent à se disculper (ch. 16) ; du même ordre est

213. § 2. Souligné par P. Jal, *Tite-Live et le métier d'historien dans la Rome d'Auguste*, *BAGB*, 1990, p. 32-47.

214. *Ibid.*, § 1.

215. *The initiation of the second Macedonian war : an explication of Livy book 31*, Stuttgart, 1996, p. 92

216. Sur l'ensemble de la question *u.* Walsh, p. 173-244 ; A. Hus, p. XCVIIII sqq. P. Jal., p. L-LXXI.

217. Il ne s'agit pas vraiment d'une occupation militaire, mais les Béotiens ne seront pas vraiment libres de décider s'ils s'allient ou non aux Romains.

la description de l'attitude inattendue de Zeuxippe qui, accusé d'avoir trempé dans le meurtre d'un ennemi de Rome, vient défendre, en causant un étonnement général... d'autres accusés — le moyen le plus astucieux de faire croire qu'il n'est pas coupable (ch. 28) ; mais la scène la plus inouïe des années 197-195 est évidemment la proclamation de la liberté de la Grèce par un général vainqueur ; et c'est sur la fuite, non moins inhabituelle, d'un héros, Hannibal, obligé de quitter nuitamment sa patrie que se clôt pratiquement le livre. On remarquera que le second type de récits n'a, dans certains cas, aucune incidence sur le cours des événements : si le Padouan, désireux, plus qu'auparavant, d'être bref, [218] a ainsi souligné ces épisodes, c'est qu'il leur attachait un prix particulier. Ainsi il a insisté sur des sujets variés, mais sur ceux qui étaient le plus susceptibles d'intéresser ses lecteurs : les Romains étant à la fois friands de ces récits traditionnels [219] et évidemment sensibles à la nouveauté de ces histoires extraordinaires. Il ne s'est peut-être pas écarté des faits, mais, en insistant sur ces histoires, il a bel et bien introduit ces *deuerticula amoena* (9, 17, 1) qu'il prétend ne pas avoir recherchés.

Quel que soit le type de narration, le Padouan donne à celle-ci une grande unité : en étudiant la chronologie nous avons observé que les retours en arrière étaient constants [220] — pour narrer les entreprises d'Antiochus, les guerres en Italie ou en Espagne, la fuite d'Hannibal etc. — : c'est que Tite-Live regroupe les événements qui se sont déroulés sur un même théâtre d'opérations, ou ceux d'une même sorte : sont ainsi réunis avec netteté les différents épisodes d'une même campagne, les jeux, les élections, les présages etc.. L'historien aboutit à des narrations qui ne dépassent pas quatre ou cinq chapitres — l'histoire de Zeuxippe, la fuite d'Hannibal —, qui sont comme des récits dans le récit ; il les

218. Voir la préface du livre 31 (§ 3-5). Les livres 31 à 36 sont les plus courts de l'œuvre qui nous est parvenue.

219. Les débats sur l'octroi des triomphes par exemple devaient être prisés par les lecteurs sénateurs.

220. *V*. p. XXXV.

traite avec une certaine *breuitas* ou plus exactement y met en relief les éléments essentiels : H. Tränkle a montré comment, pour la bataille de Cynoscéphales, les prodromes et les suites étaient relativement resserrés par rapport au texte polybien, alors que l'engagement lui-même était plutôt développé [221]. De même quand il raconte les négociations de paix après la bataille, Tite-Live omet bien des passages polybiens (digression sur la phalange, éloge de Philippe, exaltation de l'intégrité des généraux romains) pour mettre en valeur l'affrontement entre Phaeneas et Flamininus [222] ; dans l'histoire de Zeuxippe, il raccourcit la narration, en taisant le fait que les Thébains pro-Romains ont pris contact avec Flamininus [223] et en abrégeant l'épisode de l'esclave, que Polybe a dû traiter longuement [224]. Ces entités sont nettement détachées du reste par une *dispositio* très ferme, que nous avons déjà évoquée dans le premier développement [225].

Dans le récit lui-même la structure est solide et le développement très clair : c'est bien le *clarissimus candor* loué par Quintilien [226] — : la comparaison avec Polybe montre combien le Padouan le dépasse en ce domaine : ainsi quand il s'agit de décrire la supériorité des Romains en matière de fortification du camp, là où l'historien grec oppose les différents éléments un à un, Tite-Live regroupe avec netteté ce qui concerne chaque armée (ch. 5, 5-12). Souvent un sentiment dominant (ou plus rarement deux) anime le récit et lui donne son unité : dans la description des Jeux Isthmiques, la joie, l'étonnement l'emportent, et l'historien enlève la précision de Polybe qui voulait que ce soit le bruit, et non la surprise ou l'allégresse, qui ait obligé le héraut à relire la proclamation [227]. Le souci de clarté est évident dans les nombreuses

221. P. 84-85.
222. 13, 7.
223. D'autres raisons peuvent expliquer cette suppression (cf. supra, p. L).
224. V. note à 28, 14.
225. *V.* p. XII supra et Luce, p. 39-46. La *dispositio* du début est soulignée après coup en 18, 22.
226. *I.O.*, X, 1, 101.
227. *V.* Tränkle, p. 137-138.

précisions chronologiques et géographiques, dans l'explication de certains termes difficiles [228].

Mais surtout le narrateur, suivant en cela les conseils des maîtres en éloquence [229], donne à voir les scènes : ainsi, quand il ajoute des éléments au texte de Polybe, c'est pour mettre les faits sous les yeux : par exemple, pour décrire la bataille de Cynoscéphales, il insiste, plus que son modèle, sur les conditions très particulières du combat qui au début se déroule, contre toutes les règles militaires, dans les environs d'une ville, et, par la suite, dans un brouillard si épais qu'il empêche les Macédoniens de se voir (ch. 6, 7 sqq. et 7, 2 [230]) ; souvent, lors de la description du combat, il indique ce que les combattants voient ou ne voient pas (*caligo obcaecauerat diem... ut neque signa cernerent...* (ch. 7, 2) ; *ut...(rex) uidit* (ch. 8, 9) etc...) ; pour la proclamation aux Jeux Isthmiques, il souligne le nombre des spectateurs et montre la situation remarquable du lieu (ch. 32, 1). Son récit est souvent plus animé que celui du Grec (cf. Liv., ch. 35, 4-5 et Pol., 18, 48, 4).

Pour les Anciens, l'une des qualités fondamentales du récit est la vraisemblance : Quintilien reproche au Padouan de ne pas inspirer la *fides* (10, 1, 32), mais, il est difficile de dire que tel est le sentiment du lecteur dans le livre 33 : les événements s'enchaînent de façon naturelle ; ils sont souvent justifiés et aucun d'eux n'est incroyable. Quand il raconte la proclamation de la liberté en Grèce, Tite-Live, pour expliquer que Flamininus résiste à la formidable pression de la foule qui veut le féliciter, va chercher dans un passage de Polybe assez éloigné (18, 12, 5) l'indication que le général est dans la force de l'âge [231], ce qui permet de comprendre pourquoi il n'a pas été étouffé. Et Tite-Live se garde de tomber dans le merveilleux et de prétendre, comme Valère-Maxime ou Plutarque [232], que les cris de la foule ont été si

228. P. ex. 4, 4. L'explication avait déjà été donnée précédemment d'ailleurs...

229. *Rhet. Her.*, IV, 68 ; Cic., *de orat.*, III, 202.

230. Cf. Pol., 18, 20, 7. Voir Luce, p. 41.

231. 33, 2.

232. *V.* note à 32, 10.

puissants, lors de cet événement, que les oiseaux en sont tombés à terre ...

Ce sentiment de vérité est dû aussi au fait que Tite-Live, en narrant, se met à la place des personnages et décrit généralement les réactions et les sentiments de ceux-ci, comme s'ils étaient réellement en situation. Il peint ainsi le désarroi de Philippe à Cynoscéphales (ch. 7, 8), les craintes de Zeuxippe et de Pisistratos qui redoutent le moment où les Romains ne seront plus là pour les soutenir (ch. 27, 10-11), la joie et l'étonnement des Grecs aux Jeux Isthmiques (ch. 32) etc..

Subsistent quelques maladresses qui peuvent trahir une rédaction un peu rapide : alors que la narration est habituellement claire, le lecteur s'interroge sur la composition de la *turba* du ch. premier [233] : sont-ce les licteurs, sont-ce les gens qui entourent Flamininus ou bien la foule de Thébains ? Pourquoi d'autre part annoncer dès le début de la narration de l'affaire de Béotie la dénonciation de l'esclave en 28, 11, en supprimant tout suspens ? Pourquoi préciser après coup, et non dès le début, le lieu de la rencontre entre Philippe et Cornelius en 35, 7 ? Mais est-ce suffisant pour accuser l'historien, comme Caligula le fait, d'avoir été *neglegens* (Suét., *Cal.*, 34, 1) ?

Il n'y a pas dans le livre 33 de *portraits* développés comme celui de Papirius Cursor, d'Hannibal ou de Caton l'Ancien [234], cependant figure une courte et brillante biographie d'Attale (ch. 21) : Tite-Live s'y inspire de Polybe (18, 41 b), mais en modifiant très largement l'ordre du Grec [235], en supprimant les considérations générales, ainsi celle quelque peu oiseuse sur l'argent, et en introduisant de belles *sententiae* (§ 2 et 3).

Il est manifeste que l'historien préfère peindre progressivement et indirectement un caractère, par touches successives, dont toutes ne se trouvent pas nécessairement dans le

233. *V.* la note à 1, 6.

234. H. Bornecque, *Tite-Live*, Paris, 1933, p. 175. Sur les portraits dans l'ensemble de l'*Ab Vrbe condita* voir Bernard, qui commente de nombreux passages du livre 33.

235. Voir une comparaison très précise chez Luce, p. 212.

même livre : ainsi le portrait de Flamininus ne se précise qu'au livre 34 (ch. 22, 4-5 et ch. 49-51). La différence éclate quand on compare avec Plutarque, qui se livre à un portrait complet, tant physique que moral et intellectuel du général ; mais l'histoire n'est pas la biographie. Dans ce livre le Padouan souligne, nous l'avons vu [236], tantôt la prudence du proconsul qui assure soigneusement ses arrières (ch. 2), tantôt son habileté (ch. 11, 10), tantôt son intégrité (ch. 11, 7), tantôt sa grandeur d'âme. Les aspects négatifs sont habilement réduits : l'ambition et la colère, que lui reconnaît Plutarque (*Fla.*, I, 2-3), sont absentes, mais l'historien avoue que l'homme agit quelquefois *temere* (ch. 5, 3) : une concession habile qui accrédite le reste du portrait [237], et qui fait que Flamininus nous paraît bien plus grand chez Tite-Live que chez Polybe [238].

La méthode est la même pour Philippe : des touches rapides, disséminées, qui complètent un portrait déjà bien dessiné notamment aux livres 23, 27, 28 et 31 et qui confirment l'impression d'un personnage complexe, irrésolu et influençable (*u.* ch. 8), mais les circonstances font que beaucoup de traits du roi : son habileté militaire, sa *ferocia*, etc. ne sont pas évoquées. Polybe est bien plus disert — même dans les parties correspondant au livre 33 — à propos du Macédonien [239].

À côté des deux protagonistes, les autres figures sont un peu pâles, mais se détachent certaines personnalités comme celle de Zeuxippe, comme celles des dirigeants étoliens, etc. [240]

236. Voir dans la partie Aspects historiques et idéologiques supra, p. L-LI.

237. La méthode est recommandée par la *Rhétorique à Herennius*, II, 45.

238. Comparer Pol., 18, 39 et Liu., 13, 15 ; Pol., 18, 46 et Liu., ch. 33.

239. Comparer par exemple Liv., 11, 1 et Pol., 18, 33, 3-7. Cf. F. W. Walbank, *Philip V of Macedon*, Cambridge, 1940 ; Pédech, p. 108 ; Hus, p. CXVII sqq. ; Bernard, p. 266-268. Sur les implications idéologiques des portraits voir dans la partie Aspects historiques et idéologiques supra p. LV.

240. Sans compter évidemment Hannibal, déjà bien connu des lecteurs de Tite-Live, mais qui apparaît, on l'a vu (p. XLVII), sous un jour assez nouveau.

Mais si les narrations et si les personnages paraissent si vrais c'est surtout que le livre est plein de paroles, qui se mêlent heureusement au récit. Il est remarquable que Tite-Live prête aux Grecs, après la proclamation de l'Isthme, des réflexions élogieuses sur l'attitude des Romains, alors que Polybe n'en fait rien [241] ! Pourtant rares sont les *discours* développés et en style direct, alors qu'ils sont nombreux dans la plupart des autres livres [242] : pour ce qui est des propos en *oratio recta*, le livre 33 se situe largement au-dessous de la moyenne des livres de la quatrième décade. Beaucoup de personnages pour un motif ou pour un autre y sont concis : Attale ne peut faire, en raison de l'âge, un long discours ; Flamininus parle brièvement aux Béotiens (ch. 2) ; il n'achève même pas sa harangue aux troupes en 8, 5 et s'abstient de répondre aux Étoliens mécontents (35, 12) ; les députés de Flamininus et de Philippe ne parlent pas longtemps au sénat (ch. 24, 6) ; il suffit d'une seule et unique phrase pour libérer la Grèce (ch. 32, 5 [243]). Le Padouan raccourcit en général les discours polybiens : c'est en particulier le cas pour les débats entre les Étoliens et Flamininus (cf. Liv., ch. 12, 3-13 et Pol., 18, 36 et 37). Il semble même que l'historien, dans ce livre, se soit volontairement refusé à refaire des discours en style direct, alors que certaines circonstances exceptionnelles, comme la bataille de Cynoscéphales semblaient lui en offrir l'occasion. Tout au plus note-t-on quelques mots de Flamininus (ch. 12, 12 et 13,

241. 33, 4-8 et Pol., 18, 46 fin.

242. Les livres 31, 32, 34 en particulier en comportent. Précisons que les discours liviens ont été souvent étudiés : le travail le plus précis est celui d'Ullmann (*La technique des discours dans Salluste, Tite-Live et Tacite,* Oslo, 1927 et *Etude sur le style des discours de Tite-Live,* Oslo, 1929), qui s'est référé — et c'est la méthode la plus rigoureuse — aux préceptes mêmes que donnaient les maîtres pour le genre délibératif, en cherchant à repérer les moyens du *rectum*, de l'*utile*, du *facile*. Mais, comme cet érudit a analysé les discours en style direct, le livre 33 n'a pas été pris en compte. I.Paschkowski (*Die Kunst der Reden in der 4. u. 5. Dekade des Livius*, Kiel, 1966). a analysé les discours prononcés avant les combats dans la quatrième et la cinquième décades.

243. Concision soulignée par Tite-Live lui-même en 33, 8 (*una uoce*).

11) [244], mais multiples sont les dialogues, débats, récriminations en style indirect [245]. C'est sans doute que les circonstances ne se prêtaient guère à de longs discours en forme : la bataille de Cynoscephales n'a pas été une bataille en règle et n'était pas propice à des discours de ce type : aussi le Padouan prête-t-il aux généraux de brèves interventions à des moments différents du conflit, Philippe et Flamininus insistant surtout sur la facilité de l'opération (ch. 3 ; 11 ; 4, 3 et 8, 4-5) [246] ; d'autre part Tite-Live s'est manifestement plu à mettre en valeur de rapides tours de force oratoires, des pointes brillantes comme savaient les pratiquer surtout les Grecs, celles par exemple que nous avons signalées dans le bouche des Acarnaniens et de Zeuxippe [247]. Mais il a surtout multiplié dans ce livre les controverses, fort nombreuses et très vives : ainsi les débats à propos des triomphes (ch. 22, 2 sqq.) ; les discussions entre les envoyés d'Antiochus et les gens de Lampsaque (ch. 38, 6 et 7) ; entre les Romains et Antiochus (ch. 39 *in fine* et 40) ; chez les délégués (ch. 44) etc.. [248]

Comme dans les discours directs du reste de l'œuvre, on y repère les moyens classiques du genre délibératif, consistant à montrer que l'action préconisée est utile, noble, facile ou nécessaire [249], mais ils sont moins visibles, et appliqués avec plus de souplesse, que dans l'*oratio recta*.

244. Ce qui donne d'ailleurs à ces rares interventions directes un remarquable relief.

245. Sans oublier deux harangues aux troupes.

246. Polybe a procédé de même (*u.* 18, 23, 3 sqq.). Mais non Plutarque (*Flam.*, 7), qui joint les discours et les oppose. Carawan (*op. laud.*, p. 30 n. 114) pense que l'absence de discours en forme et que la brièveté du propos viennent du désir chez Tite-Live de montrer que les généraux veulent rapidement en découdre.

247. *V.* p. LX-LXI.

248. L'*oratio obliqua* chez Tite-Live a été étudiée surtout par A. Lambert, *Die indirekte Rede als künstlerisches Stilmittel des Livius*, Zurich, 1946 qui a expliqué que l'*oratio obliqua* était aussi soignée que l'*oratio recta*, que l'historien l'employait pour ne pas briser la narration et, comme nous l'allons voir, pour peindre les caractères.

249. Ainsi à Cynoscéphales le roi et le général romain soulignent la facilité de l'action et exaltent le courage de leurs hommes ; au ch. 22 les

Remarquable est l'adaptation des propos aux caractères, caractères des peuples ou des personnalités : par de violentes antithèses, les Étoliens font éclater l'aigreur de leurs récriminations contre Flamininus (ch. 11, 4-6) ; par sa *breuitas* le général romain montre sa prudence, son souci de l'efficacité, mais aussi son autorité, bref son caractère très romain ; Antiochus a une fermeté bien digne d'un roi, mais il n'est pas malhabile (ch. 20, 7-8). Même quand il s'agit de donner la parole à des adversaires de Rome, Tite-Live se met parfaitement à la place de ceux-ci : on l'a vu avec les Étoliens, mais c'est aussi très net avec Antiochus qui présente excellemment sa défense.

Contrairement à Salluste [250] le Padouan croit à l'efficacité de l'éloquence, mais au vu du livre 33, les brefs morceaux, les simples antithèses (chez Flamininus, ch. 2, 5 et 8, 5), la répétition (comme quand le général romain revient sans cesse auprès des délégués sur la nécessaire libération de la Grèce [251]) semblent aussi utiles que les longs propos ; on a l'impression que Tite-Live n'est pas loin, comme Flamininus, de redouter la logorrhée de certains Grecs (*u.* ch. 12, 12) : cependant les bons orateurs comme les Acarnaniens, comme Zeuxippe, parviennent à leurs fins.

Le soin pour l'*elocutio* est grand. Mais il faut se garder de juger de celle-ci de manière trop uniforme. Tout en maintenant une certaine harmonie entre les différentes parties du texte, Tite-Live adapte le style au développement. Les portraits, les récits, les discours ne sont pas traités de façon identique.

Puisque nous avons déjà évoqué l'unique portrait, attachons-nous d'abord aux récits. Mais à l'intérieur aussi de ceux-ci le lecteur observe qu'il y a de grandes différences, car il faut considérer à part les narrations qui concernent les élections, les jeux, les prodiges. L'historien s'y est certaine-

tribuns, lors du débat sur l'octroi du triomphe, s'appuient sur l'argument de la *iustitia* etc...

250. V. G. Achard, *Les discours dans la Conjuration de Catilina, une rhétorique nouvelle ? Vita Latina*, 137, 1995, p. 21-29.

251. 31, 8.

ment largement inspiré des annalistes qui l'ont précédé : le tour est stéréotypé [252], la forme sobre et répétitive, tout autre que celle du reste du récit.

Ailleurs en effet la phrase est plus ample, bien éloignée du style tendu, haché et dissymétrique cher à Salluste — écrivain que le Padouan condamnait pour sa *breuitas*, comme le montre un passage des *Controversiae* de Sénèque le Père [253] — : ainsi il n'y a dans le livre 33, qui décrit pourtant des batailles et des scènes très animées, qu'un seul passage avec des infinitifs de narration (ch. 17, 10). Incontestablement l'historien veut plus de régularité et d'abondance. Deux témoignages confirment cette analyse : Tite-Live recommandait à son fils d'imiter Démosthène ou Cicéron ; Sénèque le Père, en citant la narration de la fin de la vie de Cicéron par le Padouan (*Suas.*, VI, 22), nous a transmis une *sententia* où éclate toute l'admiration que celui-ci avait pour le grand homme qui aurait, dit-il, besoin d'un Cicéron pour faire son éloge. Le Padouan a conçu son œuvre comme l'Arpinate le voulait dans le *De legibus* [254], comme un *opus oratorium*. Une conception souvent invoquée, mais dont on doit souligner la nouveauté : le style historique était certainement — les fragments des Annalistes le montrent — en règle générale archaïsant, formulaire et tendu. Pour les Romains l'œuvre de Tite-Live a dû paraître sans aucun doute aussi originale, sinon plus, que celle de Salluste... Car, si celui-ci a adopté un style différent du style cicéronien, il est resté fidèle à la tradition et à la densité annalistique. En revanche Tite-Live a certainement surpris par un style abondant, un style proche de celui de Cicéron, mais volontairement éloigné de celui de Salluste et de ses prédécesseurs. Et

252. *V.* F. Luterbacher, *Der Prodigienglaube und Prodigienstil der Römer*, Burgdorf, 1904 ; McDonald, *JRS*, XLVII, 1957, p. 155-156 ; P. Ph. Packard, *Official Notices in Livy's Fourth Decade, Style and Treatment*, Univ. of North Carolina, 1969 ; J. E. Phillips, *Form and Language in Livy's Triumph Notices*, *CPh*, LXIX, 1974, p. 265-273 ; Briscoe, p. 16-17.

253. *Contr.*, IX, 1, 14. Voir aussi IX, 2, 26.

254. I, 5. Le propos est mis dans la bouche d'Atticus.

le livre 33 ne le cède en rien aux autres livres par ses phrases d'une belle ampleur — la *lactea ubertas* vantée par Quintilien [255] — et par une belle régularité, dont J. P. Chausserie-Laprée a dégagé les modes [256], le Padouan préférant soit des structures qui déroulent toutes les combinaisons possibles de subordonnées conjonctives, d'ablatifs absolus et de participes apposés avant de s'épanouir en une principale plus ou moins étoffée [257], soit plus rarement des phrases à relance ou à rallonge, voire qui rebondissent en quelque sorte par la reprise d'un mot [258]. Des passages comme la description de la fuite d'Hannibal [259] laissent alterner avec bonheur cette abondance et des phrases plus brèves. L'abondance devient rarement lourdeur, sauf peut-être en 49, 1-4, où la principale arrive bien tard et en 36, 4 et 48, 4 où l'on observe quelques répétitions [260]. Et quelques subtilités agrémentent encore la lecture : ainsi le jeu sur *conscientia* et *conscii* en 28, 10.

L'ampleur s'accompagne d'une langue qui, sans être absolument cicéronienne, on le sait, est classique : rien d'étonnant chez un historien qui s'est, dit-on, intéressé à la grammaire [261].

La question souvent débattue à propos du style narratif livien est celle des poétismes. Alors que les premiers érudits

255. *I.O.*, X, 1, 32.

256. *L'expression narrative chez les historiens latins*, Paris, 1969, p. 1 à 338. De très nombreux exemples de cette thèse sont pris dans le livre 33.

257. Quelques exemples dans une longue liste : 33, 5, 1 ; 7, 5 ; 8, 10.

258. 33, 27, 5 et 7 par exemple (*restituerentur... restitutis...*).

259. Ch. 48.

260. Certains tours sont un peu confus, mais le texte n'est pas toujours sûr : 15, 2 ; 49, 5.

261. Quint., *I.O.*, X, 1, 39. Sur la langue de Tite-Live il faut toujours consulter O. Riemann, *Études sur la langue et la grammaire de Tite-Live*, 2e éd. Paris, 1884. Mais il y a eu bien d'autres études : ainsi A. Marsili, *De historicorum temporum apud Livium usu*, Lucca, 1942 ; E. Mikkola, *Die Konzessivität bei Livius, mit besonderer Berücksichtigung der ersten und fünften Dekade*, Helsinki, 1957 ; A. H. McDonald, *The style of Livy*, *JRS*, 47, 1957, p. 155-172 ; J. B. Solodow, *The Copulative Particles in Livy*, Cambridge, Mass., 1971 ; J. Collart, *Quelques observations statistiques sur le livre I de Tite-Live*, in *L'Italie romaine et la Rome républicaine, Mélanges offerts à J. Heurgon*, Rome, 1976, etc..

qui ont étudié sérieusement cet aspect de l'œuvre, E. Wölfflin [262] et surtout S. G. Stacey [263], estimaient que seuls les premiers livres comportaient un style poétique et archaïsant, K. Gries [264] a contesté cette opinion en affirmant qu'il y avait relativement peu de poétismes dans l'œuvre entière et qu'il n'y en avait pas moins dans les derniers livres que dans les autres. Une opinion plus ou moins corroborée par H. Tränkle [265] qui a soutenu que les tours poétiques n'étaient jamais abandonnés et que certains même étaient propres aux dernières décades. Le mérite de Tränkle a été de rappeler quelle pouvait être l'origine de ces marques, héritières de cette tradition qui voulait à Rome que l'œuvre historique eût un caractère archaïsant et poétique [266] : ainsi Tite-Live s'éloignerait de ce style, nous l'avons dit, contrairement à Salluste, mais en garderait cependant quelques traits. Plus récemment J. Adams [267] a émis un avis plus nuancé, considérant que poétismes et archaïsmes étaient relativement moins nombreux dans les dernières décades, mais que l'on ne pouvait dire que Tite-Live en venait, à la fin de son œuvre, à un style rigoureusement classique.

Ces jugements si contradictoires tiennent en fait à deux causes : il n'est pas aisé pour nous d'apprécier le caractère poétique ou archaïque d'un mot latin [268] et nous confondons trop systématiquement poésie et archaïsme [269].

262. *Livianische Kritik und livianischer Sprachgebrauch*, Berlin, 1864.

263. *ALL*, X, 1898, p. 17-82.

264. *Constancy in Livy's Latinity*, New-York, 1949.

265. *Beobachtungen und Erwägungen zum Wandel der livianischen Sprache*, *WS*, LXXXI, 1968, p. 103-152.

266. Tränkle, *ibid.*, p. 130 sqq. Pour P. Fedeli, ce style archaïsant du Padouan serait né d'une volonté de soutenir la politique augustéenne en parant de belles couleurs, avec les prestiges de l'antique, les différents tableaux de l'histoire de Rome (*Ideologia e stilo, I poetismi e gli arcaismi liviani*, *Quaderni di Storia*, 3, 1976, p. 255-283).

267. *The vocabulary of the later decades of Livy*, *Antichthon*, VIII, 1974, p. 54-62.

268. K. Gries (*op. cit.*) a souligné cette difficulté (p. 7).

269. On lira avec intérêt sur ce point A. Fouché : *Historia proxima poetis*, coll. Latomus, 255, Bruxelles, 2000, p. 120-151.

Cela étant, peut-on observer des traits de cette nature dans le livre 33 ? Force est de constater que les passages poétiques sont rares : il n'y en a qu'un qui mérite à peu près ce qualificatif, et nous verrons qu'il se trouve dans un discours... [270]. De même les poétismes ne sont pas fréquents dans ce livre : on relève quelques mots de tendance poétique [271] : *nimbus* (ch. 6, 12), *interfari*, (ch. 12, 12) ; *mussare* (ch. 31, 1) ; *marcescere* (ch. 45, 7) et l'on observe que ces expressions se trouvent souvent dans des contextes qui n'ont rien de particulièrement poétique : les tours un peu anciens, quant à eux, ne sont pas très nombreux non plus : on note *non operae* qui est plautinien (ch. 20, 13) ; *inuicti animi* (ch. 11, 7) ; *paucis absoluit* (ch. 12, 2) qui sont sallustiens [272].

Le bilan est mince, surtout pour un livre où au moins deux scènes, la bataille de Cynoscéphales et la proclamation de la liberté de la Grèce, pouvaient donner place à la poésie. Il nous semble qu'ici le Padouan n'a pas cherché à s'approcher de l'épopée, mais qu'il a souhaité simplement apporter une légère couleur ancienne, une concession qu'il a faite au caractère un peu suranné que doit comporter tout texte historique à Rome [273].

Les discours, en style indirect généralement et plutôt brefs, nous l'avons dit, sont dans le *genus medium*, bien adapté à une persuasion efficace. Le cadre même du style indirect impose un rythme plus serré, presque haché. Nous souscrirons volontiers à propos du livre 33 à l'observation de J. Dangel qui note que le style des discours est plus synthétique que celui des parties narratives [274].

270. *V.* n. 276 infra.

271. Nous disons bien « de tendance... », car on les trouve presque autant en prose qu'en poésie. A Fouché (op. cit. n. 269) ne les recense pas comme des poétismes.

272. V. le commentaire de J. Briscoe, p. 16.

273. On peut lire sur Tite-Live et la poésie de l'histoire E. Cizek, *A propos de la poétique de l'histoire chez Tite-Live*, *Latomus*, LI, 1992, p. 355-364.

274. *La phrase oratoire chez Tite-Live*, Paris, Les Belles Lettres, 1982, p. 177 ; p. 438-439 en particulier pour une comparaison entre le narratif et l'oratoire. L'étude ne porte malheureusement pas sur le livre

Mais le discours est relevé par des pointes, des jeux sur les mots [275], voire par des métaphores plutôt fortes comme dans le discours prêté aux adversaires d'Hannibal [276], qui pastichent peut-être une éloquence fleurie, telle qu'elle pouvait se pratiquer dans une Carthage créée par des Tyriens et en outre fortement marquée par la civilisation grecque [277].

Ainsi le livre 33, sans qu'il y ait de disparate avec les autres livres, se signale par un certain nombre de traits : des récits étonnants, une langue relativement classique, un *genus medium*, une prédominance du débat par rapport au discours.

Quel rapport peut-on établir entre nos conclusions sur les aspects historiques et idéologiques d'une part et sur les aspects littéraires ? Le livre 33 décrit la victoire capitale des légions sur la phalange, l'union nouvelle entre Romains et Grecs, exalte l'action civilisatrice de Rome, nous l'avons dit, mais alors même que l'on pouvait s'attendre à la mise en œuvre de moyens littéraires de style élevé, voire sublime, l'œuvre reste sobre. Sans renier l'idée de Cicéron, selon laquelle l'histoire est un *opus oratorium*, Tite-Live a refusé d'aller jusqu'à faire sonner les trompettes de l'éloquence : sans doute a-t-il considéré que la mesure en ce domaine était la meilleure façon de plaire et d'emporter la conviction.

33, mais nous retrouvons dans ce livre les mêmes traits que ceux que J. Dangel a dégagés ailleurs : usage des antithèses (4, 1 etc.) ; fréquence de la conditionnelle (12, 10 etc.) ; mise en valeur par les répétitions de *et* ou de *qui* (12, 6-7 etc.), de noms propres (12, 10 etc.), d'homéotéleutes (12, 9 etc.). Le rythme y est aussi plus fréquent dans les passages oratoires que dans les passages narratifs.

275. Ex. : *ne par honos in dispari merito esset* (22, 2).

276. 45, 7. Ce discours nous paraît en effet plus métaphorique que poétique : contra J. Briscoe, p. 17.

277. Nous avons effectué seulement des sondages en ce qui concerne les clausules, mais ils confirment les conclusions d'H. Aili (*The Prose Rhythm of Sallust and Livy*, Stockholm, 1979) qui montre une évolution de l'œuvre vers des clausules plus sallustiennes (fin d'hexamètre etc.) que cicéroniennes (péon 1er, crétique etc.), ce que confirme J. Dangel (op. cit., p. 262). Voir sur ce point : J. Béranger, *Le rôle des clausules dans les discours de Tite-Live, Hommages à R. Schilling*, Coll. ét. latines, série scient. 37, Les Belles Lettres, 1983, p. 449-463.

VI

MANUSCRITS ET ÉDITIONS

Pour ce qui est de la tradition manuscrite, le livre 33 occupe, par rapport aux autres livres de la décade, une position particulière. Il a été en effet découvert très tard et en deux temps. Dans les manuscrits récents de Tite-Live qui fleurirent au XIVe et XVe siècles, il était pratiquement le seul à manquer (avec les chapitres 37,3 à 59 du livre 40) et ce n'est qu'au début du XVIe siècle qu'il apparut dans un témoin qui fut pour la première fois édité à Mayence, et que l'on appelle pour cette raison *codex Moguntinus* (sigle *Mg*), un témoin qui remontait sans doute au IXe siècle [278] ; mais le texte commençait seulement au § 6 du chapitre 17 (à *artis*). L'ensemble du livre fut enfin connu grâce à la découverte au début du XVIIe siècle à Bamberg d'un manuscrit de la première moitié du XIe siècle (sigle *B*) [279]. Aussi, pour l'établissement du texte, faut-il considérer à part les chapitres 17 à 49, puis les seize premiers. [280]

Le premier à publier l'édition de la deuxième partie du livre à partir du *Moguntinus* fut N. Carbachius en 1519 [281] ;

278. Datation proposée par L. Traube, *Paleographische Forschungen IV, I : Bamberger Frag. der IV. Dekade des Livius*, *Abhandlungen der bayerischen Akademie der Wissenschaften*, III, Kl. Abh. XXIV, I, 1904.

279. Bibl. Publ. Bamberg. Class. 35. Il a été publié en 1616 pour la première fois (*u.* infra p. LXXVIII) mais il semble qu'il ait été lu plus tôt par certains doctes, et l'on se demande pourquoi il ne fut pas édité plus vite (*u.* Billanovich, *Petrarch*, p. 185, n. 2).

280. Il nous a paru préférable de suivre, pour l'analyse, l'ordre, plus logique, des découvertes, plutôt que celui des chapitres. Pour une bibliographie complète sur les manuscrits de la IVe décade, on verra C. Gouillart, éd. du livre 40 dans la collection de la CUF, p. CXX, n. 179

281. Nic. Carbachius et Wolfg. Angustus, *Ed. Mog.*, Moguntiae, 1518 (le livre est daté de novembre 1518 mais il parut en avril 1519, *u.* A. Mercati, *Rend. Pont. Accad. Rom. Arch.* 9 (1933) p. 53.) : N. Carbachius

ont suivi deux éditions de l'*officina Frobeniana* [282] : la première de Grynaeus en 1531 [283], la seconde de 1535 due à Sigismond Gelenius [284] (des éditions que l'on désignera par *Frob.*[1] et *Frob.*[2]). Ces lectures allaient devenir particulièrement précieuses dans la mesure où le *Moguntinus* disparut rapidement : et toute la question est aujourd'hui de savoir quel crédit il faut accorder à ces trois lectures. Il est sûr que la tâche de ces premiers éditeurs ne fut pas facile : Carbachius a eu certainement du mal à déchiffrer ce manuscrit du IXᵉ siècle : *Mg* devait être rédigé en une écriture peu connue [285], peut-être insulaire [286], avec de fréquentes erreurs sur les nombres, des omissions de mots brefs, pas de prénoms, des fautes sur les noms de lieux et de personnes, des mots mal coupés (*Rhodii acheos* devenant ainsi *rhodiacohors*), des finales uniformisées (*Achaei primo* devenant *Achaei primi*... (18, 10 et 14)). Il devait y avoir chez ce témoin ou chez un de ses ancêtres quelques gloses comme en témoigne *deuecti deductique* en 33, 29, 3. Carbachius semble n'avoir pas trop cherché à inventer quand le texte restait obscur, ce qui fait qu'en moyenne près d'une phrase sur cinq de son édition est peu compréhensible. La première *editio Frobeniana* comporte — point qui curieusement n'a jamais été souligné — déjà quelques améliorations par rapport à la lecture de Carbachius, Grynaeus ayant, semble-t-il, revu le manuscrit : certaines corrections — ou certaines lectures —

s'en est aussi servi pour compléter le livre 40 (du § 37 à 59). Nous usons, après McDonald, d'abréviations différentes selon qu'il s'agit de ce qui devait être le texte du manuscrit lui-même (*Mg*), ou du texte qui est celui de l'édition de Carbachius (*Mog.*) Les éditeurs usaient auparavant indifféremment de *M.*

282. De la famille Froben — les célèbres imprimeurs — à Bâle. Notons qu'il y eut de fait une édition aldine (par Asulanus) en 1520, mais celle-ci reprend manifestement le texte de Carbachius sans vérification sur le manuscrit.

283. Avec une préface d'Erasme.

284. Beatus Rhenanus et Sig. Gelenius, *Ed Frob.*, Basiliae, 1535.

285. S. Gelenius dans l'*editio Frobeniana* parlera d'un « *priscus character nec hoc seculo lectu facilis* » (à propos de 33, 21, 8) et de « *characterum formas nostro seculo ignotiores* » (pour 40, 39, 8).

286. V. L. Traube, *op. cit.*

sont habiles : *Theoxenus iis* pour *Theoxenesus* de *Mog.* en 18,5 ; *multifariam* pour *multifaria* de *Mog.* en 18, 7 ; *lemniscosque* pour *lemmis quosque* de *Mog.* en 33, 2 etc.. Mais c'est la deuxième *editio Frobeniana* qui représente un progrès sensible. Gelenius, tout en conservant les corrections de la première édition *Frobeniana* [287], en a fait d'autres, a beaucoup amélioré les noms propres (lisant par exemple *Pedasa* pour *Pisida* de *Mog.* en 30, 3 ; *Acrocorintho* là où Carbachius avait lu *agro Corinthio* en 31, 11 etc.). Il a en outre ajouté des *adnotationes* qui semblent citer avec une grande précision le texte même du manuscrit — et qui seront signalées par *Frob.*² *in adnot.* Mais il n'est pas si sûr que sa lecture du texte soit toujours rigoureuse : peut-être l'est-elle moins que celle de Carbachius : Gelenius supprime quelquefois sans crier gare (ainsi *ab contemptu concussi tum* en 19, 1) [288].

Alors que le manuscrit avait disparu, beaucoup d'éditeurs (Gohorius en 1573 [289] à Paris, J. et S. Feyerabendt, J. Gruter en 1612 à Francfort) suivirent Carbachius ou S. Gelenius, en reprenant leur texte. D'autres l'amendèrent : Glareanus, C. Sigonius — qui essaya en particulier d'améliorer encore les noms propres —, Beatus Rhenanus, mais sans que leurs trouvailles soient toujours prises en compte par les successeurs.

En 1615 la mise au jour du manuscrit de Bamberg [290] apporta des nouveaux éléments fort intéressants, dans la mesure où, s'il a un même archétype que *Mg*, comme le montre la glose inutile *cum duabus legionibus* en 25,11, il remonte sûrement à une origine différente et offre des leçons séduisantes. Certes ce témoin du début du XIᵉ siècle n'est pas sans défaut : on note d'évidentes mauvaises lectures de noms

287. Aussi ne signalerons-nous pas *Frob.*² en ce cas. Voir note 308 infra.

288. *V.* Briscoe, *Notes on the Manuscripts of Livy's Fourth Decade* (1979-1980), p. 322-323.

289. Franciscus Modius (Francofurti, 1588) se vante d'avoir relu le manuscrit, mais c'est faux.

290. Signalons qu'il commence au début de la quatrième décade, mais s'arrête en 38, 46, 6. Il est joint dans la bibliothèque de Bamberg avec un manuscrit qui contient des livres de la troisième décade.

propres, d'abréviations et de terminaisons, des graphies peu claires et variées des noms de nombre : 2 000 écrit *II milia* ou *II* avec un trait dessus ou *oo oo* (ce qui entraîne des erreurs, *oo* étant lu par exemple *eo*...), des omissions de mots brefs, des blancs — dont la longueur ne correspond pas nécessairement à celle du mot — quand la lecture est difficile... Il y a des stupidités comme *tenpe ad*...(18, 6). Mais, alors que l'on avait beaucoup discuté, surtout au XIXe siècle [291], de la question de savoir qui de *B* ou de *Mg* était supérieur, un élément important a apporté un sérieux avantage à *B*. En effet H. Fischer en 1904 a découvert à Bamberg des fragments sur parchemin (sigle *F*), dont certains se rapportent aux § 34,9 à 37,6 du livre 33 [292]. Or ces fragments en écriture onciale continue [293], originaires de Plaisance [294], sont du Ve siècle et L. Traube a montré que F devait être la source de B (ou d'un ancêtre de *B)*, ce qui confère au *Bambergensis* une origine bien plus ancienne qu'à *Mg* [295].

Notons que le texte de *B* a été corrigé par deux fois : la première par une écriture semblable à celle du rédacteur, la deuxième — mais cela ne concerne pratiquement pas le livre 33 — par une deuxième main, plus élégante, qui a ajouté des annotations. McDonald [296] a pensé que c'était le copiste lui-même qui avait réalisé les premières corrections ; il nous paraît difficile d'être aussi précis : aussi noterons-nous ces corrections par B^1, et non par B^{pc} *(= B post correctionem)*. Ce premier correcteur a surtout corrigé des agglutinations ou

291. Weissenborn, *De codice Livii Moguntino*, 1865, p. 4, penchant pour *B*, Madvig, *Emendationes Livianae*, Hauniae, 1860, 1877, p. 448, pour *Mg*.

292. Les autres se rapportent aux livres 35 et 39.

293. Avec de nombreuses abréviations.

294. Le manuscrit auquel ils appartenaient est mentionné vers l'an mil dans un inventaire de livres trouvés par Othon III à Plaisance et donné sans doute à la cathédrale de Bamberg par l'empereur Henri II le Saint.

295. *V.* L. Traube, *op. cit.* Nous désignerons donc après H. Fischer et L. Traube ces fragments par *F*. La cote étant Bamberg, Staatliche Bibliothek, Class. 35 a. Ce manuscrit a été rapporté par Othon III.

296. Éd. dans les *Oxford Classical Texts* p. XIV.

des coupes fautives de mots et supprimé, en les ponctuant, des lettres défectueuses [297].

Pour le début de l'œuvre nous n'avons donc que ce *Bambergensis*. Mais le premier éditeur — en 1616 —, G. Lusignanus [298], a lu ce manuscrit avec grand soin et fait en outre de remarquables suggestions, tout comme F. Bartholinus et A. Quaerengius, qui ont cherché à amender l'édition de Lusignanus [299]. Nous désignerons respectivement ces livres par *edit. 1616* et *ed. 1616 emend.* Par la suite il y eut une édition de Paderborn en 1617 corrigée par Horrion (désignée par *Pad.*). Il faut signaler aussi les nombreuses améliorations apportées par J.F. et J. Gronovius [300], par J.-B. Crevier [301], par A. Drakenborch [302], et les éditions modernes ou les suggestions critiques de Goeller [303] (1822), J. Th. Kreyssig [304] (1840), W. Weissenborn (1851), J. Madvig [305], H.J. Müller etc. [306]

297. Il est remarquable que les premiers éditeurs du texte complet (Lusignanus, J. F. Gronovius etc.) ont peu pris en compte les apports de *B* pour les chapitres 17 à 49, et sont restés fidèles pour cette partie aux éditions antérieures qui ne pouvaient s'appuyer que sur *Mog.* — pratiquant ainsi un conservatisme dont on a maints exemples dans la tradition des textes anciens.

298. Gaspar Lusignanus, chez Pierre Chevalier, rue Jacob, Paris, 1616, dédié à Scipion Borghèse. Le préface du livre — que nous avons vu à la Bibliothèque Nationale à Paris, précise « *Liber XXXIII praecipua parte, quae desiderabatur, expletus ex codice manuscripto* ». Lusignanus ajoute que le manuscrit est revenu au jour grâce à Franciscus Bartholinus Urbinas et qu'il a été envoyé à Rome grâce à l'autorité du Cardinal. Il insiste sur le mauvais état du manuscrit. Notons que le début jusqu'à *Acarnianae* est en gros caractères, la suite en petits.

299. Bartholinus et Quaerengius, Romae, 1616.

300. Voir les notes sur l'édition de Fabri de 1678.

301. Ed. 1735-1742.

302. Ed. 1738-1746

303. Fr. Goeller, *Liber XXXIII*, Francof. ad Moen. 1822.

304. J. Th. Kreyssig, *Liber XXXIII*, Misenae, 1839.

305. *Op. cit.*

306. P. Jal a publié une liste abondante des éditions dans les tomes XI, XXXI etc. de cette collection. J. Briscoe, dans son édition récente des livres 31 à 35 (Stuttgart, Teubner, 1991) a publié un recensement qui reprend celui de Drakenborch (t. VII, p. 328 sqq.) et qui le complète.

Comme nous sommes privés des méthodes comparatives pour cette partie du texte, il faut donc juger au cas par cas de la validité de ce que nous propose le manuscrit. Il est utile pour trancher de se référer aux autres passages liviens, mais, comme nous l'avons vu, le Padouan varie son style qui est tantôt annalistique, tantôt rhétorique, tantôt formulaire etc. [307]. Et il est sûr qu'il y a bien des variations qu'on ne doit pas essayer d'harmoniser et des inexactitudes qu'il ne faut pas essayer de réparer [308].

Il est à noter que, malgré la rareté des témoins offrant les ch. 17 à 49 du livre 33, ceux-ci s'inscrivent dans une tradition diverse. Il y a en effet trois familles : celle de *F* qui a manifestement engendré tous les manuscrits *recentiores*, par l'intermédiaire, semble-t-il, d'un manuscrit *x* frère de *B* ; celle dont est issu *Mg* qui en est le seul représentant dûment identifié ; une autre, dont nous n'avons pas de témoin complet, mais qui a été révélée par la découverte de fragments du IV-Ve siècle (Vat. Lat., 10696 = *R*) du livre 34 en 1906 à l'Église Saint-Jean de Latran [309]. Ainsi, alors que l'édition de la plupart des livres liviens s'appuie uniquement sur les *recentiores*, la deuxième partie du livre 33 est seule avec les

On ajoutera les éditions de Pecchiura (*Storie, Libri XXX-XXXV*, Turin, 1971) et de von Hillen (*Bücher XXXI-XXXIV*, Munich, 1978). Pour les traductions françaises voir n. 2 à la deuxième page de l'introduction.

307. P. LXVIII.

308. Quand une leçon autre que celle de *B* ou de *Mog.* sera choisie on mettra dans l'apparat critique *B* avant *Mog.*, en raison de sa lointaine origine et du fait que *Mog.* n'est qu'une copie, sauf évidemment si *Mog.* est nettement supérieur. On ne signalera *Frob.*[1] ou [2] que s'ils apportent du nouveau. De ce fait on mettra en italique dans le texte tout ce qui n'est ni dans *Mog.*, ni dans *B*, ni dans *F*, ni dans *Frob.*[1], ni dans *Frob.*[2], ni dans les *adnotationes* de *Frob.*[2], car N. Carbachius et S. Gelenius ont théoriquement dû prendre ces leçons dans *Mg.*, contrairement à ce qui se passera dans les livres 34 à 38 (cf. C. Gouillart, éd. l. 40 p. CXXVII, n. 191). Pour les noms propres on n'usera de ces italiques que pour la première occurrence. Notons que nous n'avons cité *Frob.*[1] (ou *Frob.*[2]) que lorsqu'ils apportaient une modification à *Mog.*, et nous n'avons pas signalé *Frob.*[2] quand cette édition conservait — ce qui est la règle — une lecture de *Frob.*[1] nouvelle par rapport à *Mog.*

309. M. Vattasso, *Frammenti d'un Livio del V secolo recentamente scoperti*, Rome, 1906.

livres 34 à 38, à reposer sur les leçons d'un représentant ancien de deux des trois familles [310].

Notre apparat critique a été relu avec le plus grand soin par notre très savant collègue, Christian Gouillart, qui a été aussi, dans toutes les autres parties de notre ouvrage, un réviseur très attentif, apportant en particulier de précieuses corrections et améliorations à notre introduction, voire à notre traduction. Qu'il trouve ici l'expression de notre vive reconnaissance.

310. Mais en rappelant que l'un d'eux nous est parvenu par l'intermédiaire de *lectiones*. Précisons que nous avons relu *B* sur microfilm et heureusement disposé à la Bibliothèque Municipale de Lyon de l'édition de Carbachius (cote : 105. 456) et des deux éditions de Froben (cote : 23. 937 et 23. 938).

BIBLIOGRAPHIE SOMMAIRE (ET ABRÉVIATIONS UTILISÉES)

G. Achard : *Bellum iustum, bellum sceleratum sous les rois et sous la République, Bollettino di Studi Latini*, XXIV, II, 1994, p. 474-486.

G. Achard : *Tite-Live et les Grecs*, à paraître dans les *Mélanges Carl Deroux* (2001)

R. Adam : *Valerius Antias et la fin de Scipion l'Africain (A propos de T.J. Luce, Livy, The Composition of his History, Princeton, 1976) REL*, LVIII, 1980, p. 90-99.

J. N. Adams : *The vocabulary of the later decades of Livy, Antichthon*, VIII, 1974, p. 54-62.

H. Aili : *The Prose Rhythm of Sallust and Livy*, Stockholm, 1979.

J.P.D.V. Balsdon : *T. Quinctius Flamininus, Phoenix*, XXI, 1967, p. 177-190.

D. Baronowski : *A reconsideration of the Roman-approval of peace with Macedonia in 196 BC, Phoenix*, 37, 1983, p. 218-223.

J.Bayet (= Bayet) : *Tite-Live, Histoire romaine, Livre I*, CUF, 1940.

J. Beloch : *Der römische Kalender von 218-168, Klio*, 15, 1917-1918, p. 382-419.

N.B. Rappelons les deux outils indispensables pour toute étude de Tite-Live que nous avons déjà cités p. VIII, c'est-à-dire le recensement exhaustif de W. Kissel pour les années 1933-1978 dans l'*ANRW*, II, 30, 2, 1982, p. 901 à 997, et dans le même volume, la bibliographie critique sur les travaux en linguistique livienne parus après la guerre par H. Aili, *Livy's language. A critical Survey of Research*, p. 1122-1147.

J. Béranger : *Le rôle des clausules dans les discours de Tite-Live, Hommages à R. Schilling,* Coll. ét. latines, série scient. 37, Les Belles Lettres, 1983, p. 449-463.

J. E. Bernard (= Bernard) : *Le portrait chez Tite-Live, Essai sur une écriture de l'histoire romaine,* Coll. Latomus, vol. 253, Bruxelles, 2000.

H. Bornecque : *Tite-Live,* Paris, 1933.

L. Braccesi : *La leggenda di Antenore. Da Troia a Padova,* Padoue,1984.

J. Briscoe (= Briscoe) : *A Commentary on Livy, Books XXXI-XXXIII,* Oxford, 1973 (deuxième édition avec addenda et corrigenda en 1989).

J. Briscoe : *Notes on the Manuscripts of Livy's Fourth Decade, Bulletin of the John Rylands Library,* 62, 1979-1980, p. 311-327.

J. Briscoe (= Briscoe, *ANRW*) : *Livy and senatorial Politics, 200-167 BC, ANRW,* II, 30, 2, p. 1075-1121.

H. Brüggemann : *Komposition und Entwicklungstendenzen der Bücher 31-35 des Titus Livius,* Kiel, 1954.

E. Carawan : *Graecia liberata and the role of Flamininus in Livy's fourth decade, TAPhA* CXVIII, 1988, p. 209-252.

F. Cassola : *I gruppi politici romani nel III secolo a. Cristo,* Trieste, 1962.

E. Cavaignac : *La chronologie romaine de 215 à 168, Klio,* 14, 1915, p. 37-42.

J. Champeaux : *Forte chez Tite-Live, REL,* 45, 1967, p. 363-389.

G. Charles-Picard : *Les Sufètes de Carthage chez Tite-Live et Cornelius Nepos, REL,* 41, 1963, p. 269-281. ; *Hannibal,* Hachette, Paris, 1967.

J. P. Chausserie-Laprée : *L'expression narrative chez les historiens latins,* Paris, 1969.

E. Cizek : *À propos de la poétique de l'histoire chez Tite-Live, Latomus,* LI, 1992, p. 355-364.

J. Collart : *Quelques observations statistiques sur le livre I de Tite-Live,* in *L'Italie romaine et la Rome républicaine, Mélanges offerts à J. Heurgon,* Rome, 1976, p. 181-185.

CUF : Collection des Universités de France, publiée sous le patronage de l'Association Guillaume Budé, Paris, Les Belles Lettres, 1920 sqq.

J. Dangel : *La phrase oratoire chez Tite-Live,* Paris, Les Belles Lettres, 1982.

G. De Sanctis : *Storia dei Romani,* Turin-Florence, 1907-1964.

M. Ducos : *Les passions, les hommes et l'histoire dans l'œuvre de Tite-Live, REL,* 65, 1987, p. 132-147.

J.-M. Engel : Édition du *Livre XXXVII de l'Histoire romaine de Tite-Live* dans la CUF p. XIV-XIX.

P. Fedeli : *Ideologia e stilo, I poetismi e gli arcaismi liviani, Quaderni di Storia,* 3, 1976, p. 255-283.

J.-L. Ferrary (= Ferrary) *Philhellénisme et impérialisme : aspects idéologiques de la conquête romaine du monde hellénistique de la seconde guerre de Macédoine à la guerre contre Mithridate,* Ec. fr. de Rome, Rome, 1988.

P. Flobert : *La* patauinitas *de Tite-Live d'après les mœurs littéraires du temps, REL,* 59, 1981, p. 193-206.

A. Fontán : *Continuidad y articulacíon del relato en la historia de Livio, CFC,* X, 1976, p. 249-270.

J. A. de Foucault : *Tite-Live, traducteur de Polybe, REL,* 46, 1968, p. 208-221.

A. Fouché : *Historia proxima poetis,* coll. Latomus, 255, Bruxelles, 2000.

M. R. Girod : *La géographie de Tite-Live,* in *ANRW,* II, 30, 2, p. 1190-1228.

Chr. Gouillart (= Gouillart) : *Édition de Tite-Live, Livre XL,* CUF, 1986.

K. Gries : *Constancy in Livy's Latinity,* New-York, 1949.

H. G. Gundel : art. *Flamininus, RE,* 24 (1963) col. 1047-1100.

N.G.L. Hammond : *The campaign and battle of Cynoscephalae in 197 BC, JHS,* CVIII, 1988, p. 60-82.

P. Hasse : *A remarkable pattern in Livy, 21-45, AClass,* 39, 1996, p. 5-16.

J. Haudry : *Le groupe latin de* Fors, Fortuitus, Fortuna, *données et hypothèses comparatives,* in *Études indo-européennes,* Revue de l'Institut d'Études Indo-européennes de l'Université Lyon III, Lyon, 1999.

J. Heurgon : *Le uer sacrum de 217, Latomus,* 15, 1956, p. 137-158.

M. Holleaux (= Holleaux) : *Études d'épigraphie et d'histoire grecques,* Paris, 1938-1968.

N. Horsfall : *Illusion and reality in Latin topographical writing, G&R,* 32, 1985, p. 197-208.

A. Hus : *Une version livienne d'un récit polybien : Tite-Live, XXXI, 14, 11-16, 8 ; Polybe, XVI, 25-29* in *Mélanges Boyancé,* Rome, 1975, p. 419-434.

A. Hus (= Hus) *Édition de Tite-Live, Livre XXXI,* CUF, 1977.

P. Jal (= Jal 41-42) : *Édition de Tite-Live, Livres XLI-XLII,* CUF, Paris, 1971.

P. Jal : *L'impérialisme romain. Observations sur les témoignages littéraires latins de la fin de la République, Ktéma,* 7, 1982, p. 143-150.

P. Jal : *Place et rôle des legati et des legationes dans le récit livien, REL,* 63, 1985, p. 118-131.

P. Jal : *Tite-Live et le métier d'historien dans la Rome d'Auguste, BAGB,* 1990, p. 32-47.

P. Jal : *Monographies historiques et Ἱστορίαι κοιναί (καθολικαί) : quelques remarques, REL* LXXII, 1994, p. 56-78.

R. Jumeau : *Recherches méthodologiques sur l'utilisation de Polybe par Tite-Live dans la IV° et V° décades ; Tite-Live, adaptateur de Polybe,* (thèse dactyl.), Paris, 1954.

U. Kahrstedt : *Zum Ausbruche des römisch-makedonischen Krieges, Klio,* 11, 1911, p. 415-430 ; *Die Annalistik von Livius, Bücher XXXI-XLV,* Berlin, 1913.

A. Klotz : *Zu den Quellen der vierten und fünften Dekade des Livius, Hermes* L, 1915, p. 481-536 ; *Livius und seine Vorgänger,* Leipzig-Berlin, 1940-1941, p. 24-100 ; *Die Benutzung des Polybios bei römischen Schriftstellern, Studi italiani di filologia classica,* XXV, 1951, p. 243 sqq.

M.L.W. Laitsner : *The Greater Roman Historians,* Berkeley, 1947, p. 65-102.

A. Lambert : *Die indirekte Rede als künstlerisches Stilmittel des Livius,* Zurich, 1946.

R. A. Laroche : *Numerical inconsistencies in Livy, 33, 10, 7-10*, *C & M*, 31, 1970, p. 120-123 ; *Valerius Antias : Livy's source for the Number of Military Standards captured in Battle in Books XX (sic.)-XLV*, *Latomus*, 47, 1988, p. 758-771.

E. Lasserre (= Lasserre) : *Tite-Live, Histoire romaine*, Paris, Garnier, 1949.

T. J. Luce (= Luce) : *Livy, The composition of his History*, Princeton, 1977.

F. Luterbacher : *Der Prodigienglaube und Prodigienstil der Römer*, Burgdorf, 1904.

A. H. McDonald : *The style of Livy*, *JRS*, XLVII, 1957, p. 155-172.

A. H. McDonald (= McDonald) : *Titi-Livi ab urbe condita*, t. V, l. XXXI-XXXV, Oxford, 1965.

J.-N. Madvig (= Madvig, *Emendationes*) : *Emendationes Livianae*, Hauniae, 1860, 1877.

A. Manuelian : Édition du *Livre XXXVI de l'Histoire romaine de Tite-Live* dans la CUF p. XLVI-LVII.

P. Marchetti : *La marche du calendrier romain de 203 à 190*, in *L'Antiquité classique*, 42, 1973, p. 473-496.

A. Marsili : *De historicorum temporum apud Livium usu*, Lucca, 1942.

G. Mezzar-Zerbi : *Le fonte di Livio nelle guerre combattute contro i Liguri*, *Riv. di Studi classici*, (série d'articles) 1958 ; 1959 ; 1960 ; 1965 ; 1966.

E. Mikkola : *Die Konzessivität bei Livius, mit besonderer Berücksichtigung der ersten und fünften Dekade*, Helsinki, 1957.

T. J. Moore : *Livy's Vocabulary of Virtue*, Frankfurt-am-Main, 1989.

C. Moreschini : *Livio e il mondo greco*, *SCO*, XXXIV, 1984, p. 27-57.

H. Nissen (= Nissen) : *Kritische Untersuchungen über die Quellen der vierten und fünften Dekade des Livius*, Berlin, 1863.

H. Nissen : *Die Oekonomie der Geschichte des Polybios*, *Rh. Mus.*, 26, 1871, p. 244 sqq.

P. Ph. Packard : *Official Notices in Livy's Fourth Decade, Style and Treatment*, *Univ. of North Carolina*, 1969.

B. Pagnon : *Le récit de l'expédition de Cn. Manlius Vulso contre les Gallo-Grecs et ses prolongements dans le livre 38 de Tite-Live, LEC*, L, 1982, p. 115-128.

I. Paschkowski : *Die Kunst der Reden in der 4. u. 5. Dekade des Livius*, Kiel, 1966.

P. Pédech (= Pédech) *La méthode historique de Polybe*, Paris, Les Belles Lettres, 1964.

A. Pelletier : *Les Hispani et l'Hispania de Tite-Live, MCV*, XXII, 1986, p. 5 à 25.

PHI : C.D. ROM du Packard Humanities Institute.

J. E. Phillips : *Form and Language in Livy's Triumph Notices, CPh*, LXIX, 1974, p. 265-273.

E. Pianezzola : *Traduzione e ideologia, Livio interprete di Polibio*, Bologne, 1969.

A. Piganiol : *La conquête romaine*, Peuples et civilisations, III, Paris, 1967.

RE : Pauly, Wissowa et Kroll, *Realencyclopädie der klassischen Altertumswissenschaft*, Berlin, 1893 sqq.

O. Riemann : *Études sur la langue et la grammaire de Tite-Live*, 2e éd. Paris, 1884.

L. Robert : *Études Anatoliennes, Recherches sur les inscriptions grecques d'Asie Mineure*, Paris, 1937.

K. S. Sacks : *Polybius' other view of Aetolia JHS*, XCV, 1975, p. 92-106.

E. de Saint-Denis : *Les énumérations de prodiges dans l'œuvre de Tite-Live, RPh*, 16, 1942, p. 126-142.

U. Schlag : *Regnum in senatu*, Stuttgart, 1968.

H. H. Schmitt (= Schmitt, *Antiochos*) : *Untersuchungen zur Geschichte Antiochos' des Grossen und seiner Zeit*, Historia, Einzelschriften, 6, Wiesbaden, 1964.

H. H. Scullard : *Roman Politics, 220-150 B.C.*, Oxford, 1951.

J. B. Solodow : *The Copulative Particles in Livy*, Cambridge, Mass., 1971.

W. Soltau : *Die annalistischen Quellen in Livius' IV und V Dekade, Philologus*, 52, 1894, p. 664-701.

W. Soltau (= Soltau) : *Livius' Geschichtswerk : seine Komposition und seine Quellen*, Leipzig, 1897.

R. B. Steele : *The historical attitude of Livy, AJPh*, 25, 1904, p. 15-44.

G. V. Sumner : *A new reading in the fasti triumphales Capitolini, Phoenix*, 19, 1965, p. 24-26.

I. G. Taifacos : *Tito Livio e una fonte antiromana di Polibio, Latomus*, 41, 1982, p. 817-832.

W. E. Thompson : *Notes on the peace of Callias, CPh*, 66, 1971, p. 29 ; *Notes de lecture, Latomus*, 45, 1986, p. 178.

H. Tränkle : *Beobachtungen und Erwägungen zum Wandel der livianischen Sprache, WSt*, NF, 2, LXXXI, 1968, p. 103-152.

H. Tränkle : *Livius und Polybios, Gymnasium*, 79, 1972.

H. Tränkle (= Tränkle) : *Livius und Polybios*, Bâle-Stuttgart, 1977.

L. Traube : *Paleographische Forschungen IV, I : Bamberger Frag. der IV. Dekade des Livius, Abhandlungen der bayerischen Akademie der Wissenschaften*, III, Kl. Abh. XXIV, I, 1904.

R. Ullmann : *La technique des discours dans Salluste, Tite-Live et Tacite*, Oslo, 1927 ; *Étude sur le style des discours de Tite-Live*,Oslo, 1928.

G. F. Unger : *Der Olympionmonat, Philologus*, 33, 1874, p. 234-245.

G. F. Unger : *Die römischen Quellen des Livius in der vierten und fünften Dekade*, Philologus, Suppbd. Ill, 6, 1878.

E. Villa : *La causa della fine del convegno di Lisimachia tra Antiocho III e i Romani, MC*, 6, 1952, p. 93-102.

H. Volkmann : *Valerius Antias*, in *RE*, 7, A1, 1948.

F. W. Walbank : *Philip V of Macedon*, Cambridge, 1940.

F. W. Walbank (= Walbank) : *A historical Commentary on Polybius*, t. I et II, Oxford, 1957-1967.

F. W. Walbank : *Livy*, Londres-Toronto, 1971.

P. G. Walsh : *The Literary Techniques of Livy, Rh. Museum*, XCVII, 1954, p. 97-114.

P. G. Walsh : *The Negligent Historian : « Howlers » in Livy, Greece and Rom*, NS, V, 1958, p. 83-88.

P. G. Walsh (= Walsh) : *Livy, His Historical Aims and Methods*, Cambridge, 1961.

V. Warrior :	*The initiation of the second Macedonian war : an explication of Livy book 31*, Stuttgart, 1996.
W. Weissenborn (= Weissenborn) :	*Titi-Livi ab urbe condita libri*, Berlin, 1853-1878.
W. Weissenborn :	*De codice Livii Moguntino*, 1865.
W. Weissenborn, H. J. Müller (= W.-M) :	*Titi-Livi ab urbe condita libri*, Berlin, 1880-1911.
E. Will :	*Histoire politique du monde hellénistique*, II^2, Nancy, 1982.
K. Witte :	*Ueber die Form der Darstellung in Livius'Geschichtswerk, Rh. Museum*, LXV, 1910, p. 270-305 ; 359-419.
E. Wölfflin :	*Livianische Kritik und livianischer Sprachgebrauch*, Berlin, 1864.
M. Zimmerer :	*Der Annalist Qu. Claudius Quadrigarius*, Munich, 1937.

CONSPECTVS SIGLORVM

Cap. I-XVII, 5

B = Bambergensis, Bamberg, Bibl. publ., Class. 35 (*inc. saec. XI*)
B[1] *= Bambergensis codicis altera manus.*
ed. 1616 : editio G. Lusignani (Paris, 1616).
ed. 1616 emend. : emendationes Bartholini et Quaerengi (Rome, 1616).

Cap. XVII, 5 à XLIX.

F = Fragmenta, Bamberg Bibl. publ., Class. 35 a *(saec. V).*
Mg = *Moguntinus*, (Mayence) (*cod. deperd.*) (*saec. IX*).
Mog. = Carbachi lectio in Nic. Carbachius et Wolfg. Angustus, edit. Moguntiae, 1519.
Frob.[1] *= Editio Frobeniana prior,* Basiliae, 1531.
Frob.[2] *= Editio Frobeniana altera,* Sigis. Geleni, Basiliae, 1535.
Frob.[2] *in adnot. = adnotationes additae in Frob.*[2] *ed.*
B = Bambergensis, Bamberg, Bibl. publ., Class. 35, (*inc. saec. XI*).
B[1] *= Bambergensis codicis altera manus.*

Emendatores

Baumgarten :	Baumgarten-Crusius : D. C. W. Baumgarten-Crusius, dans son édition d'Eutrope, Leipzig, 1862.
Bekker :	E. Bekker, *Lectiones* dans l'édition W. Fabri, Nuremberg, 1840.
Briscoe :	J. Briscoe, *Titi-Livi, Ab Vrbe Condita, Libri XXXI-XL*, t. I, *Libri XXXI-XXXV*, Stuttgart, Teubner, 1991.

Cobet :	Carel-Gabriel Cobet, in *Mnem.*, 1882, p. 106-110.
Crevier :	J.-B. Crevier, Édition de Tite-Live, Paris, 1735-1742.
Doujat :	J. Doujat, Édition de Tite-Live, Paris, 1679-1680
Drak. :	Arn. Drakenborch, *Titi-Liuii Historiarum libri*, Amsterdam, 1738-1746.
Duker :	Ch. A Duker, Édition de Tite-Live, Leyde, 1738
Freinsheim :	J. Freinsheim, *Annotationes* et *Supplementum* dans l'édition Crevier (*u.* supra).
Glar. :	Glareanus (H. Loriti, de Glaris), notes dans l'édition de 1612 de J. Gruter.
Goeller :	Fr. Goeller, *Liber XXXIII*, Francof. ad Moen. 1822.
Gron. :	J. F. Gronovius, Édition de Tite-Live, Leyde, 1645, 1649.
J. Gron. :	Jakob Gronovius, Édition de Tite-Live, Leyde, 1678-1679.
Harant :	Al. Harant, *Emendationes et adnotationes ad Titum-Liuium*, Paris, Belin, 1880.
Heinsius :	Édition Elzévir à Leyde, 1634.
Hertz :	M. Hertz, Édition de Tite-Live, Leipzig, 1857-1864.
Jacobs :	F. Jacobs, dans l'édition de Goeller (*u.* supra).
Kreyssig :	J. Th. Kreyssig, *Liber XXXIII*, Misenae, 1839
McDonald :	A. H. McDonald, *Titi-Liui Ab Vrbe Condita*, t. V, *Libri XXXI-XXXV*, Oxford, 1965.
Madvig :	J. N. Madvig, *Emendationes liuianae*, Hauniae 1860 ; 1877.
H. J. Müller :	H. J. Müller, ed. Teubner, Leipzig, 1883-1909
M. Müller :	Éd. Teubner, Leipzig, 1930.
Ogilvie :	R. M. Ogilvie, *A commentary on Livy, Books 1-5*, Oxford 1965.
Pad. :	Édition de Tite-Live d'Horion, Paderborn, 1617.
Perizonius :	J. Voorbroeck (dit P.), *Notae* dans l'édition d'A. Drakenborch, Amsterdam, 1738-1746.

Pighius :	E. Pighius, *Fasti magistratuum romanorum*, Anvers, 1561.
Schmitt :	H. H. Schmitt, *Untersuchungen zur Geschichte Antiochos' des Grossen und seiner Zeit, Historia, Einzelschriften*, 6, Wiesbaden, 1964.
Sig. :	C. Sigonio, Édition de Tite-Live, Venise, 1555 (3e éd. augmentée de 1572).
Tränkle :	*Livius und Polybios*, Bâle-Stuttgart, 1977.
Ussing :	J. L. Ussing *in* J. N. Madvig et J. L. Ussing, *Édition de Tite-Live*, Copenhague, 1886.
Walch :	G. L. Walch, *Emendationes liuianae*, Berlin, 1815.
Weissenb. :	Weissenborn : *Ed. Teubn.*, Leipzig, 1851
Wesenberg :	A. S. Wesenberg, *Emendationes liuianae, Tidskrift for Philol.* IX, 1870-1871 ; X. 1872-1873.
Zingerle :	A. Zingerle, Édition de Tite-Live, Vienne-Leipzig-Prague, 1883-1907.

LIVRE XXXIII

TITE-LIVE

HISTOIRE ROMAINE

LIVRE XXXIII

Flamininus et les Béotiens

I. Tels furent les événements qui se déroulèrent pendant l'hiver [1] ; mais, au début du printemps [2], Quinctius [a], ayant fait venir Attale à Élatée [b] et désirant placer sous son contrôle les Béotiens qui jusqu'à ce jour n'avaient pas pris parti, se mit en route, passa par la Phocide et établit son camp à cinq mille de Thèbes, capitale de la Béotie [3]. Puis le lendemain, avec les soldats d'un seul manipule [4], avec Attale et les délégations qui étaient arrivées en grand nombre de partout, il se dirigea vers la ville, ordre ayant été donné aux *hastati* d'une légion [5] (ils étaient deux mille) de le suivre à une distance de mille pas [6]. À mi-chemin à peu près, Antiphilos, le préteur des Béotiens [c], vint à leur rencontre. Depuis les murs, le reste de

a. T. Quinctius Flamininus (*RE* 45), le proconsul, nommé souvent à tort Flaminius dans les manuscrits, chez Diodore, Plutarque, Dion etc., à ne pas confondre avec son frère Lucius (*u*. § 16, 1 infra), qui est son légat et qui commande la flotte. (Notons que, pour chaque Romain, nous préciserons, à sa première mention dans le livre, son numéro dans la Real-Encyclopädie).

b. Quinctius Flamininus a dû quitter Anticyre en Phocide pour Élatée ; Attale est Attale Ier Sôter qui, après sa victoire sur les Galates, fut le premier roi de Pergame et intervint activement en Grèce aux côtés des Romains. Il était alors à Sicyone (*u*. 32, 40, 7-8). Pour la plupart des localisations en Grèce et en Asie, on se reportera aux cartes en fin de volume.

c. Inconnu par ailleurs ; il devait être *strategos* de la ligue béotienne. Il semble qu'il ait été complice des Romains dans cette affaire : il est hautement probable en tout cas que d'autres Béotiens ont encouragé Flamininus à venir (*u*. 33, 27, 9).

TITI LIVI

AB VRBE CONDITA

LIBER XXXIII

I. [1] Haec per hiemem gesta ; initio autem ueris Quin*c*t*i*us, Attalo Elatiam excito, Boeotorum gentem incertis ad eam diem animis fluctuantem di*c*ionis suae *f*acere cupiens, profectus per Phocidem quinque milia ab Thebis, quod caput est Boeotiae, posuit castra. [2] Inde postero die <cum> unius signi militibus et Attalo legationibusque quae frequentes undique conuenerant pergit ire ad urbem, iussis legionis hastatis—ea duo milia mil*itum* erant—sequi se mille passuum interuallo distanti*bus*. [3] Ad medi*um* ferme uiae, Boeotorum praetor Antiphilus obuius fuit ; cetera multitudo

I. **1** Incipit liber XXXIII feliciter *B* ‖ Quinctius *ed. 1616* : quintus *B (raro)* ‖ Boeotorum *Gron.* : -tiorum *B (passim)* ‖ dicionis (*script.* ditionis) B^1 : ditiones *B* ‖ facere cupiens *ed. 1616* : pace recupiens *B* ‖ **2** cum *ed. 1616* : *om. B* ‖ legionis B^1 : re- *B* legionum *Drak.* duarum legionum *Crevier* ‖ militum *ed. 1616* : mil. *B* ‖ distantibus *Gron. (cf. 25, 39, 1 etc.)* : -ntis *B* ‖ **3** medium *ed. 1616* : -io *B*.

la population regardait l'arrivée du général romain et du roi. Autour d'eux on voyait de loin en loin quelques armes et un petit nombre de soldats. Les *hastati* qui suivaient à distance étaient cachés par les sinuosités de la route et les dépressions du terrain qu'il y avait entre eux et la ville.

Alors qu'il s'approchait déjà de Thèbes, Quinctius, comme pour saluer la foule qui sortait, ralentit son allure. Il ralentissait en fait pour que les *hastati* le rejoignent. Les habitants de la ville, parce que la foule se pressait devant le licteur [7], ne virent la colonne de soldats qui approchait rapidement que lorsqu'on arriva au logement du général. Alors tous furent frappés de stupeur, car ils se disaient que la ville avait été livrée par une ruse d'Antiphilos et qu'elle était prise [8]. Il apparaissait qu'on n'avait laissé aux Béotiens, pour le conseil qui avait été convoqué pour le lendemain, aucune possibilité de délibérer librement. Ils cachèrent une douleur qu'ils auraient manifestée inutilement et non sans péril [9].

II. Au cours de ce conseil Attale parla le premier. Il commença par évoquer les services rendus à tous les Grecs en général et aux Béotiens en particulier par ses ancêtres et par lui-même [1], mais, comme il était trop âgé et trop faible pour supporter la tension d'un discours, il se tut et s'affaissa. Pendant qu'on emportait le roi partiellement paralysé des membres et qu'on le soignait, la réunion fut interrompue quelque temps. Aristaenos, préteur des Achéens [2], parla ensuite et son discours eut d'autant plus d'autorité qu'il conseillait aux Béotiens les mêmes choses qu'aux Achéens [3]. Quinctius ajouta lui-même quelques mots, en vantant la loyauté des Romains plus que leurs armes ou leur puissance. Fut ensuite présentée et lue par Dicéarque de Platées [a] une proposition de loi sur la conclusion d'une alliance avec les

a. Platées est membre de la ligue béotienne. Dicéarque n'est pas autrement connu.

e muris aduentum imperatoris Romani regisque prospeculabatur. [4] Rara arma paucique milites circa eos apparebant ; hastatos sequentes procul anfractus uiarum uallesque interiectae o*c*culebant.

[5] Cum iam adpropinquaret urb*i*, uelut obuiam egredientem turba*m* salutaret, tardius incedebat ; causa erat morae ut hastati consequerentur. [6] Oppidani, ante lictorem turba acta, insecutum confestim agmen armatorum no*n* ante quam ad hospitium imperatoris uentum est conspexere. [7] Tum, uelut prodita dolo Antiphili praetoris urbe captaque, o*b*stipuerunt omnes ; et apparebat nihil liberae consultationis concilio quod in diem posterum indictum erat Boeotis relictum esse. [8] Texerunt dolorem quem et nequiquam et non sine periculo ostendissent.

II. [1] In concilio Attalus primus uerba fecit. Orsus a maiorum suorum suisque et communibus in omnem Graeciam et propriis in Boeotorum gentem meritis, [2] senior iam et infirmior quam ut contentionem dicendi sustineret, obmutuit et concidit ; [3] et dum regem auferunt *reficiu*ntque parte membrorum captum, paulisper contio intermissa est. [4] Arist*a*enus inde, Achaeorum praetor, eo cum maiore auctoritate auditus quod non alia quam quae Achaeis suaserat Boeotis suadebat. [5] Pauca ab ipso Quinctio adiecta, fidem magis Romanam quam arma aut opes extollente uerbis. [6] Rogatio inde a *P*lata*e*ensi Dicaearcho lata recitataque <de societate>

I. **3** regisque B^1 : regis *B* || **4** occulebant *ed. 1616* : ocu- *B* || **5** urbi *ed. 1616* : turbae *B* || turbam *ed. 1616* : -a *B* || morae B^1 : more *B* || **6** lictorem turba acta *B* : lictorum t- acti *Gron.* || non ante *ed. 1616* : nouante *B* || **7** obstipuerunt *ed. 1616* : ops- *B* || apparebat B^1 : -bant *B* || **8** texerunt B^1 : tererunt *B add.* tamen *ed. 1616 emend.*

II. **2** senior *Gron.* : segnior *B* || **3** reficiuntque *Gron.* : perfecuntque *B* perferuntque *ed. 1616* || **4** Aristaenus *(cf. 32, 19, 2) ed. 1616 emend.* : aristhenus *B* || **6** a Plataeensi Dicaearcho lata *ed. 1616 emend.* : ablata ensidicae archolata *B* || de societate *ed. 1616 emend.* : *om. B.*

Romains et, comme personne n'osait porter la contradiction, elle fut agréée et adoptée par les suffrages de toutes les cités de Béotie.

L'assemblée congédiée, Quinctius ne resta à Thèbes que le temps requis par la maladie soudaine d'Attale. Quand il apparut que le mal n'avait pas, pour le moment, mis sa vie en danger, mais seulement affaibli ses membres, il le laissa pour qu'il reçût les soins nécessaires [4] et retourna à Élatée d'où il était venu : il avait fait entrer les Béotiens, comme auparavant les Achéens, dans l'alliance et, puisque les territoires derrière lui [b] étaient sûrs et en paix, il consacrait dès lors toutes ses pensées à Philippe et aux opérations qui restaient à mener.

Prélude à la bataille

III. Philippe aussi, dès le début du printemps, comme les ambassadeurs n'avaient ramené de Rome aucun indice de paix [1], décida de lever des troupes dans toutes les villes de son royaume, bien que les jeunes hommes fissent grandement défaut. Les guerres continuelles, sur plusieurs générations [2], avaient déjà en effet épuisé les Macédoniens. Sous son propre règne aussi, un nombre important de soldats avaient péri lors des combats navals contre les Rhodiens et contre Attale [3], ainsi que lors des combats terrestres contre les Romains. Aussi enrôlait-il des recrues dès l'âge de seize ans et rappelait-il sous les enseignes des hommes dont le service était achevé, pourvu qu'il leur restât quelques forces. Après avoir ainsi complété son armée, aussitôt après l'équinoxe de printemps, il rassembla toutes ses troupes à Dion, y établit un camp fixe et, en entraînant chaque jour ses hommes, attendit là l'ennemi.

C'est à peu près ces jours-là que Quinctius quitta Élatée et, en passant par Thronion et par Skarpheia, parvint aux Thermopyles. Là il fut retenu par le conseil des Étoliens, qui avait été convoqué à Héraclée [4] pour fixer l'importance des contingents avec lesquels ils accompagneraient les Romains dans cette guerre. Les décisions des alliés connues, il alla en deux

b. La Béotie et le Péloponnèse.

cum Romanis iungenda, nullo contra dicere audente, omnium Boeotiae ciuitatum suffragiis accipitur iubeturque. [7] Concilio dimisso, Quinctius, tantum Thebis moratus quantum Attali repens casus coegit, [8] postquam non uitae praesens periculum uis morbi attulisse sed membrorum deb*i*litatem uisa est, relicto eo ad curationem necessariam corporis, [9] Elatiam unde profectus erat redit, Boeotis quoque, sicut prius Achaeis, ad societatem adscitis, et, quoniam tuta ea pacataque ab tergo relinquebantur, omnibus iam cogitationibus in Philippum et quod reliquum belli erat conuersis.

III. [1] Philippus quoque primo uere, postquam legati ab Roma nihil pacati rettulerant, [2] dilectum per omnia oppida regni habere instituit in magna inopia iuniorum. Absumpserant enim per multas iam aetates continua bella Macedonas ; [3] ipso quoque regnante et naualibus bellis aduersus Rhodios Attalumque et terrestribus aduersus Romanos ceciderat magnus numerus. [4] Ita et tirones ab sedecim annis milites scribebat, et emeritis quidam stipendiis, quibus modo quicquam reliqui roboris erat ad signa reuocabantur. [5] Ita suppleto exercit*u* secundum uernum aequinoctium omnis copias Dium contraxit ibique statiuis positis exercendo cottidie milite hostem opperiebatur.

[6] Et Quinctius per eosdem ferme dies ab Elatia profectus praeter Thronium et Scarpheam ad Thermopylas peruenit. [7] Ibi concilium Aetolorum Heracleam indictum tenuit consultantium quantis auxiliis Romanum ad bellum sequerentur. [8] Cognitis sociorum decretis, tertio die ab Heraclea

II. **6.** dicere *ed. 1616 emend.* : ad- *B* || **8** debilitatem *ed. 1616* : debellita- *B*.

III. **5**. exercitu *ed. 1616* : -to *B* || **7** tenuit *B* : eum t- *Duker (cf. 35, 42, 2 at u. 34, 39, 7).*

jours d'Héraclée à Xyniai, sur la frontière des Énianes et des Thessaliens, y établit son camp et attendit les auxiliaires étoliens. Ceux-ci furent là sans délai : six mille fantassins [5] et quatre cents cavaliers arrivèrent, commandés par Phaeneas. Pour qu'on ne doutât pas du motif pour lequel il avait attendu [6], Quinctius leva aussitôt le camp. Alors qu'il était entré sur le territoire de Phthiotide, cinq cents Gortyniens de Crète [7] sous la conduite de Cydas [a] et trois cents Apolloniates armés de la même manière [8] se joignirent à lui, ainsi que, peu après, Amynander avec douze cents fantassins athamans [b].

Philippe, quand il eut appris le départ des Romains d'Élatée, pensa, puisqu'il allait livrer le combat décisif, qu'il fallait exhorter ses hommes [9] : il développa d'abord longuement des thèmes déjà souvent rappelés, concernant les vertus de leurs ancêtres et aussi la réputation guerrière des Macédoniens, puis il en vint à ce qui alors les effrayait le plus, et à ce qui pouvait leur donner quelque espérance.

IV. À la défaite subie dans les gorges de l'Aoos [1] il opposa la triple défaite infligée aux Romains par la phalange macédonienne à Atrax [2]. Et encore là-bas [a], disait-il, quand ils n'avaient pas tenu les défilés qu'ils occupaient en Épire, la responsabilité avait incombé d'abord à ceux qui avaient été négligents dans leurs gardes [3], ensuite, lors du combat lui-même, à l'infanterie légère et aux mercenaires [4] ; mais, même alors, la phalange macédonienne avait tenu bon et elle resterait toujours invincible dans un combat régulier, en terrain plat [5].

Il y avait là seize mille hommes, toute l'élite de son royaume : s'y ajoutaient deux mille combattants équipés d'un petit bouclier (on les appelle des peltastes [6]), des Thra-

a. Voir une identification possible de ce personnage chez Errington, *Philopoemen*, p. 42, n. 2

b. Amynander était leur roi : *u.* 31, 28, 1 et 12, 2 infra.

a. Dans les gorges de l'Aoos.

Xynias praegressus, in confinio Aenia*n*um Thessalorumque positis castris, Aetolica auxilia opperiebatur. [9] Nihil morati Aetoli sunt ; Pha*e*nea duce, se*x* *milia* pedit*um* cum equitibus quadringentis uenerunt. Ne dubium esset quid expectasset, confestim Quinctius mouit castra. [10] Transgresso in P*hth*ioticum agrum quingenti Gortyni*i* Cretensium, duce Cydante, et trecenti Apolloniatae *h*au*d* dispari armatu se coniunxere nec ita multo post Amynander cum Athamanum peditum ducenti*s* et mille.

[11] Philippus, cognita profectione ab Elatia Romanorum, ut cui de summa rerum adesset certamen, adhortandos milites ratus, [12] multa iam saepe memorata de maiorum uirtutibus simul de militari laude Macedonum cum disseruisset, *a*d re*s* <quae> tum maxime animos terrebant quibusque <erigi> ad aliquam spem poterant uenit.

IV. [1] Acceptae ad Aou*m* flumen in angustiis cladi ter a Macedonum phalange ad Atra*c*em ui pulsos Romanos opponebat. [2] Et illic tamen, ubi insessas fauces Epiri non tenuissent, primam culpam fuisse eorum qui neglegenter custodias seruassent, [3] secundam in ipso certamine leuis armaturae mercennariorumque militum ; Macedonum uero phalangem et tunc stetisse et loco aequo iustaque pugna semper mansuram inuictam.

[4] Decem et sex milia militum haec fuere, robur omne uirium eius regni. Ad hoc duo milia caetratorum, quos

III. **8** Aenianum *ed. 1616 (cf. 28, 5, 15)* : -auum *B* || **9** Phaenea *ed. 1616 emend.* : phan- *B* || sex milia peditum *coni. Drak.* : δc pedites *B* || quadringentis *ed. 1616* : cccc *B (passim)* || Phthioticum *ed. 1616 emend.* : ptioticum *B (passim)* Pthioticum *Briscoe* (*cf. B 34, 7 infra*) || **10** Gortynii *ed. 1616* : -ni *B* || haud *ed. 1616* : aut *B* || ducentis *ed. 1616* : -ti *B* || **12** ad res quae *ego* : ad ea quae *ed. 1616 emend.* de re *B* || erigi *ed. 1616 emend.* : *breue spatium in B.*

IV. **1** Aoum *Pad.* : aouū *B* || ter a *Gron.* : terra *B* iterum a *coni. Weissenb.* ter...phalange *delere uol. Briscoe* || Atracem *ed. 1616 emend.* : -agē *B* || **4** duo milia *ed. 1616* : oo oo *B (passim).*

ces et des Illyriens (ceux qu'on nomme les Tralles), en nombre égal — deux mille de chaque peuple —, des mercenaires auxiliaires venant de plusieurs nations, au nombre de mille cinq cents environ, ainsi que deux mille cavaliers. C'est avec ces troupes que le roi attendait l'ennemi. Les Romains était pratiquement aussi nombreux [7] ; ils avaient la supériorité numérique seulement dans le domaine de la cavalerie grâce à l'apport des Étoliens.

V. Quinctius avait déplacé son camp près de Thèbes en Phthiotide [a], et, comme il avait conçu l'espoir que Timon [b], le personnage le plus influent de cette ville, la lui livrerait, il s'approcha des murs avec un petit nombre de cavaliers et de fantassins armés à la légère. Là ses espérances furent à ce point déçues qu'il eut non seulement à se battre contre des soldats qui faisaient une sortie [1] mais qu'il allait même courir un redoutable danger, si l'infanterie et la cavalerie, appelées du camp à la hâte, n'étaient arrivées à temps pour le secourir. Puisque cet espoir, conçu à la légère [2], ne se réalisait pas du tout, Quinctius s'abstint pour l'instant de faire davantage de tentatives contre la ville, mais, comme il était bien informé que le roi était déjà en Thessalie, tout en ignorant dans quel endroit il était allé, il ordonna à ses hommes d'aller dans la campagne couper et préparer des pieux.

Les Macédoniens et les Grecs employaient ces pieux mais ils ne les avaient pas adaptés pour les transporter aisément et pour renforcer leur efficacité défensive [3]. En effet ils les coupaient trop grands et leur laissaient trop de branches pour qu'un soldat arrivât à les porter avec ses armes et, quand ils avaient entouré le camp en les plaçant en avant, la démolition de la palissade qu'ils constituaient était facile. En effet, comme les troncs de ces grands arbres faisaient saillie de loin en loin et que des branches nombreuses et solides offraient de bonnes prises [4], deux jeunes soldats, ou trois tout au plus, en unissant leurs forces, parvenaient à arracher un arbre, qui

a. Il s'agit d'une autre Thèbes que celle de Béotie, auj. Nea Anchialos. La région est appelée aussi quelquefois la Phthie.

b. Personnage inconnu par ailleurs.

peltast*as* appellant, Thracumque et Illyriorum—Tra*l*lis est nomen genti—par numerus, bina milia erant, [5] et mixti ex pluribus gentibus mercede conducti au*x*iliares mille ferme et quingenti et duo milia equitum. Cum iis copiis rex hostem opperiebatur. [6] Romanis ferme par numerus erat ; equitum copiis tantum quod Aetoli accesserant superaba*nt*.

V. [1] Quinctius ad [a] Thebas Phthioticas castra cum mouisset, spem nactus per Timonem, principem ciuitatis, prodi urbem cum paucis equitum leuisque armaturae ad muros successit. [2] Ibi adeo frustrata spes est ut non certamen modo cum erumpentibus sed periculum quoque atrox subiret, ni castris exciti repente pedites equitesque in tempore subuenissent. [3] Et, postquam nihil conceptae temere spei succedebat, urbis quidem amplius temptandae in praesentia conatu abstitit ; [4] ceterum satis gnarus iam in Thessalia regem esse, nondum comperto quam in regionem uenisset, milites per agros dimissos uallum caedere et parare iubet.

[5] Vallo et Macedones et Graeci usi sunt, sed usum nec ad commoditatem ferendi nec ad ipsius munitionis firmamentum aptauerunt ; [6] nam et maiores et magis ramosas arbores caedebant quam quas ferre cum armis miles posset, et cum castra his ante obiectis saep*s*issent, facilis molitio eorum ualli erat. [7] Nam quia et rari stipites magnarum arborum eminebant multique et ualidi rami praebebant, quod recte manu caperetur, duo aut summum tres iuuenes conixi arborem

IV. **4.** peltastas *ed. 1616 emend.* : peltas *B* || Trallis (*nomin. u. Plin., 5, 108 et 35, 161) ego* : trailis *B* Trallibus *Drak.* Trallis *datiu. male Gron.* (Tralles - *uel* Trallis - *non* Tralli *uocantur)* || genti *ed. 1616 emend.* : -is *B* || **5** auxiliares *ed. 1616* : auil- *B* || **6** equitum *Gron. edd.* : qui tum *B* || superabant *Pad.* : -bat *B*.

V **1**. Thebas *ed. 1616* : a T- *B* || **6** saepsissent *ed. 1616 emend.* : saepi- *B* || **7** quia et *Briscoe* : et quia *B* quia *Madvig*.

laissait aussitôt, une fois arraché, un passage grand comme une porte, sans qu'il y eût à côté quoi que ce soit pour réparer. Les Romains, eux, coupent des pieux légers, à deux branches le plus souvent, voire à trois ou quatre au plus [5], de façon que le soldat, en se suspendant les armes sur le dos [6], en porte aisément plusieurs en même temps. Ils les plantent si serrés et si imbriqués que personne ne peut repérer ni quel tronc correspond à chaque branche ni quelle branche correspond à chaque tronc. Ces branches pointues, entrelacées l'une dans l'autre, permettent si peu de passer la main que l'on ne parvient pas à les saisir pour les tirer, ni à les tirer, puisqu'elles sont enchevêtrées et liées l'une à l'autre. Si par hasard l'un des pieux est arraché, il n'ouvre pas une grande brèche et il est aisé de le remplacer [7].

La bataille de Cynoscéphales

VI. Le lendemain, Quinctius parcourut une étape d'une longueur moyenne, ses soldats portant les pieux avec eux pour qu'il fût en mesure d'établir le camp en n'importe quel lieu ; il s'établit à six mille pas environ de Phères [1] et envoya des éclaireurs pour savoir en quel endroit de Thessalie était l'ennemi et ce qu'il préparait. Le roi se trouvait dans les parages de Larisa [a]. Comme il savait maintenant que le Romain avait quitté Thèbes pour Phères et comme il désirait lui aussi en découdre au plus vite, il se dirigea vers l'ennemi [2] et établit son camp à quatre mille pas à peu près de Phères. De là, le lendemain, des soldats des deux armées, équipés à la légère, s'avancèrent pour s'emparer les premiers des hauteurs dominant la ville, mais, s'étant mutuellement aperçus, ils s'arrêtèrent à la même distance environ du sommet qu'ils devaient occuper [3]. Ils envoyèrent des messagers au camp pour demander ce qu'ils devaient faire puisque, contrairement à leur attente, ils avaient rencontré l'ennemi, et ils les attendirent tranquillement. Ce jour-là, sans qu'il y eût d'engagement, ils furent rappelés au camp. Le lendemain, autour des mêmes hauteurs, se déroula un combat de cavale-

a. En Thessalie : à distinguer de Larisa Kremaste (13, 6) : u. 31, 46, 12.

unam euellebant, [8] qu*a* euulsa portae instar extemplo patebat, nec in promptu erat quod obmolirentur. [9] Romanus leues et bifurcos plerosque *uel* trium aut cum plurimum quattuor ramorum uallos caedit, ut et suspensis ab tergo armis ferat plures simul apte miles ; [10] et ita densos offigunt implicantque ramos ut neque <quis cuiusque palmae stipes neque> quae cuiusque stipitis palma sit, peruideri possit ; [11] et adeo acuti aliusque per alium immissi ra*mi* locum ad inserendam manum non reli*nqu*unt, [12] ut neque prehendi quod trahatur neque trahi, cum inter se innexi rami uinculum in uicem praebe*a*nt, possit ; et si euulsus forte est unus, nec loci multum aperit et alium reponere perfacile est.

VI. [1] Quinctius postero die, uallum secum ferente milite, ut paratus omni loco castris ponendis esset, progressus modicum iter, [2] sex ferme milia a Pheris cum consedisset, speculatum in qua parte Thessaliae hostis esset quidue pararet misit. [3] Cir*cum* Larisam erat rex. Certior iam factus Romanum ab Thebis Pheras mouisse, defungi quam primum et ipse certamine cupiens ducere ad hostem pergit et quattuor milia fere a Pheris posuit castra. [4] Inde postero die cum expediti utrimque ad occupandos super urbem tumulos processissent, pari ferme interuallo ab iugo quod capiendum erat, cum inter se conspecti essent, constiterunt, [5] nuntios in castra remissos qui quid sibi, quoniam praeter spem hostis occurrisset, faciendum esset consulerent, quieti opperientes. [6] Et illo quidem die nullo inito certamine in castra reuocati sunt ; postero die circa eosdem tumulos equestre proelium

V. **8** qua euulsa *Drak.* : que uulsa (uusa B^1) *B* ‖ **9** uel *Freinsheim* : et *B* ‖ **10** ramos *B* : -mis *Weissenb.* ‖ quis...neque *Crevier* (*e Pol., 18, 18*) : *om. B* ‖ **11** adeo *B* : *secl. Ussing* ‖ rami *Madvig* : radii *B* ‖ relinquunt *ed. 1616* : -icunt *B* ‖ **12** praebeant *ed. 1616* : praebent *B* ‖ aperit *ed. 1616* : app- *B* .

VI **2** sex *superscr.* B^1 : *om. B* ‖ **3** circum *(u. 28, 5, 10) ego :* cires *? B* circa *ed. 1616* citra *coni. Weissenb.* ‖ Pheras *ed. 1616* : pharas *B*.

rie où, surtout grâce aux Étoliens, les troupes royales furent mises en fuite et contraintes de se réfugier dans leur camp [4].

Mais le terrain, planté de nombreux arbres, les jardins, comme il y en a dans les environs des villes, les chemins rétrécis par des murets et, en certains endroits, barrés gênèrent beaucoup les opérations des deux côtés [5]. Aussi les deux généraux décidèrent-ils également de quitter ces lieux et, comme s'ils s'étaient entendus [6], gagnèrent tous deux Skotoussa, Philippe espérant s'y ravitailler en blé et le Romain le devancer et détruire ce blé guigné par l'ennemi. Pendant un jour entier, comme les collines opposaient une barrière continue, les colonnes progressèrent sans se voir nulle part. Les Romains campèrent à Éretrie en Phthiotide, Philippe, sur la rive de l'Onchestos. Le lendemain non plus, comme Philippe campait à un endroit appelé Melambion, sur le territoire de Skotoussa, et Quinctius autour de Thetideion dans le pays de Pharsale, ni les uns ni les autres ne surent bien où se trouvait l'ennemi [b]. Le troisième jour une ondée [7] d'abord, puis un brouillard aussi obscur que la nuit [8], retinrent, dans la crainte d'une embuscade, les Romains au camp.

VII. Philippe, pour aller plus vite, sans se laisser effrayer par les nuées qui, après la pluie, étaient descendues jusqu'au sol, fit lever les enseignes. Mais un brouillard si dense avait obscurci le jour que ni les porte-enseignes ne pouvaient voir la route, ni les soldats les enseignes, et que la colonne, allant de côté et d'autre en suivant des appels incertains, était désorganisée, comme si elle était égarée en pleine nuit [1]. Ayant franchi les monts que l'on nomme Cynoscéphales et laissé là une solide garnison de fantassins et de cavaliers, ils établirent le camp [2]. Le Romain était resté dans son même camp de Thetideion, mais il envoya dix escadrons de cavalerie et mille fantassins reconnaître la position de l'ennemi, en

b. Pour les localisations voir Walbank, t. II, p. 574 sqq. qui donne une bibliographie sur la question et notre carte de Grèce en fin de volume ; N. G. L. Hammond, *The campaign and battle of Cynoscephalae in 197 BC*, *JHS*, CVIII, 1988, p. 60-82, pense que la bataille s'est déroulée près de l'actuelle Zoodokhos Pege, bien à l'ouest des sites retenus habituellement. Il y aurait là trace d'un camp romain et les lieux correspondraient bien aux descriptions de Polybe et de Tite-Live.

fuit, in quo non minimum Aetolorum opera regii fugati atque in castra compulsi sunt.

[7] Magnum utris*que* impedimentum ad rem gerendam fuit ager consitus crebris arboribus hortique, ut in suburbanis locis, et coartata itinera maceriis et quibusdam locis interclusa. [8] Itaque pariter ducibus consilium fuit excedendi ea regione, et uelut ex praedicto ambo Scotusam petierunt, Philippus spe frumentandi inde, Romanus ut pr*ae*gressus corrumperet hosti frumenta. [9] Per diem totum, quia colles perpetuo iugo intererant, nullo conspecta inter se loco agmina ierunt. [10] Romani <ad> Eretriam Phthiotici agri, Philippus super amnem Onchestum posuit castra. [11] Ne postero quidem die, cum Philippus ad Mela*mb*ium quod uocant Scotusae*i* agri, Quinctius circa Thetide*u*m Pharsaliae terrae posuisset castra, aut hi aut illi ubi hostis esset satis compertum [haut] habuerunt. [12] Tertio die primo nimbus effusus, dein caligo nocti simillima Romanos metu insidiarum tenuit.

VII [1] Philippus maturandi itineris causa, post imbrem nubibus in terram demissis nihil deterritus, signa ferri iussit ; [2] sed tam densa caligo obcaecauerat diem ut neque signiferi uiam nec signa milites cernerent, agmen ad incertos clamores uagum uelut errore nocturno turbaretur. [3] Supergressi tumulos qui Cynoscephalae uocantur, relicta ibi statione firma peditum equitumque, posuerunt castra. [4] Romanus eisdem ad Thetideum castris cum se tenuisset, exploratum tamen ubi hostis esset, decem turmas equitum et mille

VI. **6** minimum *B* : -ma *Gron.* || **7** utrisque *ed. 1616* : utris *B* || suburbanis B^1 : -nas *B* || **8** praegressus *Gron.* : prog- *B* || **10** ad *ed. 1616 emend.* : *om.* *B* || **11** Melambium *ed. 1616 emend.* : melandium (-dum *B*) B^1 || Scotusaei *Gron.* : -sae *B* || Thetideum *Pad.* : -dem *B* || habuerunt *ed. 1616 emend.* : haut h- *B* || **12** nocti (*u. Wöllfflin, Livianische Kritik... Berlin 1864, 14*) : -tis *B* .

VII **3** Cynoscephalae B^1 : -palae *B*.

leur recommandant de se garder des embuscades, que cette obscure clarté pouvait cacher même dans les lieux découverts. Ces hommes étant arrivés aux éminences qui étaient tenues par l'ennemi, les deux adversaires se firent mutuellement peur et restèrent inactifs, comme paralysés [3]. Puis, quand ils eurent envoyé des messagers auprès des chefs dans les camps à l'arrière et que la première frayeur due à la vue inopinée de l'ennemi se fut calmée, ils ne demeurèrent pas plus longtemps sans se battre. Au début le combat fut lancé par quelques soldats qui coururent en avant, puis il se développa quand on vint au secours des hommes qui étaient repoussés. Les Romains, tout à fait inférieurs dans cette lutte, envoyèrent messager sur messager [4] au général pour lui dire qu'ils étaient pressés par l'ennemi ; cinq cents cavaliers et deux mille fantassins, surtout étoliens, furent envoyés à la hâte avec deux tribuns et rétablirent la situation, et, la fortune ayant tourné [5], les Macédoniens en difficulté réclamèrent par des courriers le secours du roi [a].

Mais comme Philippe ce jour-là, en raison du brouillard, s'était attendu à tout sauf à combattre, et qu'il avait envoyé une grande partie de ses soldats de toutes armes pour fourrager, il resta pendant quelque temps désorienté, sans savoir que décider [6]. Ensuite, les courriers le pressant et les nuages ayant déjà découvert les hauteurs, comme on voyait les Macédoniens refoulés sur un mont élevé qui dominait les autres et protégés par leur position plus que par leurs armes, il jugea qu'il fallait de toute manière risquer toutes ses forces pour éviter d'en perdre une partie qui était sans défense [7]. Il envoya Athenagoras [b], chef des mercenaires, avec tous les auxiliaires [c] (sauf les Thraces), ainsi qu'avec la cavalerie

a. Polybe donne le nom des chefs étoliens envoyés en renfort (Archedamos et Eupolemos), décrit plus longuement l'engagement et souligne que les Macédoniens se sont battus avec courage (18, 21, 5-8). Plutarque dit qu'Archedamos raillait Flamininus qui priait les dieux alors que lui attaquait avec vigueur les Macédoniens (23, 6).

b. Il joue un rôle important dans la seconde guerre macédonienne : *u.* 31, 27, 6 ; 32, 5, 9 ; 35, 1, 40 ; 8, 43.

c. Polybe ne parle que de mercenaires. Quoi qu'il en soit, il s'agit surtout d'Illyriens.

pedites misit monitos ut ab insidiis, quas dies obscurus apertis quoque locis tecturus esset, praecauerent. [5] Vbi uentum ad insessos tumulos est, pauore mutuo iniecto uelut torpentes quieuerunt ; dein, nuntiis retro in castra ad duces missis, ubi primus terror ab necopinato uisu consedit, non diutius certamine abstinuere. [6] Principio a paucis procurrentibus lacessita pugna est, deinde subsidiis tuent*i*um p*u*ls*o*s aucta. In qua cum haudquaquam pares Romani alios super alios nuntios ad ducem mitterent premi sese, [7] quingenti equites et duo milia peditum, maxime Aetolorum, cum duobus tribunis militum propere missa rem inclinatam restituerunt, [8] uersaque fortuna Macedones laborantes opem regis per nuntios implorabant.

Sed, ut qui nihil minus illo die propter effusam caliginem quam proelium expectasset, magna parte hominum omnis generis pabulatum missa, aliquamdiu inops consilii trepidauit ; [9] deinde, postquam nuntii instabant, et iam iuga montium de*tex*erat nebula, et in conspectu erant Macedones in tumulum maxime editum inter alios compulsi loco se magis quam armis tutantes, [10] committendam rerum summam in discrimen utcumque ratus, ne partis indefensae iactura fieret, [11] Athenagoram, ducem mercede militantium, cum omnibus praeter Thracas auxiliis et equitatu Macedonum ac

VII. **4** obscurus *ed. 1616* : -rsus *B* || **5** pauore *ed. 1616* : -ē *B* || **6** tuentium *Doujat* : -tum *B F. Walter, Philol. Woch. 60, 1940, p. 349-351 (cf. 4, 30, 8)* || pulsos *ed. 1616 emend.* : plilsis *B* || **8** sed *B* : rex *Jacobs* || effusam *B* : off- *Gron.* || **9** detexerat *ed. 1616* : dexter erat *B*.

macédonienne et thessalienne [d]. Leur arrivée chassa de la crête les Romains, qui ne s'arrêtèrent qu'une fois arrivés en plaine, dans la vallée [8]. Ils durent de ne pas être précipités dans une fuite désordonnée surtout à la protection des cavaliers étoliens. C'étaient alors de loin les meilleurs de la Grèce ; mais pour l'infanterie, ce peuple était inférieur à ses voisins [9].

VIII. Le fait que l'action ait été annoncée comme plus prometteuse que ce succès ne permettait de le dire — tous les messagers, les uns après les autres, revenant en courant du combat, criaient que les Romains fuyaient, terrifiés — poussa malgré lui Philippe qui hésitait, qui disait que l'on agissait à la légère, que ni le lieu, ni le moment ne lui convenaient, à mettre toutes ses troupes en ligne [1]. Le Romain, par nécessité plus que pour saisir une occasion favorable de combattre, en fit autant [2]. Il laissa l'aile droite en réserve, avec les éléphants [3] rangés devant les enseignes ; avec l'aile gauche et toute l'infanterie légère, il se porta contre l'ennemi [4], tout en rappelant à ses hommes qu'on allait affronter les mêmes Macédoniens qu'on avait délogés et défaits en une bataille rangée dans les gorges de l'Épire — alors qu'ils étaient protégés par les montagnes et les rivières — en triomphant des difficultés naturelles [5], affronter ceux qu'on avait déjà vaincus [6] sous la conduite de P. Sulpicius [a], quand ils occupaient le défilé conduisant à Eordaea [b] ; le royaume de Macédoine, ajoutait-il, avait tenu grâce à sa réputation plus qu'à ses forces ; et cette réputation s'était finalement évanouie [7].

Ils avaient déjà rejoint les leurs qui étaient stationnés au fond de la vallée. À l'arrivée de l'armée et du général, ceux-ci reprennent le combat, chargent et font à nouveau reculer

d. Tite-Live omet le nom des chefs de cavalerie, Heracleides pour les Thessaliens et Leon pour les Macédoniens.

a. P. Sulpicius Galba (*R.E. 64*), fut consul en 211 et en 200 ; chargé de la première guerre de Macédoine de 210 à 206 puis du début de la seconde, il passait pour très hostile à Philippe.

b. Ville principale de l'Eordée, marche occidentale de la Macédoine, au sud de Lyncos, près du lac Ostrovo.

Thessalorum mittit. [12] Eorum aduentu depulsi ab iugo Romani no*n* ante restiterunt quam in planiorem uallem peruentum est. [13] Ne effusa detruderentur fuga, plurimum in Aetolis equitibus praesidii fuit. Is longe tum optimus eques in Graecia erat ; pedite inter finitimos uincebantur.

VIII. [1] Laetior res quam pro successu pugnae nuntiata, cum alii super alios recurrentes ex proelio clamarent fugere pauidos Romanos, [2] inuitum et cunctabundum et dicentem <Philippum> temere fieri, non locum sibi placere, non tempus, perpulit ut educeret omnes copias in aciem. [3] Idem et Romanus, magis necessitate quam occasione pugnae inductus, fecit. Dextrum cornu elephantis ante signa instructis in subsidiis reliquit ; laeuo cum omni leui armatura in hostem uadit, [4] simul admonens cum isdem Macedonibus pugnaturos quos ad Epiri fauces, montibus fluminibusque saeptos, uicta naturali difficultate locorum expulissent acieque expugnassent, [5] cum iis quos P. Sulpicii prius ductu obsidentes in Eord*aeam* aditu*m* uicissent ; fama stetisse non uiribus Macedoniae regnum ; eam quoque famam tandem euanuisse.

[6] Iam peruentum ad suos in ima ualle stantes erat, qui aduentu exercitus imperatorisque pugnam renouant impetu-

VII. **12** aduentu *ed. 1616* : -tū *B* || non ante *ed. 1616* : nouante *B* || restiterunt *ed. 1616 emend.* : -ituerunt *B.*

VIII **2** Philippum *Weissenb.* : *latius spatium in B* regem *Hertz* || **4** isdem *B* : iisdem *edd.* || **5** in Eordaeam aditum *Kreyssig* : Eordaeae aditum *Gron.* in eodē aditu *B* || uiribus B^{1} : uibus *B* || **6** in ima *B* : infima *Ogilvie.*

l'ennemi. Philippe avec les soldats équipés d'un petit bouclier [8] et l'aile droite de son infanterie — l'élite de l'armée macédonienne [9] — s'élance, presque à la course, contre l'ennemi ; il ordonne à Nicanor [c], un des dignitaires de la cour, de suivre sans délai avec le reste des troupes.

D'abord, quand il arriva au sommet de la montagne et qu'il vit, par les quelques armes et les quelques cadavres des ennemis qui gisaient là, que le combat s'était déroulé à cet endroit, que les Romains en avaient été délogés et qu'on luttait près du camp ennemi, il fut saisi d'une grande joie [10] ; peu après, comme les siens refluaient et que la peur avait changé de côté, il éprouva un grand trouble, se demandant pendant un moment s'il ne ramènerait pas ses troupes au camp [11] ; ensuite, l'ennemi approchant, les fuyards étant massacrés et ne pouvant être sauvés que si on les défendait, lui-même en outre n'ayant déjà plus de retraite sûre, il fut forcé, alors qu'une partie de ses troupes ne l'avait pas encore rejoint, de risquer le tout pour le tout, plaça à l'aile droite [12] les cavaliers et l'infanterie légère qui avait participé au combat et ordonna aux soldats équipés d'un petit bouclier et à la phalange macédonienne de déposer [13] les lances — dont la longueur était gênante — et de se battre à l'épée. En même temps, pour que ses lignes ne fussent pas rompues aisément, il diminua de moitié son front pour doubler la profondeur en augmentant le nombre de rangs vers l'arrière [14], de manière que la formation eût plus d'épaisseur que de largeur ; il fit aussi serrer les rangs, homme contre homme, arme contre arme [15].

IX. Quinctius fit rentrer parmi les enseignes et dans les rangs ceux qui avaient déjà combattu et donna le signal à la trompette. Rarement, dit-on, une si grande clameur fut poussée au début d'une bataille ; en effet il se trouva que les deux armées crièrent en même temps, et non seulement ceux qui se battaient, mais aussi les renforts et les hommes qui arri-

c. Sur ce personnage, *u.* Pol, 16, 27, 1. D'après Polybe (18, 24), il était surnommé *l'Eléphant* : peut-être à cause de sa lenteur, dont Philippe semble se méfier.

que facto rursus auertunt hostem. [7] Philippus cum caetratis et cornu dextro peditum, robor*is* Macedonici exercitus, [quam phalangem uocabant], prope cursu ad hostem uadit ; [8] Nicanori, ex purpuratis uni, ut cum reliquis copiis confe*s*tim sequatur imperat.

[9] Primo, ut in iugum euasit, et iacentibus ibi paucis armis corporibusque hostium proelium eo loco fuisse pulsosque inde Romanos et pugnari prope castra hostium uidit, ingenti gaudio est elatus ; [10] mox refugientibus suis et terrore uerso paulisper incertus an in castra reciperet copias trepidauit ; [11] deinde, ut adpropinquabat hostis et, praeterquam quod caedebantur auersi nec, nisi defenderentur, seruari poterant, ne ipsi quidem in tuto iam receptus erat, [12] coactus nondum adsecuta parte suorum periculum summae rerum facere, equites leuemque armaturam qui in proelio fuerant dextero in cornu locat, [13] caetrat*os* <et> Macedonum phalangem hastis positis, quarum longitudo impedimento erat, gladiis rem gerere iubet. [14] Simul ne facile perrumperetur acies, dimidium de fronte demptum introrsus porrectis ordinibus duplicat, ut longa potius quam lata acies esset ; simul et densari ordines iussit, ut uir uiro, arma armis iungerentur.

IX [1] Quinctius, iis qui in proelio fuerant inter signa et ordines acceptis, tuba dat signum. [2] *R*aro alias tantus clamor dicitur in principio pugnae exortus ; nam forte utraque acies simul conclamauere nec solum qui pugnabant sed subsidia

VIII. **7** roboris *coni. Tränkle* : -re *B* || quam phalangem uocabant : *gloss. susp. Briscoe* || prope *Kreyssig* : propere *B* || **8** confestim *ed. 1616* : -ertim *B* || **12** locat, caetratos et *ed. 1616 emend.* : locatus caetratas *B* locat iuxta caetratos *McDonald* locat cum caetratis *Lachmann* locat, in sinistro caetratos *Weissenb.* || **14** dimidium.. demptum *B* : -dio...dempto *Wesenberg, Tränkle* || duplicat *B* : eam d- *coni. Tränkle (p. 188 n. 5)*.

IX. **2** Raro *ed. 1616* : paro *B*.

vaient juste alors pour le combat [a]. À l'aile droite, le roi, aidé surtout par le terrain, puisqu'il luttait en descendant de la montagne, l'emportait ; à l'aile gauche, c'était la panique et le désordre car la partie de la phalange qui avait été mise à l'arrière était justement en train d'arriver ; le centre, qui était plus près de l'aile droite, restait immobile comme s'il regardait un combat qui ne le concernait pas [1]. La phalange qui était arrivée en colonne plutôt qu'en ligne de bataille, et qui était dans une formation plus adaptée à la marche qu'au combat, était à peine parvenue au sommet. Contre ces troupes en désordre, Quinctius, tout en voyant que les siens reculaient à l'aile gauche [2], conduisit d'abord les éléphants, puis lança l'attaque, car il pensait que la défaite d'une partie entraînerait le reste. L'affaire ne fut pas indécise : immédiatement les Macédoniens tournèrent le dos, mis en fuite par la frayeur, dès qu'ils virent les animaux. Et tous les suivirent dans leur déroute [3]. Un tribun militaire, prenant une décision inspirée par l'occasion, emmena les soldats de vingt manipules et, laissant la partie des siens qui l'emportait incontestablement, par un bref contournement attaqua à revers l'aile droite ennemie [4]. Toute armée eût été effrayée par une attaque venant de l'arrière, mais à l'effroi habituel et général en une telle circonstance, s'ajouta le fait que la phalange macédonienne, lourde et peu mobile, ne pouvait se retourner et que les Romains qui, peu auparavant, reculaient, mais qui maintenant prenaient l'inititive de contre-attaquer par l'avant les troupes ennemies terrorisées, interdisaient cette volte-face. De plus, les Macédoniens étaient gênés par le terrain même, car ils avaient abandonné à l'ennemi qui les avait pris à revers le sommet à partir duquel ils avaient attaqué, quand ils pourchassaient sur la pente les Romains qui reculaient [5]. Pendant quelque temps ils se firent tuer entre les deux lignes, puis la plupart, abandonnant leurs armes, prirent la fuite.

X. D'abord Philippe, accompagné d'un petit nombre de fantassins et de cavaliers, occupa une hauteur qui dépassait

a. Les soldats conduits par Nicanor.

etiam quique tum maxime in proelium ueniebant. [3] Dextero cornu rex loci plurimum auxilio, ex iugis altioribus pugnans, uincebat ; sinistro tum cum maxime adpropinquante phalangis parte quae nouissimi agminis fuerat, sine ullo ordine trepidabatur ; [4] media acies, quae propior dextrum cornu erat, stabat spectaculo uelut nihil ad se pertinentis pugnae intenta. [5] Phalanx quae uenerat agmen magis quam acies aptiorque itineri quam pugnae, uixdum in iugum euaserat. [6] In hos incompositos Quinctius, quamquam pedem referentes in *sinis*tro cornu suos cernebat, elephantis prius in hostem actis impetum facit, ratus partem profligatam cetera tracturam. [7] Non dubia res fuit ; extemplo terga uertere Macedones, terrore primo bestiarum auersi. [8] Et ceteri quidem hos pulsos sequebantur ; unus e tribunis militum ex tempo*re* capto consilio, cum uiginti signorum militibus, relicta ea parte suorum quae haud dubie uincebat, breui circuitu dextrum cornu hostium auersum inuadit. [9] Nullam aciem ab tergo adortus non turbasset ; ceterum ad communem omnium in tali re *turb*atio*n*em accessit [10] quod phalanx Macedonum grauis atque immobilis nec circumagere se poterat nec ho*c* qui a fronte paulo ante pedem referentes tunc ultro territis instabant patiebantur. [11] Ad hoc loco etiam premebantur, quia iugum ex quo pugnauerant dum per procliue pulsos inse*qu*untur tradiderant hosti ad terga sua circumducto. Paulisper in medio caesi, deinde omissis plerique armis capessunt fugam.

X. [1] Philippus cum paucis peditum equitumque primo tumulum altiorem inter ceteros cepit, <ut> specularetur

IX. **6** sinistro *Gron.* : dextro *B* altero *Perizonius* || **8** ex tempore *Duker* : extemplo *B* || **9** re turbationem *ego (cf. 24, 28, 1)* : re trepidationem *ed. 1616* reparatiorem *B* || **10** circumagere B^1 : -aggere *B* || hoc *ed. 1616 emend.* : hos *B* || instabant B^1 : -bat *B* || **11** insequuntur *ed. 1616 emend.* : -cuntur *B*.

X. **1** paucis B^1 : pacis *B* || ut *ed. 1616 emend.* : unde *Pad. erasum B.*

les autres, pour observer quel était le sort des siens à l'aile gauche ; puis, quand il vit qu'ils fuyaient en désordre, et que toutes les éminences à l'entour brillaient d'enseignes et d'armes [1], alors il quitta lui aussi le champ de bataille. Quinctius, qui pressait les fuyards, ayant soudain vu les Macédoniens relevant leurs lances, se demanda ce qu'ils préparaient et, en raison de la nouveauté de la chose, fit stopper un moment les enseignes ; ensuite, ayant appris que telle était la coutume des Macédoniens quand ils se rendaient, il décida d'épargner les vaincus. Mais les soldats, qui ne savaient ni que les ennemis cessaient la lutte ni ce que souhaitait leur général, s'élancèrent contre eux et, les premiers une fois tués [2], tous les autres s'enfuirent.

Le roi, en une course éperdue, gagna la vallée des Tempé [a]. Là il resta un jour à Gonnoi pour recueillir les survivants du combat [3]. Les Romains, vainqueurs, se précipitent dans le camp ennemi dans l'espoir de faire du butin, mais ils découvrent qu'il a déjà été en grande partie pillé par les Étoliens [4]. Ce jour-là huit mille ennemis furent tués, cinq mille faits prisonniers. Chez les vainqueurs il y eut environ sept cents morts [5]. Si l'on en croit Valerius qui exagère sans mesure tous les nombres, quarante mille ennemis furent tués ce jour-là ; et — sur ce point le mensonge est moins excessif — cinq mille sept cents hommes et deux cent quarante-neuf enseignes [6], capturés. Claudius, quant à lui, écrit que trente-deux mille ennemis furent tués et quatre mille trois cents faits prisonniers [7]. Nous n'avons pas cru de préférence le nombre le plus faible [8], mais nous avons suivi Polybe, un garant sûr pour toutes les affaires romaines, mais surtout pour celles qui se sont déroulées en Grèce [9].

a. Il s'agit de la vallée, réputée pour son charme, formée par les gorges du Peneios, à l'est de Larisa ; elle séparait la Thessalie de la Macédoine et donnait accès à la mer et à la route côtière conduisant en Macédoine.

quae in laeua parte suorum fortuna esset ; 2 deinde, postquam fugam effusam animaduertit et omnia circa iuga signis atque armis fulgere, tum et ipse acie excessit. 3 Quinctius cum institisset cedentibus, repente quia erigentes hastas Macedonas conspexerat, quidnam pararent incertus, paulisper nouitate rei constituit signa ; 4 deinde, ut accepit hunc morem esse Macedonum tradentium sese, parcere uictis in anim*o* habebat. 5 Ceterum ab ignaris militibus omissam ab hoste pugnam et quid imperator uellet, impetus in eos est factus et primis caesis ceteri in fugam dissipati sunt.

6 Rex effuso cursu Tempe petit. Ibi ad Gonnos diem unum substitit ad excipiendos si qui proelio superessent. Romani uictores in castra hostium spe praedae <irrumpunt> ; ea magna iam <ex parte> direpta ab Aetolis inueniunt. 7 Caesa eo die octo <milia> hostium, <quinque> capta. Ex uictoribus septingenti ferme ceciderunt. 8 Si Va*l*erio qui credat omnium rerum inmodice numerum augenti, quadraginta milia hostium eo die sunt caesa ; capta—ibi modestius mendacium est—quinque milia septingenti, 9 signa militaria ducenta *unde*quinquaginta. Claudius quoque duo et triginta milia hostium caesa scribi*t*, capta quattuor milia et trecentos. 10 Nos non minimo potissimum numero credidimus sed Polybium secuti sumus, non incertum auctorem cum omnium Romanarum rerum tum praecipue in Graecia gestarum.

X. **2** tum *B¹* : *om. B* || **3** nouitate *ed. 1616* : -atē *B* per nouitatem *Kreyssig* || **4** animo *ed. 1616 emend.* : -mū *B.* **6** irrumpunt *ed. 1625* : *spatium in B* || ex parte *ed. 1616 emend.* : *spatium in B* || **7** octo milia *ed. 1616 emend.* : VIII *B (passim)* || quinque *ed. 1616 emend. : breue spatium in B* || **8** Valerio *ed. 1616 emend.* : uario *B* || **9** undequinquaginta *Kreyssig* : xlvmi *(sic) B* || scribit *ed. 1616* : -bi *B.*

Les négociations après Cynoscéphales

XI. Philippe, après avoir rassemblé les fuyards qui avaient été dispersés par les diverses péripéties du combat et qui avaient suivi ses pas, envoya des gens à Larisa brûler les archives royales, pour qu'elles ne tombent pas aux mains de l'ennemi [1], et se retira en Macédoine. Quinctius vendit une partie des prisonniers et du butin, laissa l'autre aux soldats [2] et se mit en route pour Larisa, sans bien savoir encore quelle région avait gagnée le roi ni ce qu'il préparait [3].

Un parlementaire du roi [4] vint à cet endroit apparemment afin qu'on instaurât une trêve d'une durée suffisante pour enlever, en vue de les ensevelir, ceux qui étaient tombés au combat, en fait afin de demander la permission d'envoyer des ambassadeurs. Les deux requêtes furent acceptées par le Romain. Celui-ci ajouta même qu'il invitait le roi à avoir confiance, un propos qui heurta vivement les Étoliens qui étaient déjà en colère et qui se plaignaient que la victoire avait changé le général : avant le combat, disaient-ils, il discutait habituellement avec ses alliés de toutes les questions, importantes ou pas ; maintenant, ils étaient exclus de toutes les décisions, il menait tout à sa guise, tout seul ; il cherchait désormais à gagner la reconnaissance particulière de Philippe ; ainsi les Étoliens étaient venus à bout des dangers et des difficultés de la guerre et le Romain détournait à son profit la reconnaissance et les bénéfices de la paix [5].

Et il n'était pas douteux qu'ils étaient nettement moins bien considérés, mais ils ne savaient pas pourquoi Quinctius les laissait à l'écart. Ils croyaient que cet homme, qui n'avait jamais cédé à l'amour de l'argent [6], attendait les cadeaux du roi [7]. Mais il était irrité, et non sans raison, de l'insatiable appétit de butin des Étoliens et de l'arrogance de ces gens qui s'appropriaient la gloire de la victoire, une arrogance qui par ses fanfaronnades heurtait toutes les oreilles [8]. Il voyait aussi que, Philippe disparu, la puissance du royaume macédonien brisée, les Étoliens seraient tenus pour les maîtres de la Grèce [9]. Pour ces motifs il mettait le plus grand soin à ce que leur valeur et leur importance soient et paraissent moindres.

XI. [1] Philippus, conlectis e*x* fuga qui uariis casibus pugnae dissipati uestigia eius secuti fuerant, missisque Larisam ad commentarios regios comburendos, ne in hostium uenirent potestatem, in Macedoniam concessit. [2] Quinctius, captiuis praedaque <partim> uenumdatis, partim militi concessis, Larisam est profectus, hauddum satis gnarus quam regionem petisset rex quidue pararet.

[3] Caduceator eo regius uenit, specie ut indutiae essent donec tollerentur ad sepulturam qui in acie cecidissent, re uera ad petendam ueniam legatis mittendis. [4] Vtrumque ab Romano impe*t*ratum. Adiecta etiam illa uox, bono animo esse regem ut iuberet, quae maxime Aetolos offendit iam tumentis querentisque mutatum uictoria imperatorem : [5] ante pugnam omnia magna paruaque communicare cum sociis solitum ; nunc omnium expertes consiliorum esse, suo ipsum arbitrio cuncta agere, [6] cum Philippo iam gratiae priuatae locum quaerere, ut dura atque aspera belli Aetoli exhauserint, pacis gratiam et fructum Romanus in se uertat.

[7] Et haud dubie decesserat ii*s* aliquantum honoris ; sed cur neglegerentur ignorabant. Donis regis inminere credebant inuicti ab ea cupiditate animi uirum ; [8] sed et suscensebat non inmerito Aetolis ob insatiabilem auiditatem praedae et arrogantiam eorum, uictoriae gloriam in se rapientium, [9] quae uanitate sua omnium aures offendebat, et, Philippo sublato, fractis opibus Macedonici regni, Aetolos habendos Graeciae dominos cernebat. [10] Ob eas causas multa sedulo, ut uiliores leuioresque apud omnes essent et uiderentur, faciebat.

XI. **1** ex *ed. 1616* : ea *B* || **2**. partim uenumdatis partim *Madvig* : u- p- p- *Hertz* : u- p- *B* || **4** impetratum *ed. 1616 emend.* : imper- *B* || **7** iis *ed. 1616* : ii *B* || **8** suscensebat *ed. 1616 emend.* : -bant *B* || **9** offendebat *ed. 1616* : -batur *B*.

XII. Une trêve de quinze jours avait été accordée à l'ennemi et une entrevue avec le roi en personne avait été décidée [a]. Avant le moment de cette entrevue, Quinctius réunit les alliés pour les consulter ; il leur demanda quelles conditions de paix ils voulaient que l'on fixât. Amynander, roi des Athamans, exprima son avis brièvement [1] : il fallait établir une paix telle que la Grèce fût suffisamment puissante, même en l'absence des Romains, pour maintenir à la fois la paix et la liberté [2]. Le discours des Étoliens [b] fut plus rude [3] : après avoir dit rapidement pour commencer que le général agissait bien et suivait l'ordre requis en discutant des projets de paix avec ses alliés au combat, ils ajoutèrent [4] qu'il se trompait totalement s'il s'imaginait qu'il laisserait aux Romains une paix et à la Grèce une liberté bien assurées, sans avoir tué Philippe ou l'avoir chassé de son royaume ; résultats qu'il pouvait aisément obtenir l'un et l'autre s'il consentait à mettre à profit sa chance au combat.

Quinctius rétorqua que les Étoliens avaient oublié les pratiques romaines et qu'ils avaient émis un avis qui ne s'accordait pas avec leur propre attitude [5] : eux-mêmes, disait-il, dans toutes les réunions, dans toutes les conférences précédentes avaient toujours parlé non pas de guerre d'extermination, mais de conditions de paix ; quant aux Romains, sans compter leur ancienne coutume d'épargner les vaincus [6], ils avaient donné un insigne témoignage de leur clémence en accordant la paix à Hannibal et aux Carthaginois ; sans parler des Carthaginois, avec Philippe même, combien de fois en était-on venu à discuter ? jamais il ne s'était agi de lui faire quitter son royaume ; était-ce parce qu'il avait été

a. Tite-Live omet de préciser que c'est le résultat de la rencontre, signalée par Polybe (18, 34, 4-5), entre trois ambassadeurs de Philippe — Demosthenes, Kykliadas et Limnaïos — et le général romain. L'historien romain a pu juger que ces précisions n'étaient guère importantes, ou qu'il valait mieux cacher que Flamininus recevait des ambassadeurs sans en informer ses alliés. Sur les modifications apportées à Polybe dans les chapitres 12 et 13 voir intr. p. XXIII.

b. D'après Polybe et Appien (*Mac.*, IX, 1), c'est Alexandros qui fut leur porte-parole.

XII. [1] Indutiae quindecim dierum datae hosti erant et *c*um ipso rege constitutum conloquium ; cuius priusquam tempus ueniret, in consilium aduocauit socios ; rettulit quas leges pacis placeret dici. [2] Amynander, Athamanum rex, paucis sententiam absoluit ; ita componendam pacem esse ut Graecia etiam absentibus Romanis satis potens tue*n*dae simul pacis libertatisque esset. [3] Aetolorum asperior oratio fuit, qui pauca praefati recte atque ordine imperatorem Romanum facere quod, quos belli socios habuisset, cum iis communicare*t* pacis consilia, [4] falli a*i*u*n*t eum tota re si aut Romanis pacem aut Graeciae libertatem satis firmam se credat relicturum nisi Phil*i*ppo aut occiso aut regno pulso ; quae utraque procliuia esse si fortuna uti uellet.

[5] Ad haec Quinctius negare Aetolos aut moris Romanorum memores aut sibi ipsis conuenientem sententiam dixisse : [6] et illos prioribus omnibus conciliis conloquiisque [et] de condicionibus pacis semper, <non> ut ad internecionem bellaretur, disseruisse, [7] et Romanos, praeter uetustissimum morem uictis parcendi praecipuum clementiae documentum dedisse pace Hannibali et Carthaginiensibus data ; [8] omittere se Carthaginienses ; cum Philippo ipso quotiens uentum in conloquium ? nec umquam ut cederet regno actum esse ; an quia uictus proelio foret inexpiabile bellum

XII. **1** cum *ed. 1616* : tum *B* ‖ consilium *B* : concil- *coni. Briscoe (u. 13, 1-2)* ‖ **2** tuendae *ed. 1616* : tu dae *(sic) B* ‖ **3** communicaret *ed. 1616* : -re *B* ‖ **4** aiunt *Madvig* : autem *B* ‖ Philippo *edd.* : philyppo *passim B* ‖ **5** memores *B* : -rem *Gron.* ‖ **6** conloquiisque *ed. 1616 emend.* : conloquiisque et *B* ‖ non *suppleuit Gron.* : *om. B* haut *Hertz.*

vaincu dans un combat que la guerre devenait sans merci ? un ennemi doté d'armes, il fallait l'affronter dans un état d'esprit hostile ; envers des vaincus c'était celui qui se montrait le plus clément qui était le plus grand ; les rois macédoniens semblaient une menace pour la liberté de la Grèce, mais, si l'on supprimait leur royaume et leur nation, les Thraces, les Illyriens [7], puis les Gaulois, des peuples sauvages et invaincus, se répandraient en Macédoine et en Grèce ; ils ne devaient pas, en écartant les dangers immédiats, laisser place à des périls plus grands et plus importants [8].

Puis comme Phaeneas, préteur des Étoliens, l'interrompait [9] et certifiait que, si Philippe leur échappait maintenant, celui-ci reprendrait rapidement une guerre plus rude, il lui dit [c] : « Cessez [10] de causer du trouble, alors qu'il faut délibérer. Les conditions auxquelles sera soumis le roi ne seront pas de nature à lui permettre de reprendre la guerre. »

XIII. Ce conseil congédié, le lendemain le roi arriva au défilé qui conduit aux Tempé — tel était le lieu fixé pour l'entrevue. Le surlendemain [1] il fut admis à la réunion plénière des Romains et des alliés. Là Philippe, avec une extrême prudence, faisant spontanément les concessions sans lesquelles il ne pouvait obtenir la paix, plutôt que de se les laisser arracher par la discussion, dit qu'il acceptait tout ce que les Romains avaient exigé et tout ce que les alliés avaient demandé lors de l'entrevue précédente et que, pour le reste, il s'en remettrait au sénat.

Alors qu'il semblait avoir fermé la bouche même à ses pires ennemis, au milieu du silence général, l'Étolien Phaeneas dit : « Comment ? Philippe, est-ce que tu nous rends enfin Pharsale, Larisa Kremaste [a], Echinos et Thèbes de Phthie [b] ? « Philippe ayant répondu qu'il ne mettrait aucun délai pour qu'ils les reçoivent, une discussion s'éleva entre le

c. Chez Polybe, c'est Quinctius qui interrompt Phaeneas et non l'inverse.

a. Larisa Kremaste à distinguer, nous l'avons vu, de Larisa la Thessalienne (cf. 6, 3 ; 11, 1).

b. C'est donc l'autre nom de la Phthiotide (cf. note à 5, 1). Il semble (*u.* la leçon de *B*) que Tite-Live ait prononcé le ph — initial — comme p.

factum ? [9] cum armato hoste infestis animis concurri debere ; aduersus uictos mitissimum quemque animum maximum habere ; [10] libertati Graeciae uideri graues Macedonum reges ; si regnum gensque tollatur, Thracas, Illyrios, Gallos deinde, gentes feras et indomitas, in Macedoniam se et in Graeciam effusuras ; [11] ne proxima quaeque amoliendo maioribus grauioribusque aditum ad se facerent.

[12] Interfanti deinde Pha*e*neae, praetori Aetolorum, testificantique, si *e*lapsus eo tempore Philippus foret, mox grauius eum rebellaturum, « Desistite tumultuari » inquit « ubi consultandum est. [13] Non iis condicionibus inligabitur *re*x ut mouere bellum possit ».

XIII. [1] Hoc dimisso concilio postero die rex ad fauces quae ferunt in Tempe—is datus erat locus conloquio— uenit ; [2] tertio die datur ei Romanorum ac sociorum frequens concilium. [3] Ibi Philippus perquam prudenter iis sine quibus pax impetrari non poterat sua *p*otius uoluntate omissis quam altercando extorquerentur, [4] quae priore conloquio aut imperata a Romanis aut postulata ab sociis essent omnia se concedere, de ceteris senatui permissurum dixit.

[5] Quamquam uel inimicissimis omnibus praeclusisse uocem uidebatur, Phaeneas tamen Aetolus, cunctis tacentibus : [6] « Quid ? Nobis, » inquit « Philippe, reddisne tandem Pharsalum et Larisam Cremasten et Echinum et Thebas *Ph*thias ? » [7] Cum Philippus nihil morari diceret quo minus

XII. **9** habere *B* : -ri *Ruperti* || **11** amoliendo *ed. 1616* : amoll- *B* || **12** Phaeneae *ed. 1616 emend.* : phaneae *B* || elapsus *ed. 1616 emend.* : l- *B* || desistite *ed. 1616 emend.* : desistit et *B* || **13** rex *Jacobs* : pax *B*

XIII. **3** potius *ed. 1616* : to- *B* || **6** phthias *ed. 1616 emend.* : pthias *B.*

général romain et les Étoliens à propos de Thèbes. Quinctius disait en effet que cette ville appartenait au peuple romain en vertu des droits de la guerre, car, alors que les opérations n'étaient pas commencées, qu'il avait amené une armée et qu'il avait proposé aux Thébains d'être amis de Rome, ceux-ci, bien qu'il leur fût loisible d'abandonner le roi, avaient préféré l'amitié de celui-ci à celle des Romains [2]. Phaeneas, lui, estimait qu'il était équitable de restituer aux Étoliens, en raison de leur alliance militaire, ce qu'ils avaient possédé avant les hostilités [c] ; il ajoutait qu'il avait été prévu dans le premier traité que le butin consistant en biens susceptibles d'être transportés et emmenés reviendrait aux Romains, et que les terres et les villes conquises reviendraient aux Étoliens [3]. « Vous avez vous-mêmes », dit Quinctius, « rompu les stipulations de cette alliance, le jour où vous nous avez abandonnés et où vous avez conclu une paix avec Philippe. Mais, même si cette alliance restait valide, ce serait la règle pour les villes prises, en revanche les cités de Thessalie, elles, se sont volontairement soumises à nous ».

Ces paroles, approuvées par tous les alliés, furent non seulement pénibles à entendre sur le moment pour les Étoliens, mais elles entraînèrent bientôt une guerre, et les désastres qui en résultèrent pour eux [4]. Il fut convenu avec Philippe qu'il donnerait comme otages son fils Demetrios et certains de ces amis, ainsi qu'une somme de deux cents talents et que, pour les autres questions, il enverrait des ambassadeurs à Rome [5] ; à cette fin il y aurait une trêve de quatre mois ; il fut admis, si la paix n'était pas signée avec le sénat, qu'on rendrait à Philippe otages et argent [6]. La raison qui, plus que toutes les autres, poussa, dit-on, le général romain à conclure rapidement la paix fut la certitude qu'Antiochus se préparait à faire la guerre et à passer en Europe [7].

c. De fait ces villes appartenaient à la Confédération, non aux Étoliens.

reciperent, disceptatio inter imperatorem Romanum et Aetolos orta est de Thebis ; 8 nam eas populi Romani iure belli factas esse Quinctius dicebat, quod, integris rebus, exercitu ab se admoto, uocati in amicitiam cum potestas libera desciscendi ab rege esset, regiam societatem Romanae praeposuissent ; 9 Phaeneas et pro societate belli, quae ante bellum habuissent, restitui Aetolis aequum censebat et ita in foedere primo cautum esse 10 ut belli praeda rerum quae ferri agique possent Romanos, ager urbesque captae Aetolos sequerentur. 11 « Vos » inquit « ipsi » Quinctius « societatis istius leges rupistis quo tempore, relictis nobis, cum Philippo pacem fecistis. 12 Quae si maneret, captarum tamen urbium illa lex foret ; Thessaliae ciuitates sua uoluntate in dicionem nostram uenerunt ».

13 Haec cum omnium sociorum adsensu dicta Aetolis non <in> praesentia modo grauia auditu, sed mox etiam belli causa magnarumque ex eo cladium iis fuerunt. 14 Cum Philippo ita conuenit ut Demetrium filium et quosdam ex amicorum numero obsides et ducenta talenta daret, de ceteris Romam mitteret legatos ; ad eam rem quattuor mensum indutiae essent. 15 Si pax non impetrata ab senatu foret, obsides pecuniamque reddi Philippo receptum est. Causa Romano imperatori non alia maior fuisse dicitur maturandae pacis quam quod Antiochum bellum transitumque in Europam moliri constabat.

XIII. **12** nostram *ed. 1616* : *bis script. in B* || **13** in *Gron.* : *om. B* || causa *Crevier (u. 31,1,8)* : -sae *B* || **15** maturandae pacis B^1 : p- m- *B*.

Victoire des Achéens sur Androsthenes

XIV. Au même moment et — comme certains l'ont rapporté — le même jour [1], les Achéens mirent en déroute à Corinthe, en combat régulier, le général du roi, Androsthenes [2]. Philippe, qui voulait occuper cette ville pour en faire une forteresse face aux cités de la Grèce, en avait appelé les principaux citoyens sous prétexte de débattre du nombre de cavaliers que les Corinthiens pourraient fournir pour la guerre et les avait retenus comme otages, et — outre cinq cents Macédoniens et huit cents auxiliaires de toutes origines, effectif qui s'y trouvait déjà — il avait envoyé là mille Macédoniens et douze cents Illyriens et Thraces, ainsi que huit cents Crétois (ils servaient dans les deux camps). Comme s'étaient ajoutés un millier de Béotiens, Thessaliens et Acarnaniens, tous armés d'un bouclier long [3], et sept cents jeunes gens de Corinthe même, de façon à parvenir à un total de six mille soldats, cela donna à Androsthenes confiance pour en découdre sur le terrain.

Nicostratos [4], préteur des Achéens, était à Sicyone avec deux mille fantassins et cent cavaliers, mais, voyant qu'il était inférieur tant pour le nombre que pour la qualité des soldats, il ne sortait pas des fortifications. Les troupes royales, fantassins et cavaliers, ravageaient en désordre les territoires de Pellène, Phlionte et Kleones. Enfin, tout en blâmant l'ennemi pour sa crainte, ils pénétrèrent dans le pays de Sicyone. De plus, ayant fait le tour par mer [a], ils dévastaient toute la côte d'Achaïe. Comme ils menaient ces actions en s'égaillant trop, voire — ce qui arrive quand on a une confiance excessive — avec une trop grande négligence, Nicostratos, espérant les attaquer par surprise, envoya secrètement un message à tous les peuples voisins pour leur indiquer quel jour et avec quel effectif ils devaient venir à Apelauros (c'était un endroit [b] du territoire de Stymphale [c]). Tous étant prêts au jour dit, il partit de là aussitôt et, de nuit,

a. Le long de la côte nord du Péloponnèse.
b. De fait une montagne au sud-est de Phlionte.
c. Ville d'Arcadie, près du lac bien connu par la légende d'Héraclès.

XIV. [1] Eodem tempore atque, ut quidam tradidere, eodem die ad Corinthum Ach*a*ei ducem regium Androsthenem iusto proelio fuderunt. [2] Eam urbem pro arce habiturus Philippus aduersus Graeciae ciuitates et principes inde euocatos per speciem conloquendi quantum equitum dare Corinthii ad bellum possent, retinuerat pro obsidibus, [3] et praeter quingentos Macedonas mixtosque ex omni genere auxiliorum octingentos, quo*t* iam ante ibi fuera*n*t, [4] mille Macedonum eo miserat et mille ac ducentos Illyrios Thracasque et Cretenses, qui in utraque parte militabant, octingentos. [5] His additi Boeoti Thessalique et Acarnanes mille, scutati omnes, et <septingenti ex> ipsorum Corinthiorum iuuentute, impleta ut essent sex milia armatorum, fiduciam Androstheni fecerunt acie decernendi.

[6] Nic*ost*ratus, praetor Achaeorum, Sicyone erat cum duobus milibus peditum, centum equitibus, sed imparem se et numero et genere militum cernens moenibus non excedebat. [7] Regiae copiae peditum equitumque uagae Pelle*n*ensem et Phliasium et Cleon*a*eum agrum depopulabantur ; [8] postremo exprobrantes metum hosti in finis Sicyoniorum transcendebant ; nauibus etiam circumuecti omnem oram Achaiae uastabant. [9] Cum id effusius hostes et, ut fit ab nimia fiducia, neglegentius etiam facerent, Nicostratus spem nactus necopinantes eos adgrediendi circa finitimas ciuitates nuntium occultum mittit, [10] quo die et quo*t* ex quaque ciuitate armati ad Apelaurum — Stymphaliae terrae is locus est — conuenirent. [11] Omnibus ad diem edictam paratis, profec-

XIV. **1** Achaei *ed. 1616* : achei *B* || fuderunt *B¹* : fudererunt *B* || **3** quot *Drakenborch* : quod *B* || fuerant *Drakenborch* : fuerat *B* || **5** additi *in ras. B* || septingenti *add. Walch* || ex *Gron.* : *om. B* || **6** Nicostratus *Gron.* : niceratus *B (passim)* || **7** uagae *Gron.* : uagare *B* || Pellenensem *Gron.* : pelleensem *B* || Cleonaeum : -neum *B* || **8** omnem oram *ed. 1616* : omnē moram *B* || **9** necopinantes *ed. 1616* : nec oppinantes (-tis *B¹*) *B* || **10** quot *ed. 1616 emend.* : quod *B.*

en passant par le territoire de Phlionte, arriva à Kleones, alors que tous ignoraient son plan. Il y avait avec lui cinq mille fantassins, dont.... [5], à l'armement léger, et trois cents cavaliers. Avec ces troupes, après avoir envoyé des éclaireurs observer dans quelle direction les ennemis se répandaient, il attendit.

XV. Androsthenes, ignorant tout cela, quitte Corinthe et va installer son camp sur la Némée, un fleuve [a] qui sépare les territoires de Corinthe et de Sicyone. Là il donne l'ordre à la moitié de son armée — moitié qu'il a fractionnée en la divisant en trois corps [1] —, ainsi qu'à l'ensemble de ses cavaliers de se séparer pour ravager simultanément les terres de Pellène, de Sicyone et de Phlionte [2]. Ces trois colonnes partent donc dans des directions différentes. Quand on apporte, à Kleones, cette nouvelle à Nicostratos, il envoie aussitôt en avant une solide troupe de mercenaires occuper le défilé [b] qui fait accéder au territoire de Corinthe, place les cavaliers devant les enseignes pour qu'ils ouvrent la marche et suit immédiatement avec une armée en double colonne. D'un côté vont les mercenaires, avec les troupes légères, de l'autre les porteurs de bouclier — l'élite des armées de ces nations.

Fantassins et cavaliers n'étaient déjà plus éloignés du camp [c] et des Thraces avaient attaqué les ennemis qui erraient dispersés dans les champs quand une soudaine terreur s'empara du camp. Le général avait peur, dans la mesure où il n'avait jamais vu les ennemis nulle part — excepté dans les collines devant Sicyone des groupes isolés qui n'osaient pas descendre dans la plaine — et où il n'avait certes jamais imaginé qu'ils s'approcheraient de Kleones. Il fit rappeler

a. Il s'agit d'un très modeste fleuve côtier (aujourd'hui le Kutsomodi), à distinguer de la ville et de la légendaire forêt voisines portant le même nom.

b. La vallée de Longo Potamos.

c. Le camp d'Androsthenes.

tus inde extemplo per Ph*l*iasiorum fines nocte Cleonas, inscii omnibus quid pararet, peruenit. [12] Erant autem cum eo quinque milia peditum, ex quibus... armaturae leuis, et trecenti equites. Cum iis copiis, dimissi*s* qui specularentur quam in partem hostes effunderent sese, opperiebatur.

XV. [1] Androsthenes, omnium ignarus, Corintho profectus ad Nemeam—amnis est Corinthium <et> Sicyonium interfluens agrum—castra locat. [2] Ibi parte*m* dimidia*m* exercitus di*u*isa*m*—dimidiam trifariam diuisit—, et omnes equites discurrere ad depopulandos simul Pellenens*e*m Sicyoniumque agros et Phliasium iubet. Haec tria diuersa agmina discessere. [3] Quod ubi Cleonas ad Nicostratum perlatum est, extemplo ualidam mercennariorum manum praemissam ad occupandum saltum, [4] per quem transitus in Corinthium est agrum, ante signa equitibus ut praegrederentur locatis, ipse confestim agmine duplici sequitur. [5] Parte una mercennarii milites ibant cum leui armatura, altera clipeati ; *i*d in *il*larum gentium exercitibus robur erat.

[6] Iam haud procul castris aberant pedites equitesque, et Thracum quidam in uagos palatosque per agros hostis impetum fecer*a*nt, cum repens terror castris infertur. [7] Trepidare dux, ut qui hostes nusquam nisi raro*s* in collibus ante Sicyonem non audentis agmen d*e*mittere in campos uidisset, ad Cleon*as* quidem accessuros numquam credidisset. [8] Reuo-

XIV. **11** Phliasiorum *ed. 1616* : phia- *B* || **12** ex quibus : *post ea uerba numerus deest* mille *coni.* Weissenb. ||dimissis *Perizonius* : -ssi *B* || opperiebatur *Perizonius* : -antur *B*.

XV. **1** et *ed. 1616* : *om. B* || **2** partem dimidiam ... diuisam *Madvig* : parte dimidia ... dimissa *B* || dimidiam trifariam diuisit (dimsit *B* ?) *B*[1] : diuisam t- *Madvig* || Pellenensem *Gron.* : -siũ *B* || **5** id in *Kreyssig* : dein *B* quod in *Drak.* || illarum *Drak.* : aliarum *B* || **6** palatosque *B*[1] : palatos *B* || fecerant : *Crevier* : -runt *B* || **7** raros *Duker* : raro *B* || demittere *Gron.* : dim- *B* || ad Cleonas *ed. 1616 :* ad -nis *B* ab Cleonis *Madvig*

par des sonneries de trompette les hommes qui avaient quitté le camp pour s'égailler, donna l'ordre à ses soldats de prendre aussitôt les armes [3], sortit par la porte avec une colonne incomplète et rangea sa ligne de bataille au bord du fleuve. L'ensemble des troupes, qu'on avait à peine pu rassembler et ranger, ne supporta pas le premier choc des ennemis. Seuls les Macédoniens, qui avaient été les plus nombreux de tous à se rallier aux enseignes, firent longtemps douter de la victoire. Enfin, mis à découvert par la fuite de tous les autres, pressés par deux lignes ennemies qui venaient de directions différentes, de flanc par l'infanterie légère et de front par les soldats équipés de boucliers ronds ou courts [4], comme la situation était compromise, ils commencèrent par reculer, puis, sous le choc, tournèrent le dos et la plupart d'entre eux, jetant leurs armes, comme ils n'avaient aucun espoir de garder le camp, gagnèrent Corinthe.

Nicostratos envoya les mercenaires à la poursuite des Macédoniens, les cavaliers ainsi que les auxiliaires thraces contre ceux qui ravageaient le territoire de Sicyone et il fit partout un grand carnage, presque plus grand que celui du combat même. De plus, parmi ceux qui avaient ravagé Pellène et Phlionte, les uns, comme ils revenaient en désordre au camp et qu'ils ignoraient tout, tombèrent sur les garnisons ennemies, en croyant qu'il s'agissait des leurs, les autres, ayant deviné d'après la confusion ce qu'il en était, se jetèrent dans une fuite désordonnée et, comme ils erraient, furent encerclés par les paysans eux-mêmes. Mille cinq cents hommes furent tués ce jour-là et trois cents faits prisonniers. L'Achaïe tout entière fut libérée d'une grande crainte.

cari tuba iubet uagos a castris dilaps*o*s ; ipse, raptim capere arma iussis militibus, infrequenti agmine porta egressus *su*p*e*r flumen instruit aciem. 9 Ceterae copiae, uix conligi atque instrui cum potuissent, primum hostium impetum non tulerunt ; 10 Macedones et maxime omnium frequentes ad signa fuerant et diu ancipitem uictoriae spem fecerunt ;
11 postremo fuga ceterorum nudati, cum duae iam acies hostium ex diuerso, leuis armatura ab latere, clipeati *ca*etratique a fronte urgerent, et ipsi re inclinata primo rettulere pedem,
12 deinde inpulsi terga uertunt et plerique, abiectis armis, nulla spe castrorum tenendorum relicta, Corinthum petierunt.

13 Nicostratus, mercennariis militibus ad hos persequendos, equitibus Thracumque auxiliis in populatores agri Sicyonii missis, magna*m* *u*bique caedem edidit, maiorem prope quam in proelio ipso. 14 Ex iis quoque qui Pellenen Phliuntaque depopulati erant, *in*compositi partim omnium*que* ignari ad castra reuertentes in hostium stationes tamquam in suas inlati sunt, 15 partim ex discursu id quod erat suspica*ti* ita se in fugam passim sparser*u*nt ut ab ipsis agrestibus errantes circumuenirentur. 16 Ce*cid*erunt eo die mille et quingenti, capti trecenti. Achaia omnis magno liberata metu.

XV. **8** dilapsos *Pad.* : -sus *B* || porta egressus *ed. 1616 emend.* : portae gressus *B* || super *Gron.* : pro *B* || **11** armatura *ed. 1616 emend.* : -rae *B* || caetratique *ed. 1616* : etratique *B* || **13** persequendos *B*[1] : p- militibus *B* || Thracum *ed. 1616* : thraecum *B* || magnam *ed. 1616* : -na *B* || ubique *ed. 1616* : ibiq ; *B* utrobique *Gron.* ibi quoque *Weissenb.* || maiorem *ed. 1616* : maiore maiorē *B* || **14** incompositi *ed. 1616 emend.* : c- *B* || omniumque ignari *ed. 1616 emend.* : omniū signari *B* || **15** suspicati ita se *ed. 1616 emend.* : supplicauit a se *B* || sparserunt *Crevier* : -rant *B* || **16** ceciderunt *ed. 1616. :* cedunt *B* cedirunt ? *B*[1] caeduntur *fortasse.*

Lucius Flamininus en Acarnanie

XVI. Avant la bataille de Cynoscéphales, Lucius Quinctius [a] fit venir à Corcyre les principaux citoyens acarnaniens [1], la seule nation grecque restée alliée aux Macédoniens, et commença à susciter là un certain changement dans leur état d'esprit [2]. Ils avaient conservé leur amitié pour le roi surtout pour deux raisons : l'une étant la fidélité naturelle à leur race [3], l'autre, la crainte et la haine envers les Étoliens [4]. Une assemblée fut convoquée à Leucas [b]. Les peuples d'Acarnanie n'y vinrent pas tous, et chez ceux qui y vinrent les opinions furent divergentes. Mais des notables et des magistrats [5] parvinrent à faire décréter, à titre personnel [6] une alliance avec Rome. Tous les absents prirent mal cette mesure ; aussi au milieu de cette agitation de la nation, deux notables acarnaniens envoyés par Philippe, Androcles et Echedemos [c], arrivèrent non seulement à faire abroger le décret d'alliance avec Rome, mais de plus à faire condamner par l'assemblée du chef de trahison Archelaos et Bianor, deux notables de la nation, pour avoir été les instigateurs de cette décision, et à mettre un terme aux pouvoirs du préteur, Zeuxidas, pour avoir été rapporteur dans cette affaire.

Les condamnés firent une chose téméraire mais qui se termina bien. En effet [7], alors que leurs amis leur conseillaient de céder aux circonstances et d'aller à Corcyre auprès des Romains, ils décidèrent de se livrer à la foule et soit d'apaiser par ce geste sa colère, soit d'endurer ce que le hasard voudrait. Quand ils eurent pénétré dans l'assemblée, qui était très nombreuse, ce furent d'abord des murmures et des exclamations étonnées puis bien vite le silence, dû à la fois au respect pour le rang qu'ils avaient occupé et à la pitié

a. Il s'agit du frère du proconsul. Il commande la flotte et appuie souvent les opérations militaires de Titus (*u.* par exemple 34, 29, 1).

b. Les Romains distinguaient généralement Leucadia (= Leucade), l'île, et Leucas, la ville située sur l'isthme étroit qui reliait l'île au continent (*u.* Pline, IV, 5). Les Grecs employaient habituellement dans les deux cas Λευκάς.

c. Cité peut-être avec Bianor — qui est mentionné après — dans une inscription : *I G*, IX, I[2].2.583, l. 2 et 20.

XVI. [1] Priusquam dimicaretur ad Cynosceph*a*las, L. Quinctius Corcyram excitis Acarnanum principibus, quae sola Graeciae gentium in societate Macedonum manserat, initium quoddam ibi motus fecit. [2] Duae autem maxime causae eos tenuerant in amicitia regis, una fides insita genti, altera metus odiumque Aetolorum. Concilium Leucaden indictum est. [3] Eo neque cuncti conuenere Acarnanum populi, nec [in] iis qui conuenerant idem placuit ; sed et principes et magistratus peruicerunt ut priuatum decretum Romanae societatis fieret. [4] Id omnes qui afuerant aegre passi ; et in hoc fremitu gentis a Philippo missi duo principes Acarnanum, Androcles et Ech*e*demus, non ad tollendum modo decretum Romanae societatis ualuerunt, [5] sed etiam ut Archelaus et Bianor, principes gentis ambo, quod auctores eius sententiae fuissent, proditionis in concilio damnarentur, et Zeuxidae praetori, quod de ea re retulisset, imperium abrogaretur.

[6] Rem temerariam sed euentu prosperam damnati fecerunt. Suadentibus nam*que* amicis, cederent tempori et Corcyram ad Romanos abirent, [7] statuerunt offerre se multitudini et aut eo ipso lenire iras aut pati quod casus tulisset. [8] Cum se frequenti concilio intulissent, primo murmur ac fremitus admirantium, silentium mox a uerecundia simul pristinae dignitatis ac misericordia praesentis fortunae

XVI. **1** Cynoscephalas *ed. 1616* : -philas *B* || societate *Gron.* : -tē *B* || **2** maxime *Gron.* : -mae *B u. 39, 29, 3, contra 22, 61, 14* || **3** iis *ed. Paris. 1625* : in iis *B* || et principes *B* : duo p- *Gron.* || **4** afuerant *Gron.* : adf- *B* || Echedemus *Gron.* : echid- *B* || **5** Bianor *B* : bianos *?* B^1 || **6** euentu *ed. 1616* : -ū *B* || namque *ed. 1616 emend.* : nam *B* || cederent B^1 : cederetur *B*.

pour leur sort présent. Comme on leur avait même donné la possibilité de parler, ils s'exprimèrent d'abord en suppliants, puis, au fur et à mesure que le discours avançait, quand ils en vinrent à rejeter les accusations, avec toute la confiance que leur donnait l'innocence. Finalement ils osèrent même se plaindre un peu et critiquer à la fois l'iniquité et la cruauté qu'on leur avait fait subir et ils impressionnèrent à ce point les esprits que les gens furent nombreux à annuler toutes les mesures prises contre eux, non sans continuer à juger qu'il fallait en revenir à l'alliance avec Philippe et rejeter l'amitié avec les Romains.

XVII. Voilà ce qui fut décidé à Leucas. Cette ville était la capitale de l'Acarnanie et là se réunissaient en assemblée tous les peuples. Aussi, quand ce changement soudain fut rapporté à Corcyre à Flamininus, le légat [a], celui-ci partit aussitôt avec la flotte pour Leucas et débarqua à l'endroit qu'ils appellent Heraeum [b]. De là, avec des pièces d'artillerie et des machines de siège de toute sorte, il s'approcha des murs, en pensant que, dès que les Leucadiens prendraient peur, ils changeraient d'avis. Comme ils ne montraient aucune disposition pacifique, il commença à dresser baraques roulantes [1] et tours ainsi qu'à approcher le bélier des remparts.

L'ensemble de l'Acarnanie, situé entre l'Étolie et l'Épire, regarde le couchant et la mer de Sicile [c]. Leucade est maintenant une île, séparée de l'Acarnanie par un canal guéable, qui a été creusé de main d'homme. C'était alors une presqu'île, située à l'ouest de l'Acarnanie, et reliée à elle par un isthme étroit [2]. Cet isthme avait environ cinq cents pas de long et ne

a. De fait il a été préteur en 199 et l'on pourrait penser qu'il a le titre de propréteur, mais le terme de légat est sans ambiguïté et indique bien, avec la précision de 32, 16, 2, que le sénat lui a donné le titre de *legatus cum imperio*.

b. Le temple d'Héra. L'emplacement réel est inconnu.

c. C'est la seule fois que l'on trouve cette expression chez Tite-Live. Il désigne là la partie du *mare nostrum* au sud de l'Adriatique qui est comprise entre la côte grecque et la Sicile. Cette appellation se trouve chez Horace, Sénèque, Pomponius Mela etc..

ortum est. [9] Potestate quoque dicendi facta, principio suppliciter, procedente autem oratione, ubi ad crimina diluenda uentum est, cum tanta fiducia quanta*m* innocentia dabat disseruerunt ; [10] postremo ultro aliquid etiam queri et castigare iniquitatem simul in se crudelitatemque ausi, ita adfecerunt animos, [11] ut omnia qu*a*e in eos decreta erant frequentes tollerent neque eo minus redeundum in societatem Philippi abnuendamque Romanorum amicitiam censerent.

XVII. [1] Leucade haec sunt decreta. Id caput Acarnaniae erat, eoque in concilium omnes populi conueniebant. [2] Itaque, cum haec repentina mutatio Corcyram ad legatum Flamini*n*um perlata esset, extemplo cum classe profectus Leucade*m* ad Heraeum, quod uocant, naues adplicuit. [3] Inde, cum omni genere tormentorum machinarumque quibus expugnantur urbes ad muros accessit, ad primum terrorem ratus inclinari animos posse. [4] Postquam pacati nihil ostendebatur, tum uineas turresque erigere et arietem admouere muris coepit.

[5] Acarnania uniuersa inter Aetoliam atque Epirum posita solem occidentem et mare Siculum spectat. [6] Leucadia nunc insula est, uadoso freto, quod perfossum manu est, ab Acarnania diuisa ; tum paeninsula erat, occidentis regione artis faucibus cohaerens Acarnaniae ; [7] quingentos ferme passus

XVI. **9** quantam *ed. 1616* : -ta *B* -tum *(sic) McDonald* || **11** quae *ed. 1616* : que *B*.

XVII, **1** Flamininum *Gron.* : -minium *B passim* || Leucadem *ed. 1616 emend.* : -de *B* || **5** Siculum B^1 : simulum *B* || **6** artis : *initium Mg, Carbachio auctore* || artis faucibus *B* : iis partibus *Mog.* || cohaerens B^1 *Mog* : coeres *B* || **7** passus *Mog.* : passi *B*.

dépassait pas cent vingt de large [3]. C'est sur cette bande étroite [d] que se trouve située la ville de Leucas, adossée à une colline qui regarde le levant et l'Acarnanie. La partie basse de la ville est plate et s'étend près de la mer qui sépare Leucade de l'Acarnanie. Aussi peut-on prendre la ville par terre ou par mer. En effet les gués ressemblent plus à des étangs qu'à une étendue marine et la partie plate tout entière est faite de terre et favorable aux travaux de siège [4]. C'est pourquoi en de nombreux points à la fois, les murs s'écroulaient sous l'effet de la sape ou sous les coups de bélier.

Mais autant la ville elle-même s'offrait aux attaquants, autant les âmes des ennemis étaient invincibles. Tout le jour voire toute la nuit ils s'activaient à reconstruire les parties ébranlées de la muraille, à boucher les brèches qu'avaient causées les éboulements, à partir courageusement au combat, à protéger les murs grâce à leurs armes plutôt que leurs personnes grâce aux murs [5]. Et ils auraient fait durer le siège plus longtemps que les Romains ne s'y attendaient si des exilés [e] d'origine italienne, résidant à Leucas, n'avaient, en sortant de la citadelle, fait entrer des soldats. Et pourtant, comme ceux-ci descendaient en courant d'une position supérieure en causant un grand tumulte, les habitants de Leucas mirent leurs troupes en ligne de bataille sur le forum et leur résistèrent quelque temps en combat régulier. Pendant ce temps on s'empara des murs en de nombreux points grâce à des échelles, et l'on pénétra aussi dans la ville sur les amas de pierres et les décombres. Déjà le légat en personne, avec une forte troupe, avait cerné les combattants. Alors les uns furent tués entre les deux lignes, les autres jetèrent leurs armes et se rendirent au vainqueur [f]. Peu de jours après, on apprit le combat qui s'était déroulé à Cynoscéphales et tous les peuples d'Acarnanie se soumirent au légat.

d. De fait à l'extrémité du côté de l'île.

e. L'emploi d'*exsules* semble impliquer qu'il s'agit d'exilés politiques ; peut-être du temps de la guerre d'Hannibal. A moins que ce ne soient des commerçants installés là.

f. On a sans doute le témoignage d'une dédicace des dépouilles de la victoire romaine sur une inscription : *ILLRP* (Degrassi) 321.

longae *e*ae fauces erant, latae haud amplius centum et uiginti. In iis angustiis Leucas posita est, colli adplicata uerso in orientem et Acarnaniam ; [8] ima urbis plana sunt, iacentia ad mare quo Leucadia ab Acarnania diuiditur. Inde terra marique expugnabilis est ; nam et uada sunt stagno similiora quam mari, et campus terrenus omnis operique facilis. [9] Itaque multis simul locis aut subruti aut ariete decussi ruebant muri.

Sed quam urbs ipsa opportuna oppugnantibus erat, tam inexpugnabiles hostium animi. [10] Diem ac noctem intenti reficere quassata muri, obstruere quae patefacta ruinis erant, proelia inpigre inire et armis magis muros quam se ipsos moenibus tutari ; [11] diutiusque spe Romanorum obsidionem eam extraxissent, ni exsules quidam Italici generis Leucade habitantes ab arce milites accepissent. [12] Eos tamen ex superiore loco magno cum tumultu decurrentes, acie in foro instructa, iusto proelio aliquamdiu Leucadii sustinuerunt. [13] Interim et scalis capta multis locis moenia, et per stragem lapidum ac ruinas transcensum in urbem ; [14] iamque ipse legatus magno agmine circumuenerat pugnantes. Tum pars in medio caesi, pars, armis abiectis, dediderunt sese uictori. [15] Et post dies paucos, audito proelio quo ad Cynoscephalas pugnatum erat, omnes Acarnaniae populi in dicionem legati uenerunt.

XVII. **7** longae eae *Weissenb.* : longe haec *B* longae *Mog.* || erant *Mog.* : *om. B* || colli *Mog* : et c- *B* || **8** iacentia *B* : iniac- *Mog.* || quo *Mog* : quod *B* || expugnabilis *B* : inex- *Mog.* || similiora B^1 *Mog.* : meliora *B* || mari *Mog* : maria *B* || **10** diē ac noctē *B* : die ac nocte *Mog.* || reficere quassata *Mog.* : quassatam *B* || muros *Mog.* : muris *B* || **11** spe *Mog.* : *om. B* || Leucade *Mog.* : -dē *B* || **12** instructa iusto *Mog.* : instructo *B* || **13** Leucadii *Mog.* : -di *B* || capta B^1 *Mog.* : -tas *B* || in *Mog.* : *om. B* || **14** tum *B* : *om. Mog.* || **15** quo *B* : quod *Mog.* || dicionem *B* : dedic- *Mog.*

Les Macédoniens aux prises avec les Rhodiens

XVIII. Durant ces mêmes jours, la fortune [1] tournant simultanément partout, les Rhodiens, eux aussi, pour prendre à Philippe une région du continent — appelée la Pérée [a] — que possédaient leurs ancêtres [2] y envoyèrent le préteur Pausistratos [b] avec huit cents fantassins achéens et environ mille huit cents auxiliaires d'origines diverses. C'étaient des Gaulois [3], et des gens de Mniesyte [c], de Pisye, des Tarmianes, des hommes de Thera en Pérée [d] et de Laodicée [e] en Asie. Avec ces troupes Pausitratos s'empara, à l'insu des soldats du roi qui étaient à Thera, de Tendeba [f] sur le territoire de Stratonicée, une position très avantageuse. Très à propos survint un renfort, qui avait été demandé pour cette opération, de mille fantassins achéens et de cent cavaliers. Leur chef était Theoxenos. Dinocrates [g], préfet du roi, pour récupérer la position, déplace d'abord son camp vers Tendeba même, puis vers une autre place-forte, située aussi sur le territoire de Stratonicée et appelée Astragon [4] ; après avoir rappelé là toutes les garnisons qui étaient très disper-

a. La Pérée est située en Carie, au nord de Rhodes, tout à fait au sud de la côte occidentale d'Asie Mineure.

b. Il sera navarque en 191 (36, 45, 5) et mourra dans un combat naval en 190 contre l'amiral d'Antiochus, Polyxenidas (37, 9-11).

c. Nous n'avons pu localiser cette place exactement, mais elle est proche de Pisye (voir carte en fin de volume).

d. Ces noms résultent d'hypothèses : alors que Gronovius avait pensé que les *Nisuetae* étaient des mercenaires de la ville de Nisya en Afrique (Ptolémée, IV, 3, 7), Holleaux (I, 417) a jugé plus vraisemblable de rapprocher le terme de l'ethnique Μνιεσύτης lisible sur une inscription de Carie (*Samm. der griech. Dialekt.* 4276, l. 10) ; Pisye est une localité de la même région ; L. Robert (*Études anatoliennes*, p. 563, n. 3), mentionne un κοινὸν Ταρμιάνων, toujours en Carie, qui permet de corriger le *Tamiani* en *Tarmiani* ; pour le nom suivant *Mog.* offre *arei* et *B*, *trahi*, en précisant tous deux qu'ils sont *ex Africa* : L. Robert (ibid., p. 499, n. 3) a pensé qu'il s'agissait en fait de gens de Thera, dans la Pérée, qui, bien que sous occupation macédonienne (*u.* § 4 infra), pouvait fournir des mercenaires aux Rhodiens.

e. Ville de Syrie.

f. Tendeba, comme Astragon (infra), sont difficiles à situer exactement ; pour Stratonicée dont elles sont voisines, voir la carte.

g. Ce personnage n'est pas autrement connu.

XVIII. 1 Iisdem diebus, omnia simul inclinante fortuna, Rhodii quoque ad uindicandam a Philippo continentis regionem—*P*eraean uocant—possessam a maioribus suis, 2 Pausistratum praetorem cum octingentis Achaeis peditibus, mille et octingentis fere armatis, ex uario genere auxiliorum collectis, miserunt : 3 Galli et *M*ni*e*sutae et Pisuetae et Ta*r*miani et T*h*era*e*i ex *Perae*a et Laudiceni ex Asia erant. 4 Cum iis copiis Pausistratus Tendeba in Stratonicensi agro, locum peropportunum, ignaris regiis qui T*h*era*e* erant, occupauit. 5 In tempore et ad id ipsum excitum auxilium, mille Achaei pedites cum centum equitibus superuenerunt ; Theoxenus iis praeerat. 6 Dinocrates, regius praefectus, recuperandi castelli causa primo castra ad ipsa Tendeba mouet, inde ad alterum castellum, item Stratonicensis agri—Astragon uocant—7 omnibusque e*o* praesidiis quae multifa-

XVIII. **1** continentis *B* : -tem *Mog.* || Peraean (-m *Frob.*[2]) *ego* : Phirean *B* Pyrrheā *Mog. (passim)* || a Mog. : *om. B* : || **2** octingentis *(post.)* B (δccc*)* : nongentis *Mog.* non ingentis *Frob.*[1] || **3** et Mniesutae et Pisuetae *Holleaux* : et Nisuetae et P- *Mog.* et P- *B* et P- et Nisuetae *Gron.* ||Tarmiani *H.J. Müller* : Tamiani *B Mog.* || Theraei *L. Robert* : trahi *B* arei *Mog.* || Peraea *L. Robert* : Africa *B Mog.* || Laudiceni *B* : Laod- *Mog.* || **4** Tendeba *Freinsheim* : -bat *Mog.* tenebat *B* || regiis *Mog.* : regi ius *B* || Therae erant *A.Rubens* : tenuerant *B Mog.* || **5** id *Frob.*[2] *(in adnot.)* : *om. B Mog.* || excitum *Mog.* : exerc- *B* || mille *Mog* : eo *(pro* oo*) B* || Theoxenus iis *Frob.*[1] :-nusiis *B* -nesus *Mog.* || **6** Tendeba *Freinsheim* : tendebat *Mog.* tenpe ad *B* || mouet *B* : mouit *Mog* || ad *Mog.* : *om. B* || item Stratonicensis agri Astragon *Mog.* : in strationigensi agro astago *B* || **7** eo *Harant* : ex *B Mog. secl. Madvig.*

sées, et de la ville de Stratonicée elle-même des auxiliaires thessaliens, il commence à se diriger vers Alabanda où se trouvaient les ennemis [5]. Les Rhodiens ne refusèrent pas la bataille. Ils placèrent leur camp à côté d'eux [6] et descendirent aussitôt se mettre en ligne.

Dinocrates place cinq cents Macédoniens à l'aile droite et les Agrianes [h] à l'aile gauche. Il met au centre les hommes qu'il a fait venir des garnisons des places-fortes — c'étaient surtout des Cariens — et couvre les flancs avec des cavaliers et des auxiliaires crétois et thraces. Les Rhodiens avaient des Achéens à l'aile droite [7], des mercenaires — une troupe de fantassins d'élite — à l'aile gauche, le centre étant constitué d'auxiliaires de nations diverses, la cavalerie et tout ce dont ils disposaient comme infanterie légère flanquant les ailes. Ce jour-là les deux armées se contentèrent de rester sur la rive du torrent qui les séparait et qui n'avait alors que peu d'eau, et, après quelques jets de traits, elles revinrent au camp. Le lendemain, rangées dans le même ordre, elles se livrèrent une bataille bien plus violente que le nombre des combattants ne le laissait prévoir. En effet il n'y avait pas plus de trois mille fantassins [8] et cent cavaliers environ de chaque côté. Mais dans cette lutte ce n'étaient pas seulement leur nombre et leur armement qui étaient semblables, c'étaient aussi leur courage et leurs espoirs. Les Achéens d'abord franchirent le torrent et s'élancèrent contre les Agrianes. Ensuite presque toute l'armée traversa la rivière au pas de course [9]. Le combat resta longtemps indécis. Grâce à leur nombre, les Achéens — qui étaient mille à eux seuls — firent reculer leurs quatre

h. Thraces occupant une région à l'est de la Dardanie. C'étaient de bons archers (Thuc., II, 96).

riam disiecta erant deuocatis et ab ipsa Stratonicea Thessalorum auxiliaribus, ad Alabanda, ubi hostes erant, ducere pergit. [8] Nec Rhodii pugnam detrectauerunt. Ita castris in propinquo locatis extemplo in aciem descensum est.

[9] Dinocrates quingentos Macedonas dextro cornu, laeuo Agrian*as* locat, in medium accipit contractos ex castellorum—Cares maxime erant—praesidiis, equites cornibus circumdat et Cretensium auxiliares Thracumque. [10] Rhodii Achaeos dextro cornu, sinistro mercennarios milites, lectam peditum manum, habuere, [11] medios mixta ex pluribus gentibus auxilia ; equites leuisque armaturae quod erat cornibus circumiectum. [12] Eo die steterunt tantum acies utraque super ripam torrentis, qui tenui tum aqua interfluebat, paucisque telis emissis in castra receperunt sese. Postero die, eodem ordine instructi, maius aliquanto proelium quam pro numero edidere pugnantium. [13] Neque enim plus terna milia peditum fuere et centeni ferme equites ; [14] ceterum non numero tantum nec armorum genere, sed animis quoque paribus et aequa spe pugnarunt. Achaei primo, torrente superato, in Agrian*as* impetum fecerunt ; [15] deinde tota prope cursu transgressa amnem acies est. Diu anceps pugna stetit. [16] Numero Achaei, mille [et] ipsi, quadringentos loco

XVIII. **7** multifariam *Frob.*[1] : -ria *B Mog.* || Stratonicea (stracio- *B*) *Frob.*[2] : Stratonice cum *Mog.* || ad Alabanda *B* : Alabanda *Frob.*[2] Alabandam *Mog.* || **8** detrectauerunt *Mog.* : detrac- *B* || ita *B* : atque Mog. || propinquo locatis *B* : -quum collatis *Mog.* || **9** Agrianas *Sig.* : agrianos *B Frob.*[2] acrianos *Mog.* || accipit *Mog.* : accepit *B* || Cares *B* : mares *Mog.* || circumdat et *B* : circumdat *Frob.*[1] circumdaret *Mog.* || **10** Rhodii Achaeos *B* : rhodia cohors *Mog.* || dextro cornu sinistro mercennarios *Mog.* : *om. B Madvig* || armaturae *Mog.* : -ura *B* || **12** utraque *B* : -aeque *Mog.* || torrentis *hoc loco H.J.Müller* : *post* interfluebat *B Mog.* (torrens B) || qui *B Frob.*[2] : quae *Mog.* || tum *B* : *om. Mog* || **14** primo *B* : -mi *Mog.* || fecerunt *B* : -re *Mog.* || **15** cursu *Mog* : -sũ *B* || est *Mog.* : *om. B* || **16** Achaei *B Frob.*[2] : acie *Mog.* || mille *Madvig.* : et *B* m- et *Mog.*

cents adversaires [i], puis, comme l'aile gauche [10] avait plié, tous portèrent l'effort sur l'aile droite. Les Macédoniens, tant que leurs rangs tinrent et que la phalange resta, si je puis dire, compacte, ne purent être ébranlés [11]. Mais, quand le flanc gauche fut découvert, ils s'efforcèrent de tourner leur lances contre l'ennemi qui venait de côté : aussitôt, troublés, ils créèrent la confusion dans leurs propres rangs ; puis ils tournent le dos, et enfin, jettent leurs armes et se mettent à fuir précipitamment [j]. Ils se dirigèrent vers Bargylia [k]. C'est là aussi que s'enfuit Dinocrates [12]. Les Rhodiens les poursuivirent tout le reste du jour puis rentrèrent au camp.

Il est bien reconnu que, si les vainqueurs avaient aussitôt gagné Stratonicée, ils auraient pu reprendre la ville sans combat. On laissa passer l'occasion d'un tel succès en perdant du temps à récupérer les forts et les bourgs de la Pérée. Pendant ce temps la garnison qui occupait Stratonicée retrouvait courage. Bientôt même, Dinocrates, accompagné des hommes qui avaient survécu au combat, entra dans les murs de la ville. C'est en vain ensuite qu'on assiégea et qu'on attaqua Stratonicée qui ne put être recouvrée que bien après par l'intermédiaire d'Antiochus [13]. Voilà ce qui se passa à peu près au même moment, en Thessalie, en Achaïe et en Asie [14].

Philippe et les Dardaniens

XIX. Ayant appris que les Dardaniens, poussés par le mépris que leur inspirait un royaume ébranlé, avaient franchi la frontière et dévastaient le nord de la Macédoine,

i. Les Agrianes.

j. Une dédicace de Délos doit concerner cette victoire — Theoxenos y est nommé — : *Inscr. Délos*, 442, l. 62.

k. Le nom grec est Βαργυλία au neutre pluriel ; Tite-Live le traite comme un féminin.

pepulere ; inclinato deinde laeuo cornu, in dextrum omnes conisi. 17 Macedones, usque dum ordines et ueluti stipata phalanx constabat, moueri nequiuerunt ; 18 postquam, laeuo latere nudato, circumagere hastas in uenientem ex transuerso hostem conati sunt, turbati extemplo tumultum primo inter se fecerunt, terga deinde uertunt, postremo, abiectis armis, in praecipitem fugam effunduntur. 19 Bargyl*i*as petentes fugerunt ; eodem et Dinocrates perfugit. Rhodii, quantum diei superfuit secuti, receperunt sese in castra.

Satis constat, si confestim uictores Stratoniceam petissent, recipi eam urbem sine certamine potuisse. 20 Praetermissa eius rei occasio est, dum in castellis uicisque recipiendis P*era*eae tempus teritur. 21 Interim animi eorum qui Stratoniceam praesidio obtinebant confirmati sunt. Mox et Dinocrates cum iis quae proelio superfuerant copiis intrauit muros. 22 Nequiquam inde obsessa oppugnataque urbs est, nec recipi nisi aliquanto post per Antiochum potuit. Haec in Thessalia, haec in Achaia, haec in Asia per eosdem dies ferme gesta.

XIX. 1 Philippus, cum audisset Dardanos transgressos finis ab contemptu concussi tum regni superiora Macedoniae

XVIII. **16** pepulere *B* : expu- *Mog.* || inclinato *B Mog.* : -nat *Frob.*[2] || deinde *B* : dein *Mog.* || laeuo cornu in *B* : *om. Mog.* || omnes *B* : omnis *Mog.* omne *Frob.*[2] || conisi *B* : cornu *Mog.* || **17** ordines *B* : -e *Mog.* || constabat *B* : consultabat *Mog.* consistebat *Frob.*[1] || nequiuerunt *Mog.* : q- *B* || **18** circumagere *B* : circum iacere *Mog.* || fugam *B* : pugnam *Mog.* || effunduntur *B* : -dentes *Mog.* effusi *Frob.*[1] || **19** Bargylias *Sig.* : -gyllas *Mog.* -cyllas *B* || et *B Mog* . : *om. Sage* || sese in *B* : se ad *Mog.* || sine *B*[1] *Mog.* : ne *B* || **20** Peraeae : pireae *B* Pyrrheae *Mog.* || **21** superfuerant *B* : supererant *Mog.* || **22** nec *B* : *om. Mog* || aliquanto *B* : -ta *Mog* || post per *B* : prosperā *Mog.* || potuit *B Mog.* : non p- *Frob.*[1] || haec (*pr.*) *Mog.* : hae *B* || Achaia *Frob.*[1] : Achaeia *Mog.* Macedonia *B.*

XIX. **1** ab... tum *om. Frob.*[2] *(in adnot.)* || concussi tum *B* : ...us... tum *F* concessit. Quum *Mog.*

Philippe, bien qu'il fût pressé dans la quasi totalité du monde et que la fortune le chassât de partout, lui et les siens [1], jugea plus triste que la mort d'être dépossédé même de la Macédoine, fit à la hâte une levée de troupes dans les villes macédoniennes et, avec six mille fantassins et cinq cents cavaliers, tomba à l'improviste sur les ennemis près de Stoboi [a] en Péonie et les écrasa. Un grand nombre d'hommes furent tués dans la bataille, un plus grand nombre encore alors que, avides de butin, ils étaient répandus dans la campagne. Ceux qui eurent la possibilité de fuir regagnèrent leur pays, sans même risquer un combat. Ayant redonné, grâce à cette seule expédition, dont la réussite ne correspondait pas à sa fortune partout ailleurs, du moral à ses troupes, Philippe rentra à Thessalonique.

Antiochus entre en guerre

La fin de la guerre punique — en évitant qu'on ait en même temps à se battre contre Philippe [2] —, ne fut pas plus opportune que le fait que Philippe était déjà battu quand Antiochus déclencha la guerre à partir de la Syrie. En effet, outre qu'il fut plus aisé de combattre des adversaires uniques que s'ils avaient groupé tous deux leurs forces contre nous seuls [3], l'Espagne aussi au même moment, dans un grand soulèvement, se mit en guerre [4]. Antiochus, après avoir, l'été précédent, fait passer toutes les cités de la Coélé Syrie [b] du pouvoir de Ptolémée sous le sien, se retira dans ses quartiers d'hiver à Antioche [c], mais il ne s'y tint nullement plus tranquille que pendant la campagne d'été elle-même. Exploitant en effet toutes les ressources de son royaume, il rassembla des troupes terrestres et maritimes considérables et, au début du printemps [5], envoya d'abord par voie de terre l'armée, avec

a. *Mod.* Pustogradsko, au nord de la Macédoine.

b. Appliqué d'abord à un petit territoire entre le Liban et l'Anti-Liban, ce mot désigne alors le sud de la Syrie, Phénicée et Judée comprises, jusqu'au delta du Nil.

c. Sur l'Oronte. Construite par Seleucus Ier pour devenir la capitale du royaume.

euastare, [2] quamquam toto prope orbe terrarum, undique se suosque exigente fortuna, urgebatur, [3] tamen morte tristius ratus Macedoniae etiam possessione pelli, dilectu raptim per urbes Macedonum habito, cum sex milibus peditum et quingentis equitibus circa Stobos Paeoniae improuiso hostes oppressit. [4] Magna multitudo hominum in proelio, maior cupidine praedandi palata per agros caesa est. Quibus fuga in expedito fuit, ne temptato quidem casu pugnae in finis suos redierunt. [5] Ea una expeditione, non pro reliquo statu fortunae facta, refectis suorum animis, Thessalonicam sese recepit.

[6] Non tam in tempore Punicum bellum terminatum erat, ne simul et cum Philippo foret bellandum, quam opportune iam Antiocho ex Syria mouente bellum Philippus est superatus ; [7] nam praeterquam quod facilius cum singulis quam si in unum ambo simul contulissent uires bellatum est, Hispania quoque sub idem tempus magno tumultu ad bellum consurrexit. [8] Antiochus cum priore aestate, omnibus quae in Coele Syria sunt ciuitatibus ex Ptolomaei dicione in suam potestatem redactis, in hiberna Antiochiam concessisset, nihilo quietiora ea ipsis aestiuis habuit. [9] Omnibus enim regni uiribus conixus cum ingentis copias terrestris maritimasque comparasset, principio ueris praemissis terra cum

XIX. **2** quamquam toto *B* : quamquam... *F* quanuis *Mog.* quāuis toto *Frob.*[2] || suosque *B Frob.*[2] :...sq... *F* suos *Mog.* || exigente *B* : elig- *Mog.* profligante *Frob.*[2] || **3** pelli *Mog. : om. B* || Stobos *F Mog* : stabos *B* || Paeoniae *Gron.* : pa... *F* poeo- *B Mog.* || **4** in expedito *B* : expeditior *Mog.* || **5** non pro reliquo statu *Mog.* : non p... *F* proelii uastatu *B* || **6** ne *Mog.* : *om. B* || ex *B* : in *Mog.* || mouente *B* : moliente *Mog.* || **7** praeterquam *Mog.* : praetor- *B* || **8** ex Ptolomaei dicione *B* : Ptolemaei *Mog.* || Antiochiam *Mog* : -cheam *B* || nihilo *B*[1] *Mog* . : -l *B* || quietiora ea ipsis aestiuis *B* : quietiores res Pausistratus *Mog.* quietiores postea res *Frob.*[1] || **9** conixus *B* : cōnixus *Mog.* || copias *Mog.* : copiis *B*.

ses deux fils et avec les généraux Ardys et Mithridate [d], leur ordonna de l'attendre à Sardes [e] et partit lui-même avec une flotte de cent navires couverts, accompagnés de deux cents bateaux plus légers, des corcyriens [6] et des grandes chaloupes. Il avait l'intention d'essayer de prendre, sur toute la côte de Cilicie, de Lycie et de Carie [f], les villes qui étaient sous la dépendance de Ptolémée et aussi — puisque la guerre n'était pas encore achevée — grâce à son armée et à ses navires, d'aider Philippe.

XX. Les Rhodiens ont accompli avec audace, sur terre et sur mer, par fidélité envers le peuple romain et en faveur de la Grèce tout entière, nombre d'actions remarquables, mais ils n'ont rien fait de plus beau qu'en ces circonstances en envoyant, sans se laisser effrayer par l'importance considérable de la guerre qui menaçait, des ambassadeurs auprès du roi, pour lui demander de ne pas dépasser les Chelidoniai [a], un cap de Cilicie fameux par un ancien traité scellé entre les Athéniens et les rois perses [1] : s'il ne maintenait pas, disaient-ils, sa flotte et ses troupes en-deçà de cette limite, ils s'opposeraient à lui, non pas en raison de quelque hostilité à son égard, mais pour ne pas le laisser rejoindre Philippe et gêner les Romains qui libéraient la Grèce [2].

d. Holleaux a habilement démontré que les deux fils d'Antiochus III devaient être l'Antiochus qui mourut en 193 et le futur Seleucus IV (III, 183-193), Ardys et Mithridate étant sans doute un officier et un neveu d'Antiochus (*u.* Pol., 5, 53, 2 et 8, 23, 3). Aussi proposait-il de lire *Ardyeque*. Ogilvie (*Phoenix*, XX, 1966, p. 345) a pensé à une erreur de Tite-Live. Mais H. H. Schmitt a suggéré *duobus ducibus* (*Untersuchungen zur Geschichte Antiochos' des Grossen und seiner Zeit* (*Historia, Einzelschriften*, 6, Wiesbaden, 1964). Avec Tränkle (p. 179, n. 5) nous suivrons cette astucieuse hypothèse d'autant que la séquence *duobus ducibus* est assez fréquente chez Tite-Live (22, 39, 18 ; 26, 37, 8 etc.) et qu'en 29, 5, 5 certains manuscrits ont omis *duobus*.

e. Ville principale de Lydie.

f. Tite-Live cite les provinces dans l'ordre logique — au départ d'Antioche — de l'est vers l'ouest. La Cilicie étant la plus proche de la Syrie, la Carie étant au sud de la côte ionienne.

a. En fait cinq îles (les « îles des hirondelles »), qui ont donné leur nom au cap en face duquel elles se trouvaient.

exercitu filiis duobus, <ducibus> Ardye ac Mithridate, [10] iussisque Sardibus se opperiri ipse cum classe centum tectarum nauium, ad hoc leuioribus nauigiis cercurisque ac lembis ducentis proficiscitur, [11] simul per omnem oram Ciliciae Lyciaeque et Cariae temptaturus urbes quae in dicione Ptolomaei essent, simul Philippum—necdum enim debellatum erat—exercitu nauibusque adiuturus.

XX. [1] Multa egregie Rhodii pro fide erga populum Romanum proque uniuerso nomine Graecorum terra marique ausi sunt, [2] nihil magnificentius quam quod ea tempestate, non territi tanta mole inminentis belli, legatos ad regem miserunt, ne Chelidonias—promunturium Ciliciae est inclutum foedere antiquo Atheniensium cum *r*egibus Persarum—superaret : si eo fine non contineret classem copiasque suas, [3] se obuiam ituros, non ab odio ullo, sed ne coniungi eum Philippo paterentur et impedimento esse Romanis liberantibus Graeciam.

XIX. **9** ducibus *add. Schmitt (u. 29, 5, 5)* || Ardye *B* : ardue *Mog.* Ardyeque *Holleaux* || ac Mithridate *B Frob.*[1] : agminis tridate *Mog.* || se *B*[1] *Mog. : om. B* || opperiri *Mog.* : -rire *B* || tectarum *Mog.* : le- *B* || **11** Lyciaeque *B* : *om. Mog. -que Frob.*[2]

XX, **1** egregie *B* : -ia *Mog.* || **2** ne Chelidonias *edd.* : nec Helidonias *B* nec Helicinas *Mog.* ne Helicinas *Frob.*[1] || promunturium *B* : -montorium (*passim*) *Mog.* || cum regibus Persarum *Goeller* : cum legibus P- *B om. Mog.* || superaret *B Frob.*[1] : *om. Mog.* ||fine *B* : *om. Mog.* || non *Mog. : om. B* || classem copiasque *B* : copias *Mog.* || **3** eum *B ?* : cum *Mog.* || esse *B Frob.*[1] : esset *Mog.*

Antiochus était alors en train de faire des travaux de siège pour prendre Korakesion ; il avait déjà repris possession [3] de Zephyrion, de Soloi, d'Aphrodisias, de Korykos et, — après avoir dépassé Anemourion, un autre cap de Cilicie — de Sélinunte. Toutes ces places et d'autres de la côte s'étaient soumises à lui sans combat, soit par crainte soit de bon gré, mais, contrairement à ce qu'il espérait, Korakesion lui avait fermé ses portes et le retardait. C'est là qu'il écouta les ambassadeurs rhodiens. Et, bien que cette ambassade fût propre à enflammer de colère un cœur royal, il se maîtrisa et répondit qu'il enverrait des ambassadeurs à Rhodes et qu'il leur confierait la mission de renouveler les accords passés par lui et par ses ancêtres avec cette cité et d'empêcher les Rhodiens de redouter son arrivée : il ne commettrait, ajoutait-il, aucun dommage, aucune tromperie ni envers eux, ni envers leurs alliés ; car il ne violerait pas son amitié avec les Romains [4] : à preuve sa récente ambassade auprès d'eux [5] et les décrets, les réponses honorables du sénat en sa faveur (il se trouvait qu'une ambassade était revenue de Rome où elle avait été écoutée et congédiée courtoisement, comme les circonstances le demandaient, car on ne savait pas encore l'issue de la guerre contre Philippe).

Alors que les ambassadeurs du roi tenaient ces propos devant l'assemblée des Rhodiens, arriva la nouvelle de la victoire décisive de Cynoscéphales. À cette nouvelle les Rhodiens, puisque la crainte de Philippe avait disparu, abandonnèrent leur intention de s'opposer avec leur flotte à Antiochus [6] ; mais ils n'oublièrent pas un autre souci, celui de protéger la liberté des cités alliées de Ptolémée, qu'Antiochus menaçait de la guerre. En effet ils aidèrent les unes grâce

4 Coracesium eo tempore Antiochus operibus oppugnabat, Zephyrio et Solis et Aphrodisiade et Coryco et, superato Anemurio (promunturium id quoque Ciliciae est), Selinunte recepto. 5 Omnibus his aliisque eius orae castellis aut metu aut uoluntate sine certamine in dicionem acceptis, Coracesium praeter spem clausis portis tenebat eum. 6 Ibi legati Rhodiorum auditi. Et quamquam ea legatio erat quae accendere regium animum posset, 7 temperauit irae et legatos se Rhodum missurum respondit iisque mandaturum ut renouarent uetusta iura cum ea ciuitate sua maiorumque suorum et uetarent eos pertimescere aduentum regis : nihil aut iis aut sociis eorum noxiae futurum fraudiue ; 8 nam Romanorum amicitiam se non uiolaturum, argumento et suam recentem ad eos legationem esse et senatus honorifica in se decreta responsaque. 9 (Tum forte legati redierant ab Roma comiter auditi dimissique, ut tempus postulabat, incerto adhuc aduersus Philippum euentu belli.)

10 Cum haec legati regis in contione Rhodiorum agerent, nuntius uenit debellatum ad Cynoscephalas esse. Hoc nuntio accepto, Rhodii, dempto metu a Philippo, omiser*u*nt consilium obuiam eundi classe Antiocho ; 11 illam alteram curam non omiserunt tuendae libertatis ciuitatum sociarum Ptolomaei, quibus bellum ab Antiocho imminebat. 12 Nam alias

XX. **4** Coracesium *Mog.* : -censiũ *B (passim)* || Solis *Mog* : soltis (*in ras.*) *B* || Aphrodisiade *Mog.* : -osiade *B* || Coryco *Mog.* : corigo *B* || promontorium *B*[1] *Mog.* : -rio *B* || Selinunte *Mog.* : elinunte *B*[1] eununte *B* || **5** his *B Frob.*[2] *(in adnot.)* : uicis *Mog.* || **7** uetarent *B Frob.*[1] : -re *Mog.* || pertimescere aduentum *B* : a- p- *Mog.* || aut iis *B* : his *Mog.* || noxiae *B* : noxae *Mog.* || **8** recentem *B*[1] *Mog.* : regentem *B* || responsaque *Frob.*[2] : responsa quae *B* responsa qui *Mog.* || **9** redierant *Frob.*[2] : rediebant *B* redibant *Mog.* || **10** in *Mog.* : non *B*[1] *om. B* || Rhodii *B* : -iis *Mog.* || dempto *Mog.* : -tu *B* || omiserunt *Goeller* : omiserant *B* omni erat *Mog.* || classe *Mog.* : classi *B* || Antiocho illam *Mog* : -chi illam *B*[1] *non liquet B* || **11** omiserunt *Mog.* : -rant *B* || ciuitatum *B Frob.*[1] : -atium *Mog.* || **12** alias *Mog.* : alios *B*.

à l'envoi de renforts, les autres en prévoyant les entreprises de l'ennemi et en les avertissant. Ils sauvèrent ainsi la liberté des gens de Kaunos, de Myndos, d'Halicarnasse et de Samos [7]. Mais il est inutile [8] de narrer le déroulement de chaque opération dans ces régions, alors que j'arrive à peine à raconter ce qui concerne seulement les actions militaires romaines [9].

Éloge funèbre d'Attale

XXI. À la même époque le roi Attale qui avait été transporté, malade, de Thèbes [1] à Pergame, meurt dans sa soixante-douzième année [2], après avoir régné quarante-quatre ans. De la fortune cet homme n'avait rien reçu qui lui donnât l'espoir de régner, à part de l'argent. En employant celui-ci d'une manière à la fois sage et généreuse, il fit si bien qu'il parût d'abord à ses propres yeux, puis à ceux des autres, ne pas être indigne du pouvoir royal [3]. Ensuite il vainquit en une seule bataille les Gaulois [4], un peuple qui était d'autant plus redouté en Asie qu'il venait d'y arriver [5], et il prit le titre de roi, un titre à la hauteur duquel il sut toujours hisser son âme. Il dirigea ses sujets avec la plus grande justice ; il manifesta une loyauté exceptionnelle à l'égard de ses alliés. Il fut aimable avec sa femme et ses enfants — dont quatre [6] lui survécurent — ; il fut doux et généreux envers ses amis. Il laissa un royaume si stable et si solide que ses descendants le gardèrent jusqu'à la troisième génération [7].

La situation en Espagne

Alors que telle était la situation en Asie, en Grèce et en Macédoine, que la guerre avec Philippe était à peine terminée, que la paix, en tout cas, n'était pas encore conclue, une guerre considérable éclata en Espagne ultérieure [8]. C'est M. Helvius qui gouver-

auxiliis iuuerunt, alias prouidendo ac praemonendo conatus hostis causaque libertatis fuerunt Cauniis, Myndiis, Halicarnassensibus Samiisque. [13] Non operae est persequi ut quaeque acta in his locis sint, cum ad ea quae propria Romani belli sunt uix sufficiam.

XXI. [1] Eodem tempore Attalus rex aeger ab Thebis Pergamum aduectus moritur altero et septuagesimo anno, cum quattuor et quadraginta annos regnasset. [2] Huic uiro praeter diuitias nihil ad spem regni fortuna dederat. Iis simul prudenter, simul magnifice utendo effecit, primum ut sibi, deinde ut aliis, non indignus uideretur regno. [3] Victis deinde proelio uno Gallis, quae tum gens recenti aduentu terribilior Asiae erat, regium adsciuit nomen, cuius magnitudini semper animum aequauit. [4] Summa iustitia suos rexit, unicam fidem sociis praestitit, [5] comis uxor*i* ac liber*is*— *quatt*uor superstites habuit—, mitis ac munificus amicis fuit ; regnum adeo stabile ac firmum reliquit, ut ad tertiam stirpem possessio eius descenderit.

[6] Cum hic status rerum in Asia Graeciaque et Macedonia esset, uixdum terminato cum Philippo bello, pace certe nondum perpetrata, ingens in Hispania ulteriore coortum est

XX. **12** auxiliis...alias *Mog. : om. B* || praemonendo *Mog.* : prom- *B* || Cauniis *Mog.* : caunis *B* || Myndiis *Mog.* : myndis *B* || Halicarnassensibus *Mog.* : ali cannanensibus *B* || Samiisque *Mog.* : sā usq ; *B* || operae *Mog.* : prae *B* || ut *Mog.* : *om. B* || propria *B* : -ie *Mog.* -iae *Frob.*[1] || sunt *Mog. : om. B*

XXI. **1** Attalus *B* : et A- *Mog.* || ab *B* : *om. Mog.* || septuagesimo *Mog.* : -gensimo *B* || **3** magnitudini *Frob.*[1] : -nis *B* -ne *Mog.* || **5** comis *B* : *om. Mog.* || uxori ac liberis *Jacobs* : uxor ac -ros *B* uxorem ac -ros *Mog.* in uxorem et -ros *Goeller* (*u. Hor., ep., II, 2, 133*) || quattuor *Sigonius* : duos *B Mog.* || amicis *B* : -cus *Mog.* || reliquit *Mog.* : relinq- *B* || ut *Mog. : om. B* || stirpem *Mog.* : strippem *B* || descenderit *Mog.* : -ret *B* || **6** hic *B* : is *Mog.*

nait cette province [a]. Par lettre il informa le sénat que des petits rois, Culcha [9] et Luxinius [b], avaient pris les armes, que Culcha avait avec lui dix-sept places-fortes, et Luxinius les villes puissantes de Carmo [c] et de Bardo [d], que, sur la côte, les Malaciniens, les Sexétaniens [e], toute la Béturie [f] et ceux qui n'avaient pas encore dévoilé leurs sentiments se soulèveraient pour rejoindre leurs voisins insurgés. La lettre fut lue par M. Sergius, préteur chargé des différends entre citoyens et pérégrins [g], et les sénateurs décidèrent qu'après la clôture des comices prétoriens, le préteur qui aurait reçu la province d'Espagne, mettrait aussitôt la question de la guerre d'Espagne à l'ordre du jour [10].

Controverse à propos du triomphe des consuls

XXII. Vers la même époque, les consuls [a] arrivèrent à Rome. Comme ils tenaient une séance du sénat dans le temple de Bellone [b] et réclamaient le triomphe pour leurs succès militaires, C. Atinius Labeo et

a. Préteur (*RE* 4) : sur sa carrière récente *u*. 32, 27, 7. C. Sempronius Tuditanus (*RE* 90), autre préteur, avait obtenu l'Espagne citérieure (32, 28,2). Depuis 197 en effet, ce ne sont plus des *priuati cum imperio*, mais des *praetores* qui gouvernent (cf. 32, 7, 4 ; 32, 27, 7 et 32, 28, 2). Notons qu'ils sont appelés couramment proconsuls, comme l'étaient d'ailleurs les *priuati cum imperio* (*u*. 31, 49, 7 et 33, 25, 9). *Prouincia* présente ici un sens spatial, mais très souvent (*u*. ch. 43 infra) il signifie, comme on le sait, « charge », « attribution ».

b. Pas autrement connu.

c. Mod. Carmona ; à l'est de la Bétis (= le Guadalquivir).

d. Ville difficile à identifier ; en faveur de la lecture *Bardonem*, *u*. Pline *N.H.*, 4, 118.

e. Deux peuples de la côte sud de l'Espagne.

f. Au nord-ouest de la Bétique.

g. M. Sergius Silus (*RE* 40). De fait, comme il est dit en 32, 28, 2, Sergius est préteur urbain. Notons que la *iurisdictio inter ciues et peregrinos* est appelée aussi simplement *peregrina*.

a. Il s'agit de Q. Minucius Rufus (*RE* 22, 55) et de C. Cornelius Cethegus (*RE* 88), consuls de 197, qui ont été chargés de l'*Italia*. Sur leurs campagnes *u*. 32, 29, 5-31, 5.

b. Temple dans la région du *circus Flaminius*, situé en dehors du *pomerium*, et souvent choisi pour débattre de l'octroi des triomphes, d'autant que les postulants ne pouvaient franchir le dit *pomerium* sans perdre leurs droits au triomphe....

bellum. 7 M. Heluius eam prouinciam obtinebat. Is litteris senatum certiorem fecit Culc*h*am et Luxinium regulos in armis esse, 8 cum Culcha decem et septem oppida, cum Luxinio ualidas urbes Carmonem et Bardonem, in maritima ora Malacinos Sexetanosque <et> *Ba*eturiam omnem et quae nondum animos nudauerant ad finitimorum motus consurrectura. 9 His litteris a M. Sergio praetore, cuius iurisdictio inter ciuis et peregrinos erat, recitatis, decreuerunt patres ut, comitiis praetorum perfectis, cui praetori prouincia Hispania obuenisset, is primo quoque tempore de bello Hispaniae ad senatum referret.

XXII. 1 Sub idem tempus consules Romam uenerunt ; quibus in aede Bellonae senatum habentibus postulantibusque triumphum ob res prospere bello gestas, 2 C. Atinius

XXI. **7** Heluius *B Frob.*[1] : -uidius *Mog.* || Culcham *Weissenb.* : culcam *B* Culcan *Mog.* || Luxinium *B* : Luscinum *Frob.*[2] *(in adnot.)* Luscinonem (*bis*) *Mog.* || **8** decem *B*[1] *Mog.* : *om. B* || ualidas *B Frob.*[2] *(in adnot.)* : fidas *Mog.* || Carmonem *B* : Cardo- *Mog.* || Bardonem *Mog.* : Bald- *B* || in maritima ora *B* : et -mam oram *Mog.* || Malacinos ... Baeturiam *om. Mog* || et *suppl. Weissenb.* || Baeturiam *Goeller* : etruriam *B* || et *B* : *om. Mog* || nudauerant *Mog.* : -runt *B* : -rat *Frob.*[2] *(in adnot.)* mutauerat *Frob.*[1] || ad *Mog.* : ac *B* || consurrectura *Goeller* : -tur *B* -turam *Mog.* || erat *Mog.* : *om. B* || comitiis *Mog.* : -itis *B* || cui *Mog.* : cū *B* .

XXII. **2** C. Atinius *B Frob.*[2] : Catinius *Mog.* (*passim*).

C. Afranius [c], tribuns de la plèbe, demandèrent que les consuls formulent leur requête sur ce point séparément : ils n'admettraient pas, disaient-ils, un rapport commun, pour empêcher que des honneurs égaux ne récompensent des mérites inégaux [1]. Q. Minucius dit qu'ils avaient tous deux reçu en charge l'Italie [2] et qu'ils avaient, son collègue et lui, mené les opérations avec une volonté et une stratégie communes ; C. Cornelius ajouta que les Boïens [d], qui traversaient le Pô en face de lui pour aider les Insubres [e] et les Cénomans [f], avaient été obligés de revenir pour protéger leurs biens parce que son collègue dévastait leurs bourgs et leurs campagnes [3]. Les tribuns répondirent à cela que Cornelius avait accompli des exploits si grands que l'on ne pouvait pas plus hésiter à lui accorder le triomphe qu'à honorer les dieux immortels [4] : pourtant ni lui ni aucun autre citoyen, disaient-ils, n'avait un crédit et un pouvoir suffisants pour donner, parce que lui-même avait obtenu un triomphe mérité, le même honneur à un collègue qui le demandait avec impudence, sans l'avoir mérité ; Q. Minucius avait livré en Ligurie des combats sans importance, à peine dignes d'être mentionnés ; il avait perdu en Gaule un grand nombre de soldats [5]. Ils ajoutaient même des noms de tribuns militaires : T. Juventius et Cn. Ligurius [g] de la quatrième légion [6], qui avaient été tués dans un combat malheureux, avec beaucoup d'autres hommes courageux, citoyens et alliés ; on avait inventé ou simulé

c. Pour Labeo (*RE* 8) *u*. aussi 25, 6 infra et — s'il s'agit du même — 32, 29, 3. C. Afranius, d'après Briscoe (*ad loc*.,), doit être C. Afranius Stellio, préteur en 185 (*RE* 3, 15). Notons que les deux tribuns s'opposent à un consul probablement proche de Scipion (*u*. les liens possibles chez Briscoe, p. 64-65).

d. Ce peuple gaulois occupait le territoire entre le Pô et les Apennins. *Festina* (auj. Bologne), était leur ville principale.

e. Autre peuple gaulois habitant à l'ouest des Boïens : leur ville principale était *Mediolanum* (Milan).

f. Ceux-ci habitaient dans la région de Brescia et de Vérone.

g. T. Juventius *(RE* 9) semble le parent d'un préteur de 194. Corriger, comme le veut Briscoe (*ad. loc*.), l'indication des *MRR* (Broughton), II, 578 : il ne peut s'agir du même personnage que le préteur ! non plus que de son père comme le pensait Münzer (*RE*, X, 1362). Quant à Cn. Ligurius (*RE* 2), il n'est pas autrement connu.

Labeo et C. Afranius tribuni plebis ut separatim de triumpho agerent consules postularunt : communem se relationem de ea re fieri non passuros, ne par honos in dispari merito esset. [3] Cum Q. Minucius utrique Italiam prouinciam obtigisse diceret, communi animo consilioque se et collegam res gessisse, [4] et C. Cornelius adiceret Boios aduersus se transgredientis Padum, ut Insubribus Cenomanisque auxilio essent, depopulante uicos eorum atque agros collega ad sua tuenda auersos esse, [5] tribuni res tantas bello gessisse C. Cornelium fateri, ut non magis de triumpho eius quam de honore diis inmortalibus habendo dubitari possit ; [6] non tamen nec illum nec quemquam alium ciuem tantum gratia atque opibus ualuisse ut, cum sibi meritum triumphum impetrasset, collegae eundem honorem inmeritum impudenter petenti daret. [7] Q. Minucium in Liguribus leuia proelia, uix digna dictu, fecisse, in Gallia magnum numerum militum amisisse ; [8] nominabant etiam tribunos militum ; T. Iuuentium, Cn. Ligurium legionis quartae aduersa pugna cum multis aliis uiris fortibus, ciuibus ac sociis, cecidisse. [9] Oppidorum paucorum ac uicorum falsas et in tempus simulatas sine ullo

XXII. **2** Afranius *B* : Vrsanius *Mog.* || **3** Italiam prouinciam *B* : p- I- *Mog.* || **4** et C. *B* : *om. Mog.* || adiceret *B* : adiic- *Mog.* || **5** C. *B* : *om. Mog.* || possit *B Mog.* : posset *Frob.*[2] || **6** sibi meritum *B* : sibimet *Mog.* || inmeritum *B* : *om. Mog.* || **8** tribunos *B*[1] *Mog.* : ro t- *B* || Cn. Ligurium legionis quartae *B* : et C. Labeonem eius fratrem qui *Mog.* et Cn. Labeonis fratrem qui *Frob.*[2] *post* quartae *interpunxit H.-J. Müller* || cecidisse *B* : -ssent *Mog.*

pour l'occasion, sans prendre de garanties [7], la reddition de quelques places-fortes, de quelques villages. Ces discussions entre les consuls et les tribuns durèrent deux jours ; et, vaincus par l'obstination des tribuns, les consuls firent un rapport séparé.

XXIII. À l'unanimité on octroya le triomphe à C. Cornelius. Et les habitants de Plaisance et de Crémone accrurent la faveur dont bénéficiait le consul en lui adressant leurs remerciements et en rappelant qu'il les avait délivrés d'un siège et même arrachés, pour la plupart, à l'esclavage, alors qu'ils étaient déjà aux mains de l'ennemi [1]. Q. Minucius essaya seulement de présenter un rapport et, quand il constata que le sénat tout entier lui était hostile, il dit qu'il célébrerait son triomphe sur le Mont-Albain [2], en vertu de son pouvoir consulaire [3] mais aussi selon l'exemple de nombreux hommes illustres [4].

C. Cornelius, alors qu'il était encore en charge, célébra le sien sur les Insubres et les Cénomans. Il fit défiler de nombreuses enseignes, transporter de nombreuses dépouilles gauloises sur des chariots dont on s'était emparé. On conduisit devant son char beaucoup de nobles Gaulois, parmi lesquels se trouvait, assurent certains historiens, Hamilcar, le général carthaginois [5]. Mais ce qui attira surtout le regard, ce fut la foule des colons de Crémone et de Plaisance, qui suivaient le char, coiffés du bonnet d'affranchi [6]. Il fit porter aussi dans son triomphe deux cent trente-sept mille cinq cents as en bronze et soixante-dix-neuf mille pièces d'argent frappés du bige [7]. On donna à chaque soldat soixante-dix as en bronze, le double aux cavaliers et aux centurions [8].

Le consul Q. Minucius célébra, sur le Mont-Albain, son triomphe sur les Ligures et les Gaulois Boïens. Ce triomphe,

pignore deditiones factas esse. [10] Hae inter consules tribunosque altercationes biduum tenuerunt, uictique perseuerantia tribunorum consules separatim rettulerunt.

XXIII, [1] C. Cornelio omnium consensu decretus triumphus. Et Placentini Cremonensesque addiderunt fauorem consuli, [2] gratias agentes commemorantesque obsidione sese ab eo liberatos, plerique etiam, cum apud hostis essent, seruitute exemptos. [3] Q. Minucius, temptata tantum relatione, cum aduersum omnem senatum uideret, in monte Albano se triumphaturum et iure imperi consularis et multorum clarorum uirorum exemplo dixit.

[4] C. Cornelius de Insubribus Cenomanisque in magistratu triumphauit. Multa signa militaria tulit, multa Gallica spolia captiuis carpentis transuexit, [5] multi nobiles Galli ante currum ducti, inter quos quidam Hamilcarem, ducem Poenorum, fuisse auctores sunt ; [6] ceterum magis in se conuertit oculos Cremonensium Placentinorumque colonorum turba, pilleatorum currum sequentium. [7] Aeris tulit in triumpho ducenta triginta septem milia quingentos, argenti bigati undeoctoginta milia ; septuageni aeris militibus diuisi, duplex equiti centurionique.

[8] Q. Minucius consul de Liguribus Boisque Gallis in monte Albano triumphauit. Is triumphus, ut loco et fama rerum

XXII. **10** hae *Mog.* : haec *B.*

XXIII. **1** C. *B* : Cn. *Mog.* ‖ **2** sese *B* : se esse *Mog.* ‖ plerique *B* : -rosque *Mog.* ‖ cum *B Mog.* : capti *add. Cobet* ‖ exemptos *B* : excep- *Mog.* ‖ **3** Albano se *Mog.* : -nos et *B* ‖ clarorum uirorum *Mog. : om. B* ‖ **4** C. *Drakenborch* : Cn. *Mog. om. B* ‖ captiuis *Mog.* : -uos *B* ‖ **5** ducti *B* : trad- *Mog.* ‖ Hamilcarem *B* : Am- *Mog.* ‖ **6** pilleatorum *(script.* pilea-*) Mog.* : pillia- *B* ‖ **7** Aeris *B* : *om. Mog.* ‖ milia quingentos *Mog. (script.* millia*)* : CCXXXVII et *B* ‖ undeoctoginta *(script.* LXXVIIII*) B* : septuaginta nouem *Mog.* ‖ milia *Mog : om. B* ‖ septuageni *B* : -nos *Mog.* ‖ diuisi *B* : -sit *Mog.* ‖ duplex equiti centurionique *B* : d- equiti triplex centurioni *Mog.* d- centurioni triplex equiti *Duker* ‖ **8** loco et *Mog.* : l- *B.*

s'il fut moins glorieux en raison de l'endroit où il se déroulait, du bruit mené autour des opérations militaires, du fait, connu de tous, qu'il n'était pas financé sur le trésor public, l'égala presque par les enseignes, les chariots et les dépouilles. Le total des sommes aussi fut presque le même : deux cent cinquante-quatre mille as en bronze y furent transportés ainsi que cinquante-trois mille deux cents pièces en argent au bige. Il fit à chaque soldat, centurion et cavalier la même gratification que son collègue [9].

Élections

XXIV. Après le triomphe on tint les comices consulaires. Furent nommés consuls L. Furius Purpurio [a] et M. Claudius Marcellus [b]. Le lendemain furent élus préteurs Q. Fabius Buteo [c], Ti. Sempronius Longus [d], Q. Minucius Thermus [e], M'Acilius Glabrio [f], L. Apustius Fullo [g] et C. Lélius [h].

Décisions sénatoriales concernant la Macédoine et Cosa

Presque à la fin de l'année, arriva une lettre de T. Quinctius annonçant qu'il avait affronté en bataille rangée le roi Philippe en Thessalie et que l'armée ennemie avait été battue et mise en en

a. *RE* 86. Il fut préteur en 200 et il est abondamment parlé de lui au livre 31. *V.* ici 25, 4 et 37,1. Ce consul semble être alors « fulvien » mais il se rapprochera plus tard des Scipions. Les préteurs Lélius, Minucius, Acilius et Sempronius, eux, sont proches de Scipion.

b. *RE* 222. *V.* dans ce livre 25,4 ; 36,4-10 ; 37,9 ; 42,5 ; 42,7 ; 47,7. Ces consuls succèdent donc à C. Cornelius Cethegus et Q. Minucius Thermus, consuls de 197 (*u.* supra 22, 1 et 32, 27, 5).

c. *RE* 57. Fut peut-être le légat de Flamininus en 198 (32,36,10). Voir ici 26,1 ; 43,7.

d. *RE* 67. Le prénom Tiberius s'impose à la place de Titus que donnent *B* et *Mog*. Il doit s'agir du consul de 194 qui exerça sa charge avec Scipion.

e. *RE* 65. Le consul de 197 était surnommé Rufus (*u.* 32, 27, 5). Celui-ci sera consul en 193. Voir ici 26,1-3 ; 43,8 ; 44,4.

f. *RE* 35 (Le prénom M. de *B* et de *Mog.* doit être corrigé). Glabrio sera consul en 191. Voir ici 25, 2 ; 26,1 ; 36,2.

g. *RE* 5. Il est souvent parlé de lui au livre 31 : il était alors *legatus* en Grèce.

h. *RE* 2. Il s'agit de l'ami de Scipion l'Africain. Il sera consul en 190.

gestarum et quod sumptum non erogatum ex aerario omnes sciebant inhonoratior fuit, ita signis carpentisque et spoliis ferme aequabat. 9 Pecuniae etiam prope par summa fuit ; aeris tralata ducenta quinquaginta quattuor milia, argenti bigati quinquaginta tria milia et ducenti ; militibus centurionibusque et equitibus idem in singulos datum quod dederat collega.

XXIV. 1 Secundum triumphum consularia comitia habita. Creati consules L. Furius Purpurio et M. Claudius Marcellus. 2 Praetores postero die facti Q. Fabius Buteo, T*i*. Sempronius Longus, Q. Minucius Thermus, *M'*. Acilius Glabrio, L. Apustius Fullo, C. Laelius.

3 Exitu ferme anni litterae a T. Quinctio uenerunt se signis conlatis cum rege Philippo in Thessalia pugnasse, hostium

XXIII. **8** fuit ita *Mog.* : fuit a *B* || spoliis *Mog.* : -lis *B* || **9** par *Mog. : om. B* || tralata *Bekker : -*ti *B* translata *Mog.* || ducenta *(script.* CC*) B* : d- et *Mog.* || milia *Mog. : om. B* || milia *Mog. : om. B* || centurionibusque *B Frob.*[2] : -bus *Mog.* || idem *B* : item *Mog.*

XXIV. **2** Ti. *Sig.* : T. *B Mog.* || M'*Sig.* : M.*B Mog. (u. 26, 1-2)* || L. *Frob.*[1] : C. *B Mog.* || **3** ferme *B* : eius *Mog.* || T. *Mog. : om. B.*

déroute [1]. Cette lettre fut lue d'abord au sénat par M. Sergius, préteur [i], puis, sur décision sénatoriale, devant l'assemblée. Pour ces succès militaires cinq jours d'actions de grâce furent décidés [2]. Peu après arrivèrent des envoyés et de T. Quinctius et du roi Philippe [3]. On conduisit les Macédoniens en dehors de Rome, dans la Maison Publique [j], où leur furent offerts le logement et l'hospitalité : puis on leur accorda une audience au sénat, dans le temple de Bellone. On n'y fit pas de longs discours, car les Macédoniens dirent que le roi ferait tout ce que le sénat aurait décidé [4]. Suivant la coutume ancestrale dix délégués furent désignés, sur les conseils desquels le général T. Quinctius fixerait à Philippe les conditions de paix [5] et on ajouta que P. Sulpicius et P. Villius qui avaient eu, en tant que consuls, en charge la Macédoine, feraient partie des délégués [k].

Comme, le même jour [l], les habitants de Cosa demandaient qu'on augmentât le nombre de leurs colons, on leur en assigna mille [m], en excluant de ce nombre quiconque avait

i. *RE* 40. Préteur de l'année 197. Il a été évoqué en 21, 9 où son prénom est mentionné.

j. Une résidence au Champ-de-Mars, destinée d'abord aux censeurs (*u.* Tite-Live, 4, 22, 7), puis affectée à la réception des ambassadeurs étrangers.

k. Sur P. Sulpicius Galba (*RE* 64) voir la note à 33, 8, 5. P. Villius Tappulus (*RE* 10) fut préteur en 203 et consul en 199. Il a succédé à Galba pour mener — bien mollement — la guerre macédonienne. Il semble que ces *legati* aient été surtout envoyés par les partisans des *Fulviani* (*u.* intr. p. XLIV) pour surveiller Flamininus (u. 32, 28, 12 et Briscoe, *ANRW*, p. 1088 ; contra J.P.V.D. Balsdon, *T. Quinctius Flamininus, Phoenix*, XXI, 1967, p. 185) mais le sénat a pu les choisir aussi, comme le concède Briscoe, pour leur expérience. Au ch. 35, Tite-Live indiquera les noms d'autres délégués. T.R.S. Broughton a essayé de compléter la liste (*MRR.*, I, 337-338).

l. Certains estimant qu'il était impossible que des sujets d'une importance si différente fussent traités le même jour ont proposé des corrections diverses. Mais il y a d'autres cas où le sénat a volontairement mêlé des sujets concernant Rome ou l'Italie et des contrées lointaines, prouvant son désir de s'occuper sans tarder de toutes les affaires et de ne pas négliger les questions apparemment mineures.

m. Une requête similaire en 199 avait été refusée (*u.* 32, 2, 7).

exercitum fusum fugatumque. [4] Hae litterae prius in senatu a <M.> Sergio praetore, deinde ex auctoritate patrum in contione sunt recitatae et ob res prospere gestas in dies quinque supplicationes decretae. [5] Breui post legati et ab T. Quinctio et ab rege Philippo uenerunt. Macedones deducti extra urbem in uillam publicam, ibique eis locus et lautia praebita et ad aedem Bellonae senatus datus. [6] Ibi haud multa uerba facta, cum Macedones quodcumque senatus censuisset id regem facturum esse dicerent. [7] Decem legati more maiorum, quorum ex consilio T. Quinctius imperator leges pacis Philippo daret, decreti, adiectumque ut in eo numero legatorum P. Sulpicius et P. Villius essent, qui consules prouinciam Macedoniam obtinuissent.

[8] Cosanis eo die postulantibus ut sibi colonorum numerus augeretur, mille adscribi iussi, [9] dum ne quis in eo numero

XXIV. **4** M. *Madvig : om. B Mog.* || et *B* : *om. Mog.* || **5** ab *B* : a *Mog.* || Philippo *B* : *om. Mog.* || eis *B* : iis *Mog.* || datus ibi *B* : est habitus *Mog.* || **6** quodcumque *B* : quaec- *Mog.* || id *Mog. : breue spatium in B* || **7** decreti *Mog. : om. B* || Villius *B Frob.*[2] : Iulius *Mog.* || **8** eo die *B Mog.* : eodem anno *Müller* eo tempore *McDonald* || **9** eo *B* : eorum *Mog.*

été ennemi de Rome après les consulats de P. Cornelius et de Ti. Sempronius [n].

Les événements en Italie et en Espagne

XXV. Cette année-là [1] les Jeux Romains furent célébrés au cirque et au théâtre [2] par les édiles curules P. Cornelius Scipio [a] et Cn. Manlius Vulso [b] avec plus d'éclat [3] que d'autres fois, et aussi regardés avec plus de joie, en raison des succès militaires ; on les recommença complètement par trois fois [4]. Quant aux Jeux Plébéiens [5] on les recommença sept fois : ce furent M'. Acilius Glabrio et C. Lélius [6] qui les célébrèrent ; et ils érigèrent grâce à l'argent des amendes [7] trois statues en bronze, une de Cérès, une de Liber et une de Libera [8].

Les consuls L. Furius et M. Claudius Marcellus entrèrent en charge [9] et, quand on discuta des provinces et que le sénat leur donna à tous les deux l'Italie, ils cherchèrent à obtenir de tirer au sort la Macédoine en même temps que l'Italie. Comme Marcellus, qui désirait davantage cette province, avait dit que la paix était fictive et trompeuse et que, si l'armée était rapatriée de là-bas, le roi reprendrait la guerre, il avait rendu les sénateurs hésitants sur l'avis à donner [10]. Et le consul l'aurait peut-être emporté si Q. Marcius Ralla [c] et C. Atinius Labeo [d], tribuns de la plèbe, n'avaient pas dit qu'ils feraient opposition, à moins d'avoir d'abord eux-mêmes demandé à la plèbe si elle voulait et ordonnait la paix avec

n. Consuls en 218 : Cornelius Scipion (*RE* 330) est le père de l'Africain ; Sempronius (*RE* 66) celui du nouveau préteur (§ 2 supra). Puisque 218 marque le début de la seconde guerre punique, les Romains voulaient, on le voit, exclure de cette mesure ceux qui avaient aidé l'ennemi pendant le conflit. Mais observons que cette exclusion impliquait que des Italiens pouvaient fort bien faire partie d'une colonie latine.

a. Nasica (*RE* 350). Il sera consul en 191 : c'est le père de Corculum (cons. en 155) et le grand-père de Serapio (cons. en 138).

b. (*RE* 91). Hostile aux Scipions. Il sera consul en 189.

c. (*RE* 87). La forme exacte du *cognomen* est donnée par les manuscrits en 30, 38, 4 et 35, 41, 8.

d. Sur Labeo *u.* 22, 2.

esset qui post P. Cornelium et T*i*. Sempronium consules hostis fuisset.

XXV. [1] Ludi Romani eo anno in circo scaenaque ab aedilibus curulibus P. Cornelio Scipione et Cn. Manlio Volsone et magnificentius quam alias facti et laetius propter res bello bene gestas spectati, totique ter instaurati. [2] Plebeii septiens instaurati ; *M'*. Acilius Glabrio et *C*. Laelius eos ludos fecerunt ; [3] et de argento multaticio tria signa aenea, Cererem Liberumque et Liberam, posuerunt.

[4] L. Furius et M. Claudius Marcellus, consulatu inito, cum de prouinciis ageretur et Italiam utrique prouinciam senatus decerneret, ut Macedoniam cum Italia sortirentur tendebant. [5] Marcellus, prouinciae cupidior, pacem simulatam ac fallacem dicendo et rebellaturum si exercitus inde deportatus esset regem, dubios sententiae patres fecerat. [6] Et forsitan obtinuisset consul, ni Q. Marcius Ral*l*a et C. Atinius Labeo tribuni plebis se intercessuros dixissent, ni prius ipsi ad plebem tulissent uellent iuberentne cum rege Philippo

XXIV. **9** P. *B.* : L. *Mog.* || et Ti. Sempronium *Perizonius* : et T. S- *Mog. om. B* .

XXV. **1** in *Mog. : om. B* || curulibus *Mog. : om. B* || P. *B* : *om. Mog* || Cn. *B Frob.*[2] : C. *Mog.* || Volsone *Mog.* : Vulsione *B* || **2** plebeii... instaurati *Mog. (u. 23, 30, 17 etc.) : om. B* -bei ins- *edd.* || septies *Mog.* : -ens *edd.* || M'*Pighius.* : M. *B om. Mog.* || Acilius *B Frob.*[2] : Attil- *Mog.* || et C. *u. 24, 2 supra* : et G. *B* C. *Mog.* || **3** et de *B* : ex *Mog.* || Cererem Liberumque et Liberam *B* : Cereri Liberoque et Liberae *Mog. (u. 10, 23, 12)* || **4** tendebant *B* : petebat *Mog.* petebant *Frob.*[2] || **5** esset *B Frob.*[1] : essent *Mog.* || sententiae *B* : -a *Mog.* || **6** Ralla *(u. 30, 38, 4 ; 35, 41, 8) Bekker* : rala *B* rex *Mog.* || C. Atinius *B Frob.*[2] : Catinius *Mog.*

Philippe [11]. Cette proposition fut présentée à la plèbe au Capitole [12]. Toutes les trente-cinq tribus votèrent « oui » [13].

Et ce qui fit que l'on ressentit généralement une plus grande joie de la conclusion de la paix en Macédoine, ce furent les mauvaises nouvelles arrivées d'Espagne et la publication d'une lettre [14] disant que le proconsul [15] C. Sempronius Tuditanus [16] avait été vaincu en Espagne Citérieure, que son armée avait été battue et mise en déroute [17], que beaucoup de gens connus étaient tombés dans la bataille et que Tuditanus, ramené grièvement blessé du combat, était mort peu après [18]. L'Italie fut confiée en charge aux deux consuls avec les légions qu'avaient eues leurs prédécesseurs et avec mission d'enrôler quatre légions nouvelles : deux urbaines et deux qui seraient envoyées là où le sénat le déciderait. Et T. Quinctius Flamininus reçut l'ordre de conserver sa province avec la même armée [19]. On estima que la prorogation antérieure de son pouvoir était suffisante [20].

XXVI. Ensuite les préteurs [1] tirèrent au sort leurs missions, L. Apustius Fullo eut la juridiction de Rome, M'Acilius Glabrio celle des différends entre citoyens et pérégrins, Q. Fabius Buteo l'Espagne Ultérieure, Q. Minucius Thermus l'Espagne Citérieure, C. Lélius la Sicile et Ti. Sempronius Longus la Sardaigne [a]. On décida que Q. Fabius Buteo et Q. Minucius, à qui étaient échues les provinces d'Espagne, recevraient chacun des consuls une légion que ceux-ci choisiraient [2] parmi les quatre enrôlées par eux, ainsi que quatre mille fantassins alliés et latins et trois cents cavaliers [3]. Ils

a. Buteo succède ainsi à Helvius ; Minucius à Tuditanus ; Lélius à L. Manlius Vulso (à distinguer de Cnaeus, l'édile curule, *u*. ch. 25, § 1 supra) ; Sempronius Longus à Atilius (*u*. 32, 27, 7 et 28, 2).

pacem esse. [7] Ea rogatio in Capitolio ad plebem lata est ; omnes quinque et triginta tribus « uti rogas » iusserunt.

[8] Et quo magis pacem ratam esse in Macedonia uulgo laetarentur, tristis ex Hispania adlatus nuntius effecit uulgataeque litterae [9] « C. Sempronium Tuditanum proconsulem in citeriore Hispania proelio uictum, exercitum eius fusum fugatum, multos illustris uiros in acie cecidisse, Tuditanum cum graui uulnere relatum ex proelio haud ita multo post expirasse. » [10] Consulibus ambobus Italia prouincia cum iis legionibus quas superiores consules habuissent, decreta, et ut quattuor legiones nouas scriberent, duas urbanas, duas quae quo senatus censuisset mitterentur ; [11] et T. Quinctius Flamininus [cum duabus legionibus] prouinciam eodem exercitu obtinere iussus ; imperium ei prorogatum satis iam ante uideri esse.

XXVI. [1] Praetores deinde prouincias sortiti, L. Apustius Fullo urbanam iurisdictionem, *M'*. Acilius Glabrio inter ciuis et peregrinos, Q. Fabius Buteo Hispaniam ulteriorem, Q. Minucius Thermus citeriorem, [2] C. Laelius Siciliam, T*i*. Sempronius Longus Sardiniam. [3] Q. Fabio Buteoni et Q. Minucio, quibus Hispaniae prouinciae euenerant, consules legiones singulas ex quattuor ab se scriptis quas uideretur ut darent decretum est [4] et socium ac Latini nominis quaterna

XXV. **7** rogas *B* : rogatae *Mog.* || **8** allatus nuntius *B* : n- a- *Mog.* || **9** proconsulem : -e *fortasse (Briscoe, cf. BRL, LXII, 1980, p. 311-327)* || fugatum *B* : -tumq ; *Mog. (u. 23, 11, 10)* || multos *B* : et *Mog.* || relatum *B* : l- *Mog.* || **10** duas urbanas duas quae *B* : duasq ; *Mog.* duas quae *Frob.¹* || mitterentur *B Frob.²* : -rent *Mog.* || **11** Flamininus *B Frob.²* : -minius *Mog.* || cum duabus legionibus *del. Crevier* || satis...esse *B Mog. : del. Frob.² in adnot. ut ex Antiochi oratione in 33, 39, 7-40, 1 petitum* || uideri *B* : diuidere *Mog.*

XXVI. **1** iurisdictionem *Mog.* : -dicionem *B* || M'. *u. 24, 2 supra.* : M. *B Mog.* || Acilius *B Frob.²* : Attilius *Mog.* || **2** Ti. *u. 24, 2 supra.* : T. *B Mog.* || **3** Buteoni *Mog.* : -o *B* || Hispaniae prouinciae *B Frob.²* : -nia -cia *Mog.* || euenerant *B Frob.²* : -rat *Mog.* || uideretur *B* : -rētur *Mog.* || **4** ut *B* : uti *Mog.* || et *B* : *om. Mog.* || Latini nominis *B* : n- L- *Mog.*

reçurent l'ordre d'aller dans leur province au plus tôt. La guerre fut donc déclenchée en Espagne quatre ans après y avoir cessé, en même temps que la guerre punique [4].

Sans attendre que ces préteurs partent pour une guerre presque nouvelle (puisque l'ennemi avait pris les armes pour la première fois en son propre nom, sans armée ni chef puniques) ou que les consuls eux-mêmes quittent la ville, ordre leur fut donné, comme d'habitude, de conjurer les prodiges que l'on annonçait. P. Villius [5], un chevalier romain, avait été tué, lui et son cheval, par la foudre, alors qu'il partait pour la Sabine ; le temple de Feronia, sur le territoire de Capène [b], avait été touché par la foudre ; les pointes de deux lances avaient pris feu près du temple de Junon Moneta [c] ; un loup, entré par la porte Esquiline [d], était descendu en courant jusqu'au forum, en traversant le quartier le plus fréquenté de la ville, puis, par la rue des Toscans [e] et le mont Cermal [f], s'était enfui, sans avoir pratiquement été atteint, par la porte Capène [6]. Ces prodiges furent conjurés par des victimes adultes [7].

XXVII. Ces mêmes jours Cn. Cornelius Blasio [1], qui avait gouverné l'Espagne Citérieure avant C. Sempronius Tuditanus [a], entra dans Rome avec les honneurs de l'ovation, conformément à un sénatus-consulte. Il fit porter devant lui mille cinq cent quinze livres d'or, vingt mille d'argent, et trente-quatre mille cinq cents pièces frappées. L. Stertinius [b], revenant d'Espagne Ultérieure, sans même essayer de voir s'il pouvait espérer triompher [2], apporta au trésor cinquante mille livres d'argent et fit élever sur l'argent du butin deux arcs de triomphe au Forum aux bœufs [3],

b. Capène (ici *Capenati* = *agro Capenati*) est une petite ville au bord du Tibre, au nord de Rome, au pied du mont Soracte : Feronia était considérée comme la déesse protectrice des affranchis.

c. Sur la partie septentrionale du Capitole.

d. À l'est de Rome.

e. Au sud du forum et à l'ouest du Palatin.

f. La partie ouest du mont Palatin.

a. *V.* 25, 9 supra.

b. Ce personnage est le premier membre connu de la *gens* Stertinia.

milia peditum, trecenos equites ; iique primo quoque tempore in prouincias ire iussi. [5] Bellum in Hispania quinto post anno motum est quam simul cum Punico bello fuerat finitum.

[6] Priusquam *aut* hi praetores ad bellum prope nouum, quia tum primum suo nomine sine ullo Punico exercitu aut duce ad arma ierant, proficiscerentur, aut ipsi consules ab urbe mouerent, procurare ut adsolet prodigia quae nuntiabantur iussi. [7] P. Villius eques Romanus in Sabinos proficiscens fulmine ipse equusque exanimati fuerant ; [8] aedis Feroniae in Capenati de caelo tacta erat ; ad Monetae duarum hastarum spicula arserant ; lupus Esquilina porta ingressus, frequentissima parte urbis cum in forum decurrisset, [9] Tusco uico atque inde Cermalo per portam Capenam prope intactus euaserat. Haec prodigia maioribus hostiis sunt procurata.

XXVII. [1] Isdem diebus Cn. Cornelius Blasio, qui ante C. Sempronium Tuditanum citeriorem Hispaniam obtinuerat, ouans ex senatus consulto urbem est ingressus. [2] Tulit prae se auri mille et quingenta quindecim pondo, argenti uiginti milia, signati denarium triginta quattuor milia et quingentos. [3] L. Stertinius ex ulteriore Hispania, ne temptata quidem triumphi spe, quinquaginta milia pondo argenti in aerarium intulit [4] et de manubiis duos fornices in foro bouario ante

XXVI. **5** motum *B* : *om. Mog.* exortum *Frob.²* *(in adnot.)* || fuerat *Frob.²* *(in adnot.)* : *om. B Mog.* || **6** aut *Weissenborn* : et *B om. Mog.* || sine ullo *B* : nullo *Mog.* || mouerent *Mog* : -runt *B* || **7** P. Villius eques Romanus *B* : L. Iulius Sequestris *Mog.* L. I- equestris *Frob.¹* || **8** Capenati *B* : -te *Mog.* || spicula arserant *B Frob.¹* : speculatores erant *Mog.* || **9** inde Cermalo *B* : Intemelio *Mog.* inde Melio *Frob.¹* .

XXVII. **1** Cn. *B* : *om. Mog.* || Blasio *B* : Blacio *Mog.* Lentulus *Frob.¹* || C. *B* : *om. Mog.* || ouans *B* : quum *Mog.* || est *B Mog.* : esset *Frob.¹* || **2** quingenta quindecim pondo *Gron.* : quingenta p- q- *Mog.* quingentum p- *B* || uiginti millia signati *Mog. : om. B* || denarium *B* : -ios *Mog.* || triginta... et *Mog. : om. B* || **3** L. *B* : quinquaginta *Mog.* || milia *Mog. : om. B* || intulit *B* : t- *Mog.* || **4** bouario *B* : boario *Mog.*.

devant le temple de la Fortune et de Mater Matuta [c], et un autre au grand cirque, et il y plaça des statues dorées. Voilà à peu près ce qu'on fit cet hiver-là [4].

Événements en Béotie

À cette époque [5] T. Quinctius tenait ses quartiers d'hiver à Elatée [6]. Parmi les nombreuses requêtes que lui présentaient les alliés, les Béotiens lui demandèrent et obtinrent qu'on leur rendît ceux de leur nation qui avaient servi auprès de Philippe [7]. Ils obtinrent aisément satisfaction de Quinctius, non pas parce que celui-ci estimait qu'ils [8] le méritaient, mais parce qu'il fallait — comme on avait déjà des soupçons à propos du roi Antiochus — gagner la sympathie des cités pour Rome [9]. Les hommes une fois rendus [10], il apparut très vite que l'on n'avait acquis aucune reconnaissance de la part des Béotiens [11]. En effet ils envoyèrent à Philippe des députés pour le remercier de cette restitution des soldats comme si cette faveur avait été accordée à eux-mêmes et non pas à Quinctius et aux Romains [12]. Et, lors des comices suivants, ils nommèrent béotarque [13] un certain Brachylles [d] au seul motif qu'il avait été le chef des Béotiens qui servaient auprès du roi [14], écartant Zeuxippe, Pisistratos et quelques autres [e] qui avaient poussé à l'alliance avec Rome. Pour le moment ceux-ci le prirent mal et pour l'avenir ils conçurent même de la crainte : si l'on agissait ainsi, pensaient-ils, quand l'armée romaine était presque aux portes, qu'adviendrait-il d'eux

c. Ces deux temples étaient édifiés côte à côte (*u*. F. Coarelli, *Guida archeologica di Roma*, Vérone, 1980, p. 279-284). Bien que Mater Matuta — la déesse du matin, de l'enfantement et des *uniuirae* (les femmes mariées une seule fois) — soit sans doute une divinité plus proche qu'on ne le pense habituellement de Fortuna (*u*. J. Haudry, *Le groupe latin de* Fors, Fortuitus, Fortuna, *données et hypothèses comparatives*, in *Etudes indo-européennes, revue de l'Institut d'Etudes Indo-européennes de l'Univ. Lyon III*, Lyon, 1999), L. Stertinius a surtout cherché à rendre grâce à la *Fortuna*, déesse protectrice des généraux.

d. Il fut ἐπιστάτης de Sparte en 222 et s'est trouvé avec Philippe à Nicée (Polybe, 18, 1, 2).

e. Antiphilos et Dicearque par exemple (*u*. ch. 1 et 2 supra). En comparant avec Polybe on observe que l'ordre est changé : le Grec met d'abord l'élection de Brachylles, ensuite les remerciements à Philippe.

Fortunae aedem et matris Matutae, unum in maximo circo fecit et his fornicibus signa aurata inposuit. Haec per hiemem ferme acta.

5 Hibernabat eo tempore Elatiae T. Quinctius, a quo cum multa socii peterent, Boeoti petierunt impetraueruntque ut, qui suae gentis militassent apud Philippum, sibi restituerentur. 6 Id a Quinctio facile impetratum, non quia satis dignos eos credebat, sed quia Antiocho rege iam suspecto fauor conciliandus nomini Romano apud ciuitates erat. 7 Restitutis iis, confestim apparuit quam nulla inita apud Boeotos gratia esset ; nam ad Philippum legatos gratias agentes ei pro redditis hominibus, perinde atque ips*is* et non Quinctio et Romanis id datum esset, miserunt, 8 et comitiis proximis boeotarchen ob nullam aliam causam Brac*h*yllem quendam, quam quod praefectus Boeotorum apud regem militantium fuisset, fecerunt, 9 praeteritis Zeuxippo et Pisistrato aliisque, qui Romanae societatis auctores fuerant. 10 Id aegre et in praesentia hi passi et in futurum etiam metum ceperunt : cum ad portas prope sedente exercitu Romano ea fierent,

XXVII. **5** Elatiae *B* : Athenis *Mog.* || T. *B : om. Mog.* || Boeoti *Frob.*[2] : -tii (*passim*) *B Mog.* || petierunt impetraueruntque *Mog.* : -rant -rantque *B* || ut *B* : ut hi *Mog.* || **6** suspecto *B Frob.*[1] : suscepto *Mog.* || **7** iis *B* : *om. Mog.* || confestim *Mog.* : -ertim *B* || ad *Mog. :* et ad *Frob.*[2] *om. B* || legatos *B : om. Mog.* || ei *B : om. Mog.* || ipsis et non Quinctio *Weissenborn* : ipsos iis et non Quinctio *B* ipsi id a Quintio *Frob.*[2] *(in adnot.* id ipsi a Quintio *in textu)* ab ipso hi et non a Quintio *Mog.* ||id datum esset *B* : d- e- *Frob.*[2] *(in adnot.)* dati essent *Mog* || **8** boeotarchen ob nullam aliam *B* : b- n- a- ob *Frob.*[2] (*in adnot.*) Boeotii ceu n- a- ob *Mog.* || Brachyllem *Weissenborn* : Bracyllem *B* Barcillam (*passim*) *Mog.* || **9** fecerunt *B Frob.*[2] *(in adnot.)* : f- praetorem *Mog.* || Zeuxippo *B* : Zeusippo *Mog. passim* || aliisque *Mog.* : aliis *B* || fuerant *B* : -runt *Mog.* || **10** ceperunt *Mog.* : fecerunt *B*.

lorsque les Romains seraient partis en Italie, que Philippe, tout proche, aiderait ses alliés et serait hostile à ceux qui avaient été du parti adverse ?[15]

XXVIII. Pendant qu'ils avaient l'armée romaine près d'eux, ils décidèrent de supprimer Brachylles, le chef des partisans du roi[1]. Et ils choisirent l'occasion pour réaliser leur entreprise : comme Brachylles, après un banquet public, revenait chez lui, ivre et escorté d'hommes efféminés qui étaient venus pour divertir les nombreux convives, il est entouré et tué par six hommes armés : trois Italiens et trois Étoliens[2]. Ses compagnons prirent la fuite ; s'ensuivirent des appels au secours[3] et une effervescence causée par les gens qui couraient en tous sens dans toute la ville avec des torches. Les meurtriers s'échappèrent par la porte la plus proche.

Dès l'aube beaucoup de personnes, comme si elles avaient été informées par avance ou convoquées par la voix du héraut, se réunirent au théâtre[4]. Si, publiquement, l'assemblée clamait que les compagnons de Brachylles et ces débauchés l'avaient tué, dans leur for intérieur, ils désignaient Zeuxippe comme l'instigateur du crime. On décida pour le moment de faire arrêter ceux qui l'accompagnaient et de les soumettre à la question. Pendant qu'on les recherchait, Zeuxippe, sans se troubler, vint devant l'assemblée pour se disculper et dit que les gens qui attribuaient ce crime si affreux à ces moitiés d'hommes se trompaient : il développa dans ce sens de nombreux arguments[5] plausibles, parvenant grâce à eux à faire croire à certains que jamais il ne se serait présenté devant la foule et n'aurait fait — sans y être incité par personne — mention de ce meurtre, s'il s'était lui-même

quidnam de se futurum esse profectis in Italiam Romanis, [11] Philippo ex propinquo socios adiuuante et infesto iis, qui partis aduersae fuissent ?

XXVIII. [1] Dum Romana arma in propinquo haberent, tollere B*rach*yllen, principem fautorum regis, statuerunt. [2] Et tempore ad eam rem capto, cum in publico epulatus reuerteretur domum [3] temulentus, prosequentibus mollibus uiris, qui ioci causa conuiuio celebri interfuerant, ab sex armatis, quorum tres Italici, tres Aetoli erant, circumuentus occiditur. Fuga comitum et quiritatio facta et tumultus per totam urbem discurrentium cum luminibus ; percussores proxima porta euaserunt.

[4] Luce prima contio frequens, uelut ex ante indicto aut uoce praeconis conuocata, in theatro erat. Palam ab suo comitatu et obscenis illis uiris fremebant interfectum, [5] animis autem Zeuxippum auctorem destinabant caedis. [6] In praesentia placuit comprehendi eos qui simul fuissent, quaestionemque ex iis haberi. [7] Qui dum quaeruntur, Zeuxippus, constanti animo, auertendi ab se criminis causa in contionem progressus, errare ait homines, qui tam atrocem caedem pertinere ad illos semiuiros crederent, [8] multaque in eam partem probabiliter <est> argumentatus, quibus fidem apud quosdam fecit numquam, si sibi conscius esset, oblaturum se multitudini mentionemue eius caedis, nullo

XXVII. **10** de se *Mog.* : se *B Frob.*[2] *(in adnot.)* || esse *B* : esset *Mog.* || **11** infesto *Mog.* : -ecto *B*

XXVIII. **1** in propinquo *B* : propinqua *Mog.* || haberent *B* : -ebant *Mog.* || Brachyllen *u. 27, 8.* : barcyllen *B* Barcillam *Mog.* || **2** mollibus *Mog.* : *om. B* || **3** Aetoli *B Frob.*[2] : -lici *Mog.* || quiritatio *Mog.* : quaer- *B* || per totam urbem *B* : tota urbe *Mog.* || **4** ex ante indicto *B* : extante indicio *Mog.* || aut uoce *B* : ad uocem *Mog.* || palam *Mog.* : palma *B* || obscenis *B* : -caenis *Mog.* || **7** Zeuxippus *Mog.* : Z- et *B lac. nonnulli coni.* Z<elato ?> et *Zingerle* || constanti *B* : -simili *Mog.* || **8** est argumentatus *M. Müller :* argumentatus est *Weissenb.* a-*B Mog.* argumentatur *Jac. Gronovius* || sibi *B* : *om. Mog.* || eius *B* : *om. Mog.*

senti coupable ; mais d'autres ne doutaient pas qu'en allant ainsi, avec impudence, au-devant de l'accusation, il ne cherchât à détourner les soupçons.

Soumis à la torture peu après, les innocents, puisqu'ils ne savaient rien par eux-mêmes, firent de l'opinion générale la matière de leur dénonciation [6] et désignèrent Zeuxippe et Pisistratos, sans ajouter la moindre preuve montrant qu'ils savaient quelque chose. Cependant Zeuxippe, en compagnie d'un certain Stratonidas [7], se réfugia de nuit à Tanagra, craignant plus sa propre conscience que la dénonciation d'hommes qui n'étaient au courant de rien [8]. Pisistratos, dédaignant les dénonciateurs, resta à Thèbes. Mais Zeuxippe avait un esclave qui avait servi d'intermédiaire et d'agent dans toute cette affaire et que Pisistratos, en redoutant qu'il ne les dénoncât, entraîna, par cette crainte même, à la dénonciation. Pisistratos envoie en effet une lettre à Zeuxippe pour lui demander de supprimer l'esclave complice : il ne lui semble pas, écrit-il, aussi apte à cacher la chose qu'il l'a été à l'exécuter. L'homme qui avait porté la lettre, comme il avait reçu l'ordre de la remettre au plus tôt à Zeuxippe et qu'il n'avait pas eu la possibilité de le joindre immédiatement, la donne précisément à cet esclave, qu'il jugeait le plus fidèle de tous à son maître, et ajoute qu'elle vient de Pisistratos et qu'elle concerne un sujet qui intéresse vivement Zeuxippe. L'esclave, troublé par un sentiment de culpabilité [9], après avoir affirmé qu'il la transmettrait sur-le-champ, la lit de bout en bout, et, effrayé, se réfugie à Thèbes et fait une dénonciation devant les magistrats. Zeuxippe, inquiet de la fuite de l'esclave, gagna alors Anthedon, qu'il jugeait un lieu plus sûr pour un exil [10]. On soumit à la

lacessente, facturum fuisse ; 9 alii non dubitare impudenter obuiam crimini eundo suspicionem auerti.

Torti post paulo insontes, cum scirent ipsi nihil, opinione omnium pro indicio usi Zeuxippum et Pisistratum nominauerunt, nullo adiecto, cur scire quicquam uiderentur, argumento. 10 Zeuxippus tamen cum Stratonida quodam nocte perfugit Tanagram, suam magis conscientiam quam indicium hominum nullius rei consciorum metuens ; 11 Pisistratus, spretis indicibus, Thebis mansit. Seruus erat Zeuxippi, totius internuntius et minister rei, quem indicem Pisistratus timens eo ipso timore ad indicium protraxit. Litteras ad Zeuxippum mittit ut seruum conscium tolleret : 12 non tam idoneum ad celandam rem eum uideri sibi quam ad agendam fuerit. Has qui tulerat litteras iussus Zeuxippo dare quam primum, 13 quia non statim conueniendi eius copia fuit, illi ipsi seruo, quem ex omnibus domino fidissimum credebat, tradit et adicit a Pisistrato de re magno opere pertinente ad Zeuxippum esse. 14 Conscientia ictus, cum extemplo traditurum eas adfirmasset, aperit perlectisque litteris pauidus Thebas refugit et ad magistratus indicium defert. 15 Et Zeuxippus quidem, fuga serui motus, Anthedonem, tutiorem exilio locum ratus, concessit ; de Pisistrato

XXVIII. **9** impudenter obuiam crimini eundo *Bekker* : inprudenter o- c- e- *B* : o- e- impudenter criminis *Frob.*[2] *(in adnot.)* o- e- impudentem (impend- *Frob.*[1]) criminis *Mog. Frob.*[1] || nihil *B* : *om. Mog.* || opinione omnium *B* : opinionem oīm ea *Mog.* || usi *Mog. (u. 38, 18, 4)* : *om. B* || **10** Stratonida *Mog.* : stratio- *B* || perfugit *Mog.* : prof- *B* || nullius *Mog.* : illius *B* || Pisistratus *Mog.* : pistr- *B* (*passim*) || Zeuxippi *B* : -ppo *Mog.* || timore *Frob.*[2] *(in adnot.)* : timore rē *B* rem *Mog.* || indicium *Mog.* : iud- *B* || ut *B* : *om. Mog.* || **12** celandam *B Frob.*[1] : cael- *Mog.* || agendam *B Frob.*[2] *(in adnot.)* : a- rem *Mog.* || tulerat *B* : tulit *Mog.* || iussus *B* : iussit *Mog.* || **13** quia *B Mog* . : is q- *Frob.*[1] || statim *B* : sibi *Mog.* || illi ipsi *B* : ipsi illi *Mog.* || tradit *B* : tradidit *Mog.* || adicit *B* : adiecit *Mog.* || **14** perlectisque *B* : -s *Mog.* || et ad --- defert *B* : *om. Mog.* || **15** Anthedonem *B* : Athenas *Frob.*[2] Atenorem *Mog.*

question Pisistratos et les autres personnes [11] et on les supplicia [12].

XXIX. Ce meurtre souleva chez tous les Thébains et chez tous les Béotiens une haine farouche et implacable à l'égard des Romains, car ils pensaient que Zeuxippe, qui était un personnage important de la nation [1], ne s'était pas décidé à un tel forfait, sans l'avis du général romain [2]. Pour une rébellion, ils ne disposaient ni de troupes, ni de chef. Ils se tournèrent alors vers ce qui était le plus proche de la guerre, le brigandage, attaquant les soldats par surprise, les uns chez leurs hôtes [3], les autres quand ils circulaient çà et là, lors des quartiers d'hiver, pour des besoins variés. Certains étaient abattus sur les chemins mêmes, près de cachettes connues, par des gens qui s'y étaient embusqués, d'autres le furent dans des auberges isolées où ils avaient été entraînés par traîtrise. Finalement ce n'était pas seulement par haine mais aussi par appât du gain que ces exactions étaient commises, car les soldats étaient généralement en permission pour faire du commerce [4], et ils avaient de l'argent dans leur ceinturon. Quand les disparitions, peu nombreuses au début, devinrent de jour en jour plus fréquentes, toute la Béotie commença à être mal famée et les soldats avaient plus peur de sortir du camp [5] que s'ils avaient été en pays ennemi.

Alors Quinctius envoie des députés de cité en cité pour qu'une enquête soit menée sur ces méfaits. Les victimes les plus nombreuses furent trouvées aux abords du marais Kopaïs [a]. Là on exhuma de la vase et on tira de l'eau stagnante des cadavres qui avaient été attachés à des pierres ou à des amphores, pour que le poids les entraînât au fond ; on découvrit que de nombreux meurtres avaient été commis à Acraephia et à Coronée. D'abord Quinctius exigea qu'on lui livre les coupables et que les Béotiens lui versent pour les cinq cents soldats — tel était le nombre des morts ! — cinq

a. Au nord de Thèbes de Béotie. Il est aujourd'hui asséché.

aliisque quaestiones tormentis habitae et sumptum supplicium est.

XXIX. **1** Efferauit ea caedes Thebanos Boeotosque omnis ad execrabile odium Romanorum, credentes non sine consilio imperatoris Romani Zeuxippum, principem gentis, id facinus conscisse. Ad rebellandum neque uires neque ducem habebant ; 2 proximum bello quod erat, in latrocinium uersi alios in hospiti*i*s, alios uagos per hiberna milites ad uarios commeantes usus excipiebant. 3 Quidam in ipsis itineribus ad notas latebras ab insidiantibus, pars in deserta per fraudem deuersoria deducti opprimebantur ; 4 postremo non tantum ab odio sed etiam auiditate praedae ea facinora fiebant, quia negotiandi ferme causa, argentum in zonis habentes, in commeatibus erant. 5 Cum primo pauci, deinde in dies plures desiderarentur, infamis esse Boeotia omnis coepit, et timidius quam in hostico egredi castris miles.

6 Tum Quinctius legatos ad quaerendum de latrociniis per ciuitates mittit. Plurimae caedes circa Copaidem paludem inuentae ; ibi ex limo eruta extractaque ex stagno cadauera, saxis aut amphoris, ut pondere traherentur in profundum, adnexa ; multa facinora Acraephiae et Coroneae facta inueniebantur. 7 Quinctius primo noxios tradi sibi iussit et pro quingentis militibus—tot enim interempti erant—quin-

XXVIII. **15** aliisque *B* : aliquae *Mog.*

XXIX. **1** Efferauit ea *B Frob.*[2] *(in adnot.)* : -uerat *Mog.* || credentes --- Romani *B* : *om. Mog.* || **2** in hospitiis *(script.* -tis*)* B : hospites *Mog.* || commeantes *B Frob.*[2] *(in adnot.)* : -atus *Mog.* || **3** ab *B* : *om. Mog.* || deuersoria deducti *B* : diuersoria deuecti deductique *Mog.* || **4** ab *B* : *om. Mog.* || ea *Mog.* : *om. B* || fiebant *B* : faciebant *Mog.* || argentum in zonis *B Frob.*[1] : argenti mintionis *Mog.* || **5** esse *B Frob.*[1] : ex *Mog.* || Boeotia *Mog.* : boeoti *B* || omnis *B Frob.*[1] : omnes *Mog.* || coepit *B Frob.*[1] : cepit *Mog.* || timidius *Mog.* : dimidius *B* || castris *B Frob.*[2] *(in adnot.)* : ausus *Mog.* || **6** quaerendum *B* : quer- *Mog.* || plurimae caedes *B* : -mi pedites *Mog.* || Copaidem *Frob.*[1] : -pidem *Mog.* -pia idē *B* || inuentae *B* : -ti *Mog.* || Coroneae *Mog.* : -nae *B.* || **7** tot *Mog.* : toti *B* || interempti *B* : -rcepti *Mog.*

cents talents [b]. Comme les Béotiens ne faisaient ni l'un ni l'autre, que les cités présentaient seulement des excuses verbales en disant que rien n'avait été commis sur décision publique, il envoya des députés à Athènes et en Achaïe pour prendre à témoin les alliés qu'il allait engager, conformément au droit et aux traités [6], une guerre contre les Béotiens [7], et, après avoir ordonné à Appius Claudius [c] de gagner Acraephia avec une partie des troupes, il alla avec l'autre assiéger Coronée, après avoir auparavant dévasté les territoires que les deux armées — qui avaient divergé au départ d'Elatée — traversaient.

Effrayés par ces dévastations les Béotiens, devant la terreur et la déroute générales, envoient des députés. Comme on refusait de les recevoir au camp, les Athéniens et les Achéens survinrent. Les prières des Achéens eurent plus d'efficacité, car ils avaient décidé que, s'ils n'obtenaient pas la paix pour les Béotiens, ils feraient aussi la guerre [8]. Grâce à l'intervention des Achéens, les Béotiens eurent l'autorisation de voir le Romain et de parler avec lui : après avoir reçu l'ordre de livrer les coupables et d'apporter à titre d'amende trente talents [9], ils obtinrent la paix et la cessation du siège [10].

Proclamation de la liberté de la Grèce

XXX. Quelques jours après [1], les dix délégués [a] arrivèrent de Rome ; sur leurs conseils la paix fut accordée à Philippe aux conditions suivantes [2] : toutes les cités grecques, celles d'Europe et celles d'Asie [3], devaient jouir de la liberté et de leurs propres lois ; pour celles d'entre elles qui avaient été soumises à Philippe, celui-ci en retirerait ses garnisons et les livrerait, vides de troupes, aux Romains, avant l'époque des Jeux Isthmiques ; il évacuerait en outre

b. Le talent est une unité de poids et de monnaie : il équivaut à quelque vingt-six kilos d'argent, ou — avec la livre romaine de 327 gr. — à 80 livres. L'exigence est donc importante.

c. Appius Claudius Pulcher (*RE* 294 : u. 34, 28, 10 ; 34, 50, 10), consul en 185, et non Appius Claudius Nero, préteur en 195 (*u*. 42, 7 ; 43, 5 et 7 infra).

a. *V.* 24, 7 supra.

genta talenta Boeotos conferre. [8] Quorum neutrum cum fieret, uerbis tantum ciuitates excusarent nihil publico consilio factum esse, missis Athenas et in Achaiam legatis, qui testarentur socios iusto pioque se bello persecuturum Boeotos, [9] et cum parte copiarum Ap. Claudio Acraephiam ire iusso ipse cum parte Coroneam circumsidit, uastatis prius agris qua ab Elatia duo diuersa agmina iere.

[10] Hac perculsi clade, Boeoti, cum omnia terrore ac fuga completa essent, legatos mittunt. Qui cum in castra non admitterentur, Achaei Atheniensesque superuenerunt. [11] Plus auctoritatis Achaei habuerunt deprecantes quia, ni impetrassent pacem Boeotis, bellum simul gerere decreuerant. [12] Per Achaeos et Boeotis copia adeundi adloquendique Romanum facta est iussisque tradere noxios et multae nomine triginta conferre talenta pax data et ab oppugnatione recessum.

XXX. [1] Paucos post dies decem legati ab Roma uenerunt, quorum ex consilio pax data Philippo in has leges est, [2] ut omnes Graecorum ciuitates, quae in Europa quaeque in Asia essent, libertatem ac suas haberent leges ; quae earum sub dicione Philippi fuissent, praesidia ex iis Philippus deduceret uacuasque traderet Romanis ante Isthmiorum tempus ;

XXIX. **7** Boeotos *Mog.* : a boetos *B* || **8** quorum neutrum cum fieret *Mog.* : utrum cum f- n- *B* || socios *B* : sociis *Mog.* || se bello *B* : b- se *Mog.* || **9** et *B Frob.*[2] : *om. Mog* || Ap. *B* : P. *Mog.* || Acraephiam *Mog.* : acrepiã *B* || ipse *B* : *om. Mog.* || circumsidit *B* : -sedit *Mog.* || uastatis *B* : eu- *Mog.* || qua *B Frob.*[2] *(in adnot.)* : quam *Mog.* || Elatia *Mog.* : -io *B* || iere *B Frob.*[1] : fere *Mog.* || **10** completa essent *B* : -plessent *Mog.* || **11** quia ni *B* : ac qui *Mog.* ac ni *Frob.*[1] || decreuerant *B* : -runt *Mog.* || **12** copia *Mog.* : -am *B* || iussisque *Mog.* : iussusque *B* || tradere *B Frob.*[1] : trahere *Mog.* || conferre *Mog* : -rret *B* || talenta *hoc loco B* : *ante* conferre *Mog.* || ab *Mog.* : ad *B.*

XXX. **1** Paucos post *B* : post paucos *Mog.* || **2** ut *B* : *om. Mog.* || haberent leges *B* : l- h- *Mog.* || uacuas --- tempus *B* : *om. Mog.*

celles qui se trouvaient en Asie : Euromos, Pedasa, Bargylia, Iasos, Myrina, Abydos, Thasos, et Perinthos [b], car on souhaitait qu'elles aussi fussent libres. Pour ce qui était de la libération des gens de Kios [c], Quinctius écrirait à Prusias, roi de Bithynie, ce que le sénat et les dix délégués avaient décidé ; Philippe rendrait aux Romains les prisonniers et les déserteurs et livrerait tous les bateaux couverts [d], à l'exception de cinq et du navire royal, qui était presqu'impropre à manœuvrer en raison de sa taille et qu'actionnaient seize rangs de rameurs [4] ; on interdisait au roi d'avoir plus de cinq mille soldats et le moindre éléphant [5], de faire la guerre hors de Macédoine, sans l'ordre du sénat [6] ; il donnerait mille talents au peuple romain, une moitié immédiatement, l'autre en dix annuités [7]. Valerius Antias rapporte qu'un tribut annuel de quatre mille livres d'argent fut imposé au roi pendant dix ans [8]. Claudius parle d'un tribut de quatre mille deux cents livres par an pendant trente ans et de vingt mille immédiatement [9]. Il écrit aussi que fut ajoutée, explicitement, l'interdiction de faire la guerre contre Eumène [e], fils d'Attale : il était roi depuis peu. Pour garantir ces clauses, on prit des otages, parmi lesquels Demetrios, fils de Philippe [10]. Antias Valerius [11] ajoute que l'île d'Égine et les éléphants furent attribués à Attale, malgré son absence [12], et que Stratonicée et les autres villes de Carie qu'avait occupées Phi-

b. Même énumération chez Polybe (18, 44), que Tite-Live suit de près dans ce début, mais en ajoutant que ces villes sont en Asie — ce qui est une erreur en ce qui concerne Myrina, Thasos et Perinthos : Myrina est sur l'île de Lemnos, Thasos est une île du nord de la mer Égée, Perinthos est une ville située en Thrace ; quant à Euromos, Pedasa, Iasos et Bargylia, elles sont en Carie, au sud de l'Asie Mineure, Abydos est au nord sur la côte méridionale de l'Hellespont. Observons que certaines de ces cités viennent sans doute d'être prises par Antiochus, mais il n'est pas sûr que le sénat le sache.

c. En Bithynie. La ville a été prise par Prusias avec l'aide de Philippe (*u.* Liv., 32, 34, 6 et Pol., 15, 22).

d. Ce sont les *cataphractes*, à bordages relevés pour protéger les rameurs des traits.

e. Eumène II, qui règna de 197 à 159.

3 *de*duceret *e*t ex iis, quae in Asia essent, Euromo Pedasisque et Bargyli*i*s et Iaso et Myrina et Abydo et Thaso et Perintho : eas quoque enim placere liberas esse ; 4 de Cianorum libertate Quinctium Prusiae, Bithynorum regi, scribere, quid senatui et decem legatis placuisset ; 5 captiuos transfugasque reddere Philippum Romanis et nauis omnis tectas tradere praeter quinque et regiam unam, inhabilis prope magnitudinis, quam sedecim uersus remorum agebant ; 6 ne plus quinque milia armatorum haberet neue elephantum ullum ; bellum extra Macedoniae fines ne iniussu senatus gereret ; 7 mille talentum daret populo Romano, dimidium praesens, dimidium pensionibus decem annorum. 8 Valerius Antias quaternum milium pondo argenti uectigal in decem annos inpositum regi tradit ; Claudius in annos triginta quaterna milia pondo et ducena, <in> praesens uiginti milia pondo. 9 Idem nominatim adiectum scribit, ne cum Eumene, Attali filio, —nouus is tum rex erat—bellum gereret. 10 In haec obsides accepti, inter quos Demetrius, Philippi filius. Adicit Antias Valerius Attalo absenti Aeginam insulam elephantosque dono datos 11 et Rhodiis Stratoniceam Cariaeque alias

XXX. **3** deduceret et ex *Kreyssig* : duceret ex *B* duceret ut ex B^1 *om. Mog.* || Euromo Pedasisque *Frob.*^{2} *(in textu)* : Euromo Pedassoque *Frob.*^{2} *(in adnot.)* Burū ope DASISq ; *(sic) B* Euromo Pisidisque *Mog.* || Bargyliis *Sig.* : -llis *B Mog* . || Iaso *B* : Iasso *Mog.* || **4** libertate *Mog* : -atē *B* || Quinctium *B* : Quintius *Mog.* || Prusiae *Mog.* : br- *B* || Bithynorum *B* : -niorum *Mog.* || regi *Mog.* : regis *B* || scribere *B* : -ret *Mog.* || **5** praeter quinque *B* : quin *Mog.* || **6** quinque milia *B* : quingentis *Mog.* || armatorum *Mog.* : arment- *B* || haberet *Mog.* : -re *B* || **7** Romano *Mog. : om. B* || praesens dimidium *Mog.* : *om. B* || **8** inpositum --- annos *B (at* regit *script.)* : *om. Mog.* || ducena in *Weissenborn* : ducentum in *Madvig* ducentū *B* ducenta *Mog.* || milia *Mog. : om. B* || **9** ne cum Eumene *Frob.*^{1} : nec cum E- *Mog.* cū ne eū eni *B* || **10** absenti *Mog.* : -te *B* || Antias Valerius *B* : V- A- *Mog. (u. 40, 29,8)* || **11** Cariaeque *B* : Cariae atque *Mog.*

lippe le furent aux Rhodiens [13]. Aux Athéniens on remit les îles de Lemnos [f], Imbros, Délos et Skyros [14].

XXXI. Alors que toutes les cités grecques approuvaient cette paix [1], seuls les Étoliens critiquaient secrètement, en chuchotant [2], les décisions des dix délégués : c'étaient, disaient-ils, des mots creux, avec, en trompe-l'œil, une vaine apparence de liberté ; pourquoi en effet des villes, sans être nommées, étaient-elles livrées aux Romains, alors que d'autres étaient spécifiées et recevaient la liberté sans leur être livrées, sinon pour libérer les villes d'Asie protégées par leur éloignement [a], et pour prendre, sans les désigner, celles de Grèce : Corinthe, Chalcis, Oreos, ainsi qu'Éretrie et Demetrias [3] ? Et cette accusation n'était pas complètement dénuée de fondement [4]. Le sort de Corinthe, de Chalcis et de Demetrias en effet restait incertain, parce que, dans le sénatus-consulte en vertu duquel les dix délégués avaient été envoyés de Rome, toutes les villes de Grèce et d'Asie étaient sans doute libérées, mais, pour ces trois villes, les délégués avaient reçu l'ordre de faire et de décider, conformément à l'intérêt public et à leur conscience [5], ce que les circonstances réclameraient pour l'État [b]. Il y avait le roi Antiochus, dont ils ne doutaient pas qu'il passerait en Europe, dès que ses forces lui paraîtraient suffisantes. Les délégués ne voulaient pas que lui fussent ouvertes des villes d'une position si stratégique [6].

Quinctius partit d'Élatée pour Anticyre avec les dix délégués et passa de là à Corinthe. Dans cette ville, pendant des journées presqu'entières, les dix délégués débattirent en

f. La remise a eu lieu en fait en 167 (Pol., 30, 20, 7). Lemnos est plus vraisemblable que Paros (*u.* app. crit.), car elle est associée à Délos à cette occasion. Mais il n'est pas parlé alors d'Imbros et de Skyros. Ces îles sont toutes situées dans la mer Egée : Lemnos et Imbros au nord, Délos au centre et Skyros au large de l'Eubée.

a. *V.* note à 30, 4 supra : certaines ne sont pas en fait en Asie.

b. Ces trois villes occupaient des positions-clés : Chalcis menaçant Béotiens, Eubéens et Locriens ; Corinthe fermant le Péloponnèse, Demetrias gardant Étolie et Magnésie (Appien, *Mac.*, 9, 8). Philippe les appelait « les entraves de la Grèce » : *u.* Tite-Live, 32, 37, 4.

urbes quas Philippus tenuisset ; Atheniensibus insulas datas Lemnum, Imbrum, Delum, Scyrum.

XXXI. [1] Omnibus Graeciae ciuitatibus hanc pacem adprobantibus, soli Aetoli decretum decem legatorum clam mussantes carpebant : [2] litteras inanis uana specie libertatis adumbratas esse ; cur enim alias Romanis tradi urbes nec nominari eas, alias nominari et sine traditione liberas iuberi esse, [3] nisi quod, quae in Asia sint, liberentur, longinquitate ipsa tutiores, quae in Graecia sint, ne nominatae quidem, intercipiantur, Corinthus et Chalcis et Oreus cum Eretria et Demetriade ? [4] Nec tota ex uano criminatio erat. Dubitabatur enim de Corintho et Chalcide et Demetriade, quia in senatus consulto, quo missi decem legati ab urbe erant, ceterae Graeciae atque Asiae urbes haud dubie liberabantur, [5] de *i*is tribus urbibus legati, quod tempora rei publicae postulassent, id e re publica fideque sua facere ac statuere iussi erant. [6] Antiochus rex erat, quem transgressurum in Europam, cum primum ei uires suae satis placuissent, non dubitabant ; ei tam opportunas ad occupandum patere urbes nolebant.

[7] Ab Elatia profectus Quinctius Anticyram cum decem legatis, inde Corinthum traiecit. Ibi consilia de libertate

XXX. **11** Lemnum *B* : Paron *Mog.*

XXXI. **1** decretum *B* : id d- *Mog.* || legatorum *B Frob.*[2] *(in adn.)* : *om. Mog.* || clam mussantes *B Frob.*[2] *(in adn.)* : clamium sanies *Mog.* || **2** inanis uana *B Frob.*[1] : inane una *Mog.* || liberas iuberi *B* : iubere l- *Mog.* || **3** quod quae *B* : quaeque *Mog.* ut quae *Frob.*[2] || liberentur *B Frob.*[2] *(in adn.)* : libenter *Mog.* || quidem *B* : *om. Mog.* || Oreus (Oreum *Frob.*[2] *in adn.*) --- Demetriade *B Frob.*[2] *(in adn.)* : Oricum (Oreum *Frob.*[1]) et Demetrias *Mog. Frob.*[1] || **4** urbes *B* : *om. Mog.* || **5** iis *edd.* : his *B Mog.* || quod tempora *B Frob.*[2] *(in adn.)* : quo -re *Mog.* || rei publicae *B Frob.*[2] *(in adn.)* : Po. Romanus *Mog.* || postulassent *B Frob.*[2] *(in adn.)* : -sset *Mog.* || ac *B* : *om. Mog.* || **6** uires suae satis *B* : res suae *Mog.* || ei tam *Mog.* : et iam *B* || **7** profectus Quinctius *B : om. Mog.* || consilia -- concilio *B* : consilia *Frob.*[1] consuli *Mog.*

conseil de la liberté de la Grèce. À plusieurs reprises Quinctius dit que toute la Grèce devait être libérée, si l'on voulait clouer le bec aux Étoliens, créer chez tous une affection et un respect réels pour Rome, et prouver que les Romains avaient traversé la mer pour libérer la Grèce et non pour faire passer le pouvoir des mains de Philippe dans les leurs. Les autres ne lui opposaient rien touchant la liberté des villes, mais il leur semblait plus sûr, pour ces cités mêmes, de rester quelque temps sous la garde de Rome que d'avoir pour maître Antiochus après Philippe [7]. Enfin on décida ceci : Corinthe devait être rendue aux Achéens, mais avec maintien d'une garnison à Acrocorinthe ; Chalcis et Demetrias seraient gardées [8] jusqu'à ce que l'on n'ait plus de souci à propos d'Antiochus [9].

XXXII. La date fixée pour les Jeux Isthmiques [a] était arrivée. Certes ceux-ci, même en d'autres circonstances, attiraient toujours la foule en raison d'abord du goût, naturel à cette race, pour ces spectacles où l'on voit des compétitions de toutes sortes mettant en jeu l'art, la force et l'agilité, en raison aussi surtout du fait que, grâce à la situation de ce lieu qui offrait aux hommes, avec ses deux mers opposées, tous les produits utiles, cette foire réunissait l'Asie et la Grèce [1]. Mais cette fois ils n'étaient pas venus de partout seulement pour leurs habituels besoins, mais parce qu'ils étaient impatients de savoir quel serait le statut à venir de la Grèce et quel serait leur propre sort. Ils ne se contentaient pas d'avoir à part soi chacun une opinion différente, mais ils discutaient de ce que feraient les Romains : pratiquement personne ne croyait qu'ils abandonneraient la Grèce entière [2].

a. Les jeux les plus célèbres de la Grèce après ceux d'Olympie. Fondés, disait-on, par Poséidon et Hélios, ils comprenaient des concours musicaux, poétiques et athlétiques, avaient lieu tous les deux ans, et étaient organisés par Corinthe. Ils se déroulaient à cette époque sûrement entre fin avril et début juillet (*u*. Thuc., VIII, 7-10 et Xen., *Hell.*, IV, 5, 2 ; Unger, *Philol.* 37, 1878, p. 1 sqq. ; K. Schneider, *RE*, IX, col. 2249) : ils durent cette année-là prendre place soit en juin, soit au début de juillet (= octobre romain). Tous les Grecs, sauf les Éléens, pouvaient y participer : des Romains s'y présentèrent dès 228. Néron s'y illustra.

Graeciae dies prope totos in concilio decem legatorum agitabantur. [8] Identidem Quinctius liberandam omnem Graeciam, si Aetolorum linguas retundere, si ueram caritatem ac maiestatem apud omnis nominis Romani uellent esse, [9] si fidem facere ad liberandam Graeciam non ad transferendum a Philippo ad se imperium sese mare traiecisse. [10] Nihil contra ea de libertate urbium alii dicebant ; ceterum ipsis tutius esse manere paulisper sub tutela praesidii Romani quam pro Philippo Antiochum dominum accipere. [11] Postremo ita decretum est : Corinthus redderetur Achaeis, ut in Acrocorintho tamen praesidium esset ; Chalcidem ac Demetriadem retineri donec cura de Antiocho decessisset.

XXXII. [1] Isthmiorum statum ludicrum aderat, semper quidem et alias frequens cum propter spectaculi studium insitum genti, quo certamina omnis generis artium uiriumque et pernicitatis uisuntur, [2] tum quia, propter opportunitatem loci, per duo diuersa maria omnium rerum usus ministrantis humano generi, concilium Asiae Graeciaeque is mercatus erat ; [3] tum uero non ad solitos modo usus undique conuenerant, sed expectatione erecti qui deinde status futurus Graeciae, quae sua fortuna esset ; alii alia non taciti solum opinabantur, sed sermonibus etiam ferebant Romanos facturos ; uix cuiquam persuadebatur Graecia omni cessuros.

XXXI. **7** agitabantur *B* : tractab- *Mog.* || **8** retundere *Mog.* : -ret *B* || ac *B* : *om. Mog.* || nominis Romani *Mog.* : romanorum *B* || **9** fidem *B Frob.*[1] : idem esse idem *Mog.* || a *B* : *om. Mog.* || ad se *B Frob.*[1] : adesse *Mog.* || sese *B* : esse *Mog.* se *Frob.*[1] || **10** praesidii *B Frob.*[2] *(in adn.)* : Po. *Mog.* || dominum accipere *B* : dominium accipi *Mog.* dominum accipi *Frob.*[1] || **11** Corinthus *Mog.* : -thum *B* || Acrocorintho *Frob.*[2] : agro Corinthio *B Mog.* || retineri *Mog.* : -re *B*

XXXII. **1** Isthmiorum *B Frob.*[2] *(in adn.)* : Nemeorum *Mog.* || quo *B Frob.*[1] : *om. Mog.* || artium *B Frob.*[1] : antium *Mog.* || et *B* : *om. Mog.* ac *Frob.*[1] || **2** rerum *B Mog.* : Graecorum *Frob.*[1] || usus -- usus *B* : *om. Mog.* || **3** conuenerant *B* : -rat *Mog.* commune erat *Frob.*[1] conuentus erat *Frob.*[2] || alia *B* : *om. Mog.* || ferebant *B* : ser- *Mog.* || Romanos *B Mog.* : -ni *Frob.*[2] || facturos -- cessuros *B* : *om. Mog. Frob.*[1] || persuadebatur *B*[1] *Mog.* : -bant *B ?*

Ils s'étaient assis pour le spectacle quand le héraut s'avança, suivant la coutume, avec un trompette, au milieu de l'arène, là où l'on a l'habitude de déclarer par une formule rituelle les jeux ouverts. La sonnerie ayant imposé le silence, le héraut fit la proclamation suivante : « Le sénat romain [3] et Titus Quinctius, imperator [4], après la défaite du roi Philippe et des Macédoniens, ordonnent que soient libres et exempts de tribut, que jouissent de leurs propres lois les Corinthiens, les Phocidiens et tous les Locriens [b], ainsi que l'île d'Eubée, les Magnètes [c], les Thessaliens, les Perrhébiens et les Achéens de la Phthiotide [5] ».

Il avait énuméré tous les peuples qui avaient été soumis au roi Philippe. À ces mots du héraut, la joie fut telle que les gens ne purent la ressentir pleinement. Chacun avait peine à croire qu'il avait bien entendu et, étonnés, ils se regardaient comme devant l'apparition illusoire d'un rêve [6]. Chacun interrogeait ses voisins sur le point qui le concernait, car il n'en croyait pas du tout ses oreilles.

Le héraut fut rappelé parce que tous voulaient non seulement entendre mais voir le messager de leur liberté : il refit la même proclamation. Alors, comme la joie était désormais sûre, de tels applaudissements, de tels cris s'élevèrent et se répétèrent si souvent qu'on vît aisément qu'aucun bien n'était plus cher à la foule que la liberté [7]. Les jeux furent ensuite enlevés rapidement, sans que quiconque prêtât au spectacle attention ou regard : tant une joie unique s'était emparée d'eux en les rendant insensibles à tous les autres plaisirs.

b. Il y avait au moins deux Locrides : celle de l'ouest et celle de l'est : celle de l'ouest étant située au nord du golfe de Corinthe et étant dite *Ozolienne* et celle de l'est se subdivisant en *Epicnémidique* (près de la chaîne Cnémis) sur le golfe Maliaque au nord de l'Eubée et en *Opuntienne* (de la ville d'Opous) contiguë, sur l'Euripe. Celle de l'ouest étant déjà étolienne, il ne peut s'agir ici que des deux Locride de l'est (d'où sans doute *Locrenses omnes* chez Tite-Live), probablement prises par Philippe en 208. Sur le sort réel fait à ces Locriens, ainsi qu'aux Phocidiens, voir infra 34, 8.

c. Habitants de la Magnésie, à l'ouest de la Thessalie. La Perrhébie était quelquefois considérée elle-même comme une partie de la Thessalie.

4 Ad spectaculum consederant, et praeco cum tubicine, ut mos est, in mediam aream, unde sollemni carmine ludicrum indici solet, processit et, tuba silentio facto, ita pronuntiat : 5 « Senatus Romanus et T. Quinctius imperator, Philippo rege Macedonibusque deuictis, liberos, inmunes, suis legibus esse iubet Corinthios, Phocenses, Locrensesque omnis et insulam Euboeam et Magnetas, Thessalos, Perrhaebos, Achaeos Phthiotas. »

6 Percensuerat omnis gentis quae sub dicione Philippi regis fuerant. Audita uoce praeconis, maius gaudium fuit quam quod uniuersum homines acciperent. 7 Vix satis credere se quisque audisse, et alii alios intueri mirabundi uelut ad somni uanam speciem ; quod ad quemque pertinebat, suarum aurium fidei minimum credentes, proximos interrogabant.

8 Reuocatus praeco, cum unusquisque non audire modo sed uidere libertatis suae nuntium aueret, iterum pronuntiauit eadem. 9 Tum ab certo iam gaudio tantus cum clamore plausus est ortus totiensque repetitus ut facile appareret nihil omnium bonorum multitudini gratius quam libertatem esse. 10 Ludicrum deinde ita raptim peractum est ut nullius nec animi nec oculi spectaculo intenti essent ; adeo unum gaudium praeoccupauerat omnium aliarum sensum uoluptatium.

XXXII. **4** consederant *B* : -runt *Mog.* || aream *B* : arenam *Mog.* || solemni *B* : -enni *Mog.* || ludicrum *Mog.* : lucridum *B* || tuba *Mog.* : turba *B* || **5** Macedonibusque *Mog.* : -quae *B* || Perrhaebos *B* : -bios *Mog.* || Phthiotas *Frob.*[2] *(in adn.).* : Pthiotas *B* Tietas *Mog.* || **6** uniuersum *B Frob.*[2] *(in adn.)* : -si *Mog.* || acciperent *B Mog* . : caperent *Frob.*[2] *(in adn.)* || **7** audisse *Mog.* : -et *B* || ad *B* : *om. Mog.* || pertinebat *B* : -neret *Mog.* || **8** unusquisque *Mog.* : --is *B* || modo *B* : *om. Mog.* || aueret *Mog.* : haberet *B* || pronuntiauit *B* : -aret *Mog.* || **9** tantus *Mog.* : -ū *B* || totiensque *B* : -esque *Mog.* || **10** omnium *B Frob.*[2] *(in adn.)* : omnem *Mog.* || aliarum *B Frob.*[2] *(in adn.)* : aliorum *Mog.* || sensum *B Frob.*[2] *(in adn.)* : -suum *Mog.* || uoluptatium *B* : -atum *Frob.*[2] *(in adn.)* -atem *Mog.*

XXXIII. Les jeux terminés, presque tous les gens coururent vers le général romain, au point qu'il faillit être en danger à cause de cette foule qui se précipitait au même endroit, qui désirait l'approcher, toucher sa main droite [1] et qui lui jetait des couronnes et des rubans [2]. Mais il avait environ trente-trois ans [3] et sa jeunesse, mais surtout la joie éprouvée devant ces récompenses remarquables que lui valait sa gloire lui donnaient la force nécessaire [4]. Et ce ne fut pas seulement à ce moment que l'allégresse se manifesta, mais, pendant des jours, elle se renouvela par des sentiments et des expressions de gratitude [5] : il y avait, disait-on, sur la terre un peuple qui, en dépensant son argent et sa peine, en affrontant les périls, faisait la guerre pour la liberté des autres et qui ne rendait pas ce service à des nations limitrophes, ou très voisines ou à des habitants de son continent [6], mais qui traversait les mers pour qu'il n'y eût pas dans le monde entier de pouvoir inique, pour que partout la justice, les lois divines et humaines fussent les plus puissantes ; il avait suffi de la proclamation du héraut pour que toutes les villes de Grèce et d'Asie fussent libérées ; concevoir une telle espérance montrait un esprit audacieux, la réaliser, un courage et une bonne fortune extraordinaires [7].

XXXIV. Après les Jeux Isthmiques, Quinctius et les dix délégués écoutèrent les députations des rois, des peuples et des cités [1]. On appela, avant tous les autres, les envoyés [a] du roi Antiochus. Comme ils racontaient, en n'offrant pas de garantie réelle, les mêmes choses à peu près qu'à Rome [2],

a. Polybe donne leurs noms : Hegesianax et Lysias (18, 47,4). Sur ce passage chez Polybe, *u.*Tränkle, p. 43, qui pense que le compilateur a dû modifier le texte grec.

XXXIII. [1] Ludis uero dimissis, cursu prope omnes tendere ad imperatorem Romanum, [2] ut, ruente turba in unum adire, contingere dextram cupientium, coronas lemniscosque iacientium, haud procul periculo fuerit. [3] Sed erat trium ferme et triginta annorum, et cum robur iuuentae tum gaudium ex tam insigni gloriae fructu uires suppeditabat. [4] Nec praesens tantum modo effusa est laetitia, sed per multos dies gratis et cogitationibus et sermonibus renouata : [5] esse aliquam in terris gentem quae sua inpensa, suo labore ac periculo bella gerat pro libertate aliorum [6] nec hoc finitimis aut propinquae uicinitatis hominibus aut terris continentibus iunctis praestet, [7] sed maria traiciat, ne quod toto orbe terrarum iniustum imperium sit, ubique ius, fas, lex potentissima sint. [8] Vna uoce praeconis liberatas omnis Graeciae atque Asiae urbes ; hoc spe concipere audacis animi fuisse, ad effectum adducere et uirtutis et fortunae ingentis.

XXXIV. [1] Secundum Isthmia Quinctius et decem legati legationes regum gentium ciuitatiumque audiuere. [2] Primi omnium regis Antiochi uocati legati sunt. Iis eadem fere quae Romae egerant uerba sine fide rerum iactantibus,

XXXIII. **2** dextram *Mog.* : -a *B* ‖ lemniscosque iacientium *Frob.*[1] (lemmi-) : lemnis (liminis *Mog.*) quosque iacentium *B Mog.* ‖ periculo *Mog.* : e p- *B* ille p- *coni. Kreyssig* ‖ fuerit *B Frob.*[1] : f- is *Mog.* ‖ **3** trium *B Mog.* : duorum *Tränkle* ‖ ex tam *Frob.*[1] : exta *B* et tam *Mog.* ‖ gloriae fructu *Mog.* : -a et fructus *B* ‖ suppeditabat *B Mog.* : -bant *Frob.*[1] ‖ **4** tantum *B* : oīm *Mog.* omnium *Frob.*[1] ‖ est laetitia *B* : l- est *Mog.* ‖ gratis *Mog.* : -tiis *B* ‖ renouata *B* : reuocata *Mog.* ‖ **5** inpensa *B* : imp- *Mog.* ‖ periculo *Mog.* : -uro *B* ‖ **6** continentibus *B* : -enti *Mog.* ‖ praestet *Mog.* : praeesset *B* ‖ **7** sed *B* : *om. Mog.*. ‖ sit *B* : sit et *Mog.* ‖ **8** liberatas *Frob.*[1] : -rtas *B Mog.* ‖ omnis *B Frob.*[1] : ad oēs *Mog.* ‖ concipere *B* : -pi *Mog.* ‖ ad *B Frob.*[1] *: om. Mog. del. B*[1] *?* ‖ adducere et *B* : -ceret *Mog.* ducere *Frob.*[1] adducere *Frob.*[2] ‖ ingentis *B* : g- *Mog.*

XXXIV. **1** Isthmia *B* : ista *Mog.* ista iam *Frob.*[2] ‖ gentium ciuitatiumque *Mog.* : gentiumque *B* ciuitatium gentiumque *coni. Briscoe* ‖ **2** fere quae *B* : q- f- *Mog.* ‖ egerant *B* : erant *Mog.* ‖ iactantibus *B Frob.*[2] *(in adn.)* : iactata *Mog.*

on signifia à Antiochus, sans plus user de détours comme avant, quand la puissance de Philippe était intacte et la situation incertaine, mais clairement, de quitter les villes d'Asie qui avaient été au pouvoir du roi Philippe et du roi Ptolémée [3], de laisser tranquilles les cités libres [b], de ne pas en attaquer une seule [4] : toutes les villes grecques, partout, disait-on, devaient jouir de la paix et de la liberté. On lui signifia surtout de ne pas venir lui-même en Europe et de ne pas y faire passer de troupes [5].

Les envoyés du roi congédiés, on commença à tenir l'assemblée des cités et des peuples [6]. Cette rencontre se déroula d'autant plus rapidement que les décisions des dix délégués étaient spécifiées nommément à chaque cité [7]. On rendit aux Orestiens — il s'agit d'un peuple de Macédoine [c] — leurs propres lois, parce qu'ils avaient été les premiers à abandonner le roi. On déclara libres aussi les Magnètes, les Perrhébiens et les Dolopes [d]. Aux Thessaliens, outre la liberté, on donna les Achéens de la Phthiotide, excepté Thèbes de Phthiotide [8] et Pharsale. Comme les Étoliens demandaient qu'on leur restituât Pharsale et Leucas [e] en vertu du traité [9], on les renvoya au sénat [10]. Cependant les Phocidiens et les Locriens leur furent annexés — une situation qui avait été la leur dans le passé, mais qui fut sanctionnée par un décret [11]. Corinthe, la Triphylie et Heraea (c'est aussi une ville du Péloponnèse [f]) furent rendues aux Achéens [12]. Les dix délégués, contre l'avis de Quinctius, voulaient donner Oreos et Éretrie à Eumène, fils du roi Attale [g]. Ce fut le seul point renvoyé au sénat, sénat qui donna la liberté à ces cités, en y

b. Par exemple Lampsaque et Smyrne (*u*. infra 38, 1-3).

c. Thucydide (II, 80) les considérait comme des Épirotes. Ils étaient macédoniens depuis le IVe siècle.

d. Les Dolopes ne rentrèrent donc pas dans la confédération étolienne (*u*. Ferrary, p. 102, n. 183).

e. Ville prise par Lucius Quinctius Flamininus, on l'a vu (ch. 17 supra).

f. En Arcadie occidentale, près de l'Alphée.

g. Ces villes d'Eubée avaient été prises par les Romains avec l'aide d'Attale.

[3] nihil iam perplexe, ut ante, cum dubiae res, incolumi Philippo, erant, sed aperte denuntiatum, ut excederet Asiae urbibus quae Philippi aut Ptolomaei regum fuissent, abstineret liberis ciuitatibus, neu quam lacesseret armis : et in pace et in libertate esse debere omnis ubique Graecas urbes. [4] Ante omnia denuntiatum ne in Europam aut ipse transiret aut copias traiceret.

[5] Dimissis regis legatis, conuentus ciuitatum gentiumque est haberi coeptus ; eoque maturius peragebatur quod decreta decem legatorum <in> ciuitates nominatim pronuntiabantur. [6] Orestis—Macedonum ea gens est—, quod primi ab rege defecissent, suae leges redditae. Magnetes et Perrhaebi et Dolopes liberi quoque pronuntiati. [7] Thessalorum genti praeter libertatem concessam Achaei Phthiotae dati, Thebis Phthioticis et Pharsalo except*a*. Aetolos de Pharsalo et Leucade postulantes ut ex foedere sibi restituerentur ad senatum reiecerunt. [8] Phocenses Locrensesque, sicut ante fuerant, adiecta decreti auctoritate, iis contribuerunt. [9] Corinthus et Triphylia et Heraea—Peloponnesi et ipsa urbs est—redditae Achaeis. [10] Oreum et Eretriam decem legati Eumeni, regis Attali filio, dabant, dissentiente Quinctio ; ea una res in arbitrium senatus reiecta est ; senatus libertatem

XXXIV. **3** perplexe *Mog.* : perflexe *B* ‖ incolumi *Mog.* : -ū *B* ‖ denuntiatum *B* : pronun- *Mog.* ‖ quae *B* : quae aut *Mog.* ‖ abstineret *B Frob.*[1] : -rēt *Mog.* ‖ liberis *B* : -ras *Mog.* ‖ ciuitatibus --- debere *B* : *om. Mog* ‖ neu quam *Madvig* : ne umquam *B* ‖ omnis ubique *B* : omnesq ; *Mog.* ‖ urbes ante *(script.* a- u-*) B* : ante Mog. ‖ **5** ciuitatum gentiumque *B* : gentium ciuitatiumque *Mog.* ‖ decreta *Mog.* : -to *B* ‖ in *Crevier* : *om. B Mog.* ‖ pronuntiabantur *B* : -abāt *Mog.* ‖ **6** Orestis *Mog.* : opertis *B* ‖ Magnetes *Mog.* : magnaetes *B* ‖ **7** Achaei *B Frob.*[2] *(in adn.)* : *om. Mog.* ‖ Phthiotae *Mog.* : pt- *B* ‖ excepta *Kreyssig* : -to *B Mog.* ‖ **8** Locrensesque *B* : Locrenses et quae *Mog.* ‖ **9** Triphylia : *hic inc. denuo frag. F* ‖ et Heraea *F Mog.* : haerea *B* ‖ Peloponnesi *Mog.* : peloponnensi *F B* ‖ redditae *F* : -ta *B Mog.* ‖ **10** Oreum *B Frob.*[2] *(in adn.)* : Phocaeam *Mog.* ‖ Eumeni *Mog.* : cū ni *B* ‖ regis *F ? B* : regi *Mog.* ‖ ea una *B* : una *Mog.* uenit *Frob.*[1] ‖ reiecta est ; senatus *F B* : r- est *Frob.*[1] *om. Mog.*

ajoutant Karystos [h]. Lychnidos et les Parthiniens[13] furent donnés à Pleuratos [i] : ces deux peuples illyriens avaient été soumis à Philippe. On invita Amynander [j] à garder les places-fortes qu'il avait prises et enlevées à Philippe pendant la guerre [14].

XXXV. L'assemblée fut congédiée et les dix délégués, après s'être réparti la tâche, partirent dans des directions différentes, chacun pour libérer les cités de sa région. P. Lentulus [a] alla à Bargylia [b], L. Stertinius [c] à Hephestia [d], à Thasos [e] et dans les villes de Thrace [f], P. Villius [g] et L. Terentius [h] auprès du roi Antiochus, Cn. Cornelius [i] auprès de Philippe [1]. Cornelius exposa au roi les mesures concernant les points mineurs, puis il lui demanda s'il pouvait écouter un conseil non seulement utile, mais vital. Comme le roi disait qu'il lui serait même reconnaissant, s'il lui faisait quelque proposition intéressante [2], le Romain l'engagea vivement, puisqu'il avait obtenu la paix, à envoyer des ambassadeurs à Rome pour demander alliance et amitié : ainsi il éviterait, si Antiochus entreprenait quelque chose, de paraître avoir attendu et cherché des occasions pour reprendre la guerre. C'est aux Tempé [j] de Thessalie que la rencontre avec Philippe eut lieu [3]. Celui-ci ayant répondu qu'il enverrait aussitôt des ambassadeurs, Cornelius alla aux Thermopyles,

h. Ville à l'extrême sud de l'Eubée. Selon Briscoe (*ad loc.*,), c'est Eumène qui a dû demander que l'on considérât son cas.

i. Pleuratos, roitelet illyrien, qui avait envahi la Macédoine (*u.* 31, 28, 1 sqq).

j. Roi des Athamans.

a. P. Cornelius Lentulus Caudinus (*RE*, 214). Préteur en 203.

b. Voir n. à 18, 19 et 30, 3 supra.

c. Voir n. à 27, 3.

d. Sur l'île de Lemnos, au large de la Mysie.

e. Voir n. à 30, 3.

f. Perinthos entre autres, voir n. à 30, 3.

g. Voir n. à 24, 7.

h. L. Terentius Massiliota : (*RE* 58). Il sera préteur en 187.

i. Sans doute Cn. Cornelius Lentulus (*RE* 176), consul en 201. Ce n'était pas un ami de Scipion. L'initiative qu'il va prendre et qui surprend un peu doit être toute personnelle.

j. Voir n. à 10, 6 supra.

his ciuitatibus dedit, Carysto adiecta. 11 Pleurato Lyc*h*nidus et Parthini dati ; Illyriorum utraque gens sub dicione Philippi fuerant. Amynandrum tenere iusserunt castella quae per belli tempus Philippo capta ademisset.

XXXV. 1 Dimisso conuentu decem legati, partiti munia inter se, ad liberandas suae quisque regionis ciuitates discesserunt, 2 P. Lentulus Bargylias, L. Stertinius Hephaestiam et Thasum et Thraciae urbes, P. Villius et L. Terentius ad regem Antiochum, Cn. Cornelius ad Philippum. 3 *Q*ui, de minoribus rebus editis mandatis, percunctatus si consilium non utile solum sed etiam salutare admittere auribus posset, 4 cum rex gratias quoque se acturum diceret, si quid quod in rem suam esset expromeret, 5 magno opere ei suasit, quoniam pacem impetrasset, ad societatem amicitiamque petendam mitteret Romam legatos, 6 ne, si quid Antiochus moueret, expectasse et temporum opportunitates captasse ad rebellandum uideri posset. 7 Ad Tempe Thessalica Philippus est conuentus. Qui cum se missurum extemplo legatos respondisset, 8 Cornelius Thermopylas, ubi frequens Graeciae

XXXIV. **10** Carysto adiecta *F B* : Caristo ac *Mog.* Scerdileto ac *Frob.*[1] Caristo adiecto *Frob.*[2] || **11** Lychnidus *(script.* Lycn-*) F B* Lingus *Mog.* || Parthini *F B* : Partheni *Mog.* || fuerant *B* : -rat *Mog.*

XXXV. **2** L. Stertinius *F Frob.*[2] *(in adnot.) Frob.* [1] : P. S- *B* L.Thermus *Mog.* || Hephaestiam et *Mog.* : Ephesi ante *B* || Thraciae *Mog.* : Thraeciae *B* || Villius *B Frob.*[2] : Iulius *Mog.* || regem *Mog.* : rege *B* || **3** qui *Gron.* : cui *F B Mog.* || **6** ne si *B*[1] *Mog.* : ne nisi *B* || rebellandum *F B* : b- *Mog* || **8** Graeciae statis *F (scrip. cont.) Frob.*[2] : Graecia estatis *B* Graeciae statutis *Mog.*

où se réunit à date fixe une nombreuse assemblée de la Grèce, assemblée qu'ils appellent Pylaïque [k]. Il recommanda surtout aux Étoliens de rester les amis constants et fidèles du peuple romain. Parmi les notables étoliens les uns se plaignirent en termes modérés de ce que les Romains ne montraient pas les mêmes dispositions à l'égard de leur peuple après la victoire que pendant la guerre [4], d'autres, plus vivement, les accusèrent et les blâmèrent en disant que, sans les Étoliens, non seulement Philippe n'aurait pas pu être vaincu, mais que les Romains n'auraient même pas pu passer en Grèce. Le Romain s'abstint de répondre à ces propos pour que l'affaire ne dégénérât pas en dispute et dit qu'ils obtiendraient tout ce qui était équitable s'ils envoyaient des ambassadeurs à Rome. Aussi, sur son avis, on en désigna [5]. Telle fut la fin de la guerre contre Philippe [6].

Révolte d'esclaves en Étrurie

XXXVI. Alors que ces événements se déroulaient en Grèce, en Macédoine et en Asie [1], une révolte d'esclaves [2] mit presque en péril l'Étrurie. Pour enquêter sur elle et pour l'écraser, on envoya avec une des deux légions urbaines [3] le préteur M'Acilius Glabrio [a], à qui était échue la juridiction pour les différends entre citoyens et pérégrins. Il écrasa une partie des esclaves, qui étaient disséminés dans les champs [4], quant aux autres, qui s'étaient déjà regroupés, il les vainquit. Parmi ceux-ci, beaucoup furent tués, beaucoup faits prisonniers ; ceux [5] qui avaient été les meneurs de la révolte furent

k. Pour cette assemblée Polybe emploie le mot τὰ Θέρμικα (18, 48, 5). De fait il y avait deux assemblées étoliennes, l'une en automne, se passant à Thermos, l'autre au printemps, appelée *Panatolique,* et se déroulant dans des lieux divers (u. 31, 29, 1 ; 31, 32, 3). Ici, comme en 31, 32, 3 Tite-Live confond Thermos et Thermopyles, délaisse l'expression polybienne et forge sur le nom des Thermopyles — fréquemment appelées simplement Πύλαι — le qualificatif Pylaïque (*u.* Nissen, p. 29 ; Holleaux, I, p. 219-227 et la note complémentaire 2 au § 32 du livre 31 dans la CUF ; contra J. A. de Foucault, *Tite-Live, traducteur de Polybe, REL*, 46, 1968, p. 208-209.).

a. Voir 24, 2.

statis diebus esse solet conuentus—Pylaicum appellant—uenit ; [9] Aetolos praecipue monuit ut constanter et fideliter in amicitia populi Romani permanerent. [10] Aetolorum principes alii leniter questi sunt quod non idem erga suam gentem Romanorum animus esset post uictoriam qui in bello fuisset, [11] alii ferocius incusarunt exprobraruntque non modo uinci sine Aetolis Philippum, sed ne transire quidem in Graeciam Romanos potuisse. [12] Aduersus ea respondere, ne in altercationem excederet res, cum supersedisset Romanus, omnia eos aequa impetraturos si Romam misissent dixit. Itaque ex auctoritate eius decreti legati sunt. Hunc finem bellum cum Philippo habuit.

XXXVI. [1] Cum haec in Graecia Macedoniaque et Asia gererentur, Etruriam infestam prope coniuratio seruorum fecit. [2] Ad quaerendam opprimendamque eam *M'*. Acilius Glabrio praetor, cui inter ciuis peregrinosque iurisdictio obtigerat, cum una ex duabus legione urbana est missus ; alios <uagos per agros oppressit, alios> iam congregatos pugnando uicit ; [3] ex his multi occisi, multi capti ; alios

XXXV. **8** conuentus Pylaicum *Frob.*^{1} : Phy- *Mog.* : Pilai c- *F B* || **9** ut *F Mog. : om. B* || **10** alii leniter questi *F* (ali) *B* : talit'q- *(sic) Mog.* alii q- *Frob.*^{1} alii interquesti *Frob.*^{2} *(in adnot.)* || post uictoriam *Mog.* : iis *F del. F*^{1} *om. B* || fuisset *Mog.* : fuissent *F B* || **12** in *B : om. Mog* || altercationem *F Mog.* : -ne *B* || excederet *Mog.* : c... *F*^{1} cresceret *B (gloss. ad* excederet *in F coni. McDonald).*

XXXVI. **1** Etruriam *B* : He- *Mog.* || **2** M'. *Sig.* : M. *B Mog.* || Glabrio *B : om. Mog.* || est *B Mog.* : *om. Frob.*^{1} || uagos...alios *coni. Madvig (cf. 33, 29, 2) : om. B Mog.*

frappés de verges et mis en croix, les autres furent restitués à leurs maîtres.

Guerre en Gaule cisalpine

Les consuls partirent pour leurs provinces [6]. Marcellus [b] était entré sur le territoire des Boïens [c], et, comme les soldats étaient fatigués par une journée entière de marche, il était en train d'établir son camp sur une hauteur quand un certain [7] Corolamus, roitelet des Boïens, l'attaqua avec une troupe importante et tua environ trois mille hommes [8]. Un certain nombre de personnages en vue périrent dans ce combat desordonné [9]. Parmi eux Ti. Sempronius Gracchus [d] et M. Junius Silanus [e], préfets des alliés [10], M. Ogulnius [f] et P. Claudius [g], tribuns militaires de la seconde légion. Les Romains se hâtèrent de fortifier le camp et en restèrent maîtres, après que les ennemis, emportés par leur victoire, l'eurent attaqué en vain. Marcellus demeura dans le même camp quelques jours, le temps de soigner les blessés et de redonner, après une si vive frayeur, le moral à ses hommes. Les Boïens, dans la mesure où leur race supporte mal l'ennui que provoque l'attente [11], s'égaillèrent dans leurs redoutes et leurs bourgs. Marcellus traversa rapidement le Pô [h] et conduisit ses légions dans le territoire de Côme [i], où les Insubres [j], après avoir poussé les habitants à prendre les armes, avaient leur camp. Les Gaulois, rendus hardis par le combat des Boïens quelques jours auparavant, engagent la

b. Sur Marcellus *u.* supra 24, 1.

c. Voir note à 22, 4 supra.

d. *RE* 60. La correction de T. en Ti. par McDonald s'impose (cf. pour Ti. Sempronius Longus au ch. 24). Ce Sempronius est peut-être un cousin du père des Gracques, comme le suggère *ad. loc.* Briscoe.

e. *RE* 168. Il n'est pas autrement connu.

f. *RE* 3. La famille a donné fort peu de sénateurs.

g. *RE* 28. Inconnu par ailleurs.

h. Évidemment en direction du nord.

i. L'ancienne Côme était au sud-ouest de l'actuelle, qui est sur le site d'un camp militaire romain : César développera la nouvelle implantation qui prendra le nom de *Nouum Comum*.

j. Voir note à 22, 4 supra.

uerberatos crucibus adfixit, qui principes coniurationis fuerant, alios dominis restituit.

4 Consules in prouincias profecti sunt. Marcellum Boiorum ingressum finis, fatigato per diem totum milite uia facienda, castra in tumulo quodam ponentem Corolamus quidam, regulus Boiorum, cum magna manu adortus ad tria milia hominum occidit ; 5 et illustres uiri aliquot in illo tumultuario proelio ceciderunt, inter quos praefecti socium T*i*. Sempronius Gracchus et M. Iunius Silanus et tribuni militum de legione secunda M. Ogulnius et P. Claudius. 6 Castra tamen ab Romanis impigre permunita retentaque, cum hostes prospera pugna elati nequiquam oppugnassent. 7 Statiuis deinde i*i*sdem per dies aliquot sese tenuit, dum et saucios curaret et <a> tanto terrore animos militum reficeret. 8 Boi, ut est gens minime ad morae taedium ferendum patiens, in castella sua uicosque passim dilapsi sunt. 9 Marcellus, Pado confestim traiecto, in agrum Comensem, ubi Insubres, Comensibus ad arma excitis, castra habebant, legiones ducit. Galli, feroces Boiorum ante dies paucos pugna, in ipso itinere proelium committunt ; et primo adeo

XXXVI. **4** in tumulo quodam *Mog.* : inter tumulos quosdam *B* || quidam *B* : *om. Mog.* || **5** aliquot *Mog.* : -quod *B* || Ti. *McDonald* : T. *B Mog.* || et M. *B* : M. *Mog* || M. Ogulnius *B* : O- *Mog.* A. O- *Frob.*[1] || **6** prospera *B Mog.* : a p- *Frob.*[2] *(in adnot.)* || elati *B* : *om. Mog.* || oppugnassent *Mog.* : exp- *B* || **7** iisdem *B* (is-) : eis-- *Mog.* || a *Gron.* : *om. B Mog.* e *Briscoe* || **8** ferendum *B* : *om. Mog.* || passim *B* : *om. Mog.* || **9** confertim *Mog.* : --estim *B* || legiones ducit (-cat *B*) --- pugna *B*[1] : legiones *Mog.* ducit legiones *Frob.*[1]

lutte contre les Romains alors que ceux-ci sont encore en ordre de marche [12] et ils les attaquent d'abord si vigoureusement qu'ils font reculer les soldats de tête. Quand Marcellus vit cela, il craignit que ses hommes, une fois ébranlés, ne fussent mis en déroute : il opposa la cohorte des Marses [k] et envoya tous les escadrons romains contre l'ennemi. Une première charge de ceux-ci, puis une seconde, émoussèrent l'ardeur de l'adversaire, et le reste de l'armée romaine, qui avait retrouvé confiance, commença par résister, puis s'élança avec vigueur. Les Gaulois ne purent faire front plus longtemps, tournèrent le dos et se dispersèrent.

Valerius Antias écrit que plus de quarante mille hommes furent tués dans ce combat, que quatre-vingt-sept [13] enseignes furent saisies, ainsi que sept cent trente-deux chars, nombre de colliers en or [14], dont un de très grand prix, qui, selon ce qu'écrit Claudius [l], fut déposé au Capitole comme don pour Jupiter. Le camp des Gaulois fut pris et pillé le même jour et la ville de Côme enlevée quelques jours après. Vingt-huit places passèrent ensuite au consul. Là encore il y a divergence entre les auteurs : le consul mena-t-il d'abord son armée contre les Boïens ou contre les Insubres ? Est-ce qu'il effaça la défaite par une victoire, ou est-ce que la victoire acquise à Côme fut gâchée par un désastre subi chez les Boïens [15] ?

XXXVII. Juste après ces événements qui s'étaient déroulés avec des fortunes si diverses, L. Furius Purpurio [a], l'autre consul, vint, en passant par le territoire de Sapinia [b], chez les

k. Les Marses vivaient au nord du pays samnite et ils étaient renommés pour leur bravoure.

l. Il s'agit de l'annaliste Q. Claudius Quadrigarius, déjà évoqué aux chapitres 10 et 30 supra.

a. *V.* supra 24,1.

b. Cet endroit est évoqué seulement ici et en 31, 2, 6. Il ne concerne pas une des tribus romaines, *tribus* désignant ici une région, un district ; Briscoe (note à 31, 2, 6) rapproche ce nom de la rivière Sapis (auj. Savio) qui se jette à la mer entre Ravenne et Rimini et dont la haute vallée était occupée par les Sarsinates. On a conservé la forme avec un seul *p* que *B* offre en 31,2,6.

acriter inuaserunt ut antesignanos impulerint. [10] Quod ubi Marcellus animaduertit, ueritus ne moti semel pellerentur, cohortem Marsorum cum opposuisset, equitum Latinorum omnis turmas in hostem emisit. [11] Quorum cum primus secundusque impetus rettudisset inferentem se ferociter hostem, confirmata et reliqua acies Romana restitit primo, deinde signa acriter intulit. [12] Nec ultra sustinuere certamen Galli quin terga uerterent atque effuse fugerent.

[13] In eo proelio supra quadraginta milia hominum caesa Valerius Antias scribit, oct*og*inta septem signa militaria capta et carpenta septingenta triginta duo et aureos torques multos, ex quibus unum magni ponderis Claudius in Capitolio Ioui donum in aede positum scribit. [14] Castra eo die Gallorum expugnata direptaque, et Comum oppidum post dies paucos captum. Castella inde duodetriginta ad consulem defecerunt. [15] Id quoque inter scriptores ambigitur, utrum in Boios prius an Insubres consul exercitum duxerit aduersamque prospera pugna oblitterauerit, an uictoria ad Comum parta deformata clade in Bois accepta sit.

XXXVII. [1] Sub haec tam uaria fortuna gesta L. Furius Purpurio alter consul per tribum Sapiniam in Boios uenit.

XXXVI. **9** ut *Mog.* : *om. B* || **10** Marcellus *B* : *om. Mog.* || semel *B Frob.*[2] *(in adnot.)* : se inde *Mog.* || pellerentur *B Frob.*[2] *(in adnot.)* : -t *Mog* || cum opposuisset *B* : opposuit et *Mog.* || equitum *B Frob.*[1] : -tem *Mog.* || emisit *Mog.* : misit *B* || **11** rettudisset *B* : retu- *Mog.* || hostem *Mog.* : -te *B* || restitit *B Frob.*[1] : extitit *Mog.* || **12** sustinuere *B* : -runt *Mog.* || **13** octoginta *Kreyssig* : octingenta *B*[1] *in ras.* et quingenta *Mog.* || carpenta *Mog.* : *add.* capta *bis F* capta a *B* || septingenta (δcc) *B* : quadring- *Mog.* || Capitolio *Mog.* : -liū *FB* || **14** castra eo die Gallorum *B* : postero die Gallorum castra *Mog.* || post *B* : intra *Mog.* || **15** an *B Frob.*[1] : an in *Mog.* || duxerit *B* : ind- *Mog.* || parta *B* : parata *Mog.*

XXXVII. **1** gesta *B Frob.*[1] : re g- *Mog.* || Sapiniam (*u. B in* 31, 2, 6) : Sapp- *B Mog.*.

Boïens. Il approchait déjà du fort de Mutilum [c] quand, craignant d'être encerclé à la fois par les Boïens et les Ligures, il ramena son armée par le même chemin qu'à l'aller [1] et, après un long détour, rejoignit son collègue par des lieux découverts et donc sûrs. Ensuite, une fois la jonction entre les deux armées faite, les consuls traversèrent d'abord, en le ravageant, le territoire des Boïens jusqu'à la place de Felsina [d]. Cette ville et tous les forts alentour se rendirent, ainsi que la quasi totalité des Boïens, à l'exception des soldats qui avaient pris les armes pour faire du butin : ils s'étaient alors retirés dans des forêts loin des routes.

Puis l'armée fut conduite chez les Ligures. Les Boïens [2] suivirent par des passes secrètes la colonne romaine avec l'idée de l'attaquer à l'improviste, car elle serait regroupée avec moins d'ordre puisqu'on les croirait loin. N'ayant pas réussi à rejoindre les Romains, ils traversèrent soudain le Pô, dévastèrent les territoires des Léviens [e] et des Libuens [f], revinrent ensuite par les confins du pays des Ligures et tombèrent, avec le butin qu'ils avaient fait dans les campagnes, sur la colonne romaine [3]. Le combat s'engagea avec plus de rapidité et de vigueur que s'ils s'étaient affrontés après avoir choisi le moment et le lieu pour le combat et s'être mentalement préparés. On vit là combien d'efficacité comporte la colère pour stimuler les cœurs [4]. En effet les Romains luttèrent avec un désir plus grand de tuer que de vaincre et ils laissèrent à peine à l'ennemi un homme pour aller annoncer la défaite.

Pour ces actions, quand la lettre des consuls fut parvenue à Rome, des actions de grâces furent décrétées pour trois jours. Peu après, le consul Marcellus arriva à Rome et les sénateurs furent amplement d'accord pour lui accorder le triomphe. Il triompha des Insubres et des Comasques alors qu'il était

c. *V.* 31, 2, 7. Le site de ce fort doit être identifié avec celui de l'actuelle Modigliana qui s'appelait *Mutiliana* au Moyen Âge.

d. Voir la note à 22, 4 concernant les Boïens.

e. Des Ligures.

f. Les *Libui* ou *Libicii* étaient gaulois.

[2] Iam castro Mutilo adpropinquabat cum, ueritus ne intercluderetur simul a Bois Liguribusque, exercitum eadem uia qua adduxerat reduxit et magno circuitu per aperta eoque tuta loca ad collegam peruenit. [3] Inde, iunctis exercitibus, primum Boiorum agrum usque ad Felsinam oppidum populantes peragrauerunt. [4] Ea urbs ceteraque circa castella et Boi fere omnes praeter iuuentutem, quae praedandi causa in armis erat—tunc in deuias siluas recesserat—in deditionem uenerunt.

In Ligures inde traductus exercitus. [5] Boi neglegentius coactum agmen Romanorum, quia ipsi procul abesse uiderentur, improuiso aggressuros se rati per occultos saltus secuti sunt. [6] Quos non adepti, Pado repente nauibus traiecto Laeuos Libuosque cum peruastassent, redeuntes inde per Ligurum extremos fines cum agresti praeda in agmen incidunt Romanum. [7] Proelium celerius acriusque commissum quam si tempore locoque ad certamen destinato praeparatis animis concurrissent. [8] Ibi, quantam uim ad stimulandos animos ira haberet, apparuit ; nam ita caedis magis quam uictoriae auidi pugnarunt Romani, ut uix nuntium cladis hosti relinquerent.

[9] Ob has res gestas, consulum litteris Romam allatis, supplicatio in triduum decreta est. Breui post Marcellus consul Romam uenit, triumphusque ei magno consensu patrum est decretus. [10] Triumphauit in magistratu de Insubribus

XXXVII. **2** Mutilo *B Frob.*[1] : Munitilo *Mog.* || cum *Mog.* : tum *B* || exercitum *F B* : *om. Mog.* || eoque *B* : eaque *Mog.* || **3** inde *F B* : dein *Mog.* || **4** circa *F B* : *om. Mog.* || inde *F B* : deinde *Mog.* || **5** Boi *B* : Boii *Frob.*[2] *(in adnot.)* ëü Boi *F* in Boiis *Mog.* || occultos *B Mog.* : -tas *F* || **6** adepti *F Mog.* : -tos *B* || Pado *B Frob.*[1] : pudore *Mog.* || repente *F B Frob.*[1] : -ti *Mog.* || Laeuos *F B* : Leuos *Frob.*[1] Lebos *Mog.* || Libuosque *Mog.* : Libyosque *F B* || per *B* : *om. Mog.* || extremos fines *F B* : -o -e *Mog.* *(hic desinunt fragm. F)* || **7** Proelium celerius *B* : c- p- *Mog.* || destinato *B* : -tis *Frob.*[2] *(in adnot.)* -ti *Mog.* || **9** consul *B* : *om. Mog.*

encore en fonction [g]. Il laissa à son collègue l'espérance de triompher des Boïens puisque, seul [5], il avait subi un revers face à eux, alors que c'est avec lui qu'il avait vaincu [6]. De nombreuses dépouilles ennemies, de nombreuses enseignes furent transportées sur les chars qu'on avait pris, ainsi que trois cent vingt mille as de bronze, deux cent trente-quatre mille pièces d'argent au bige [7]. On donna aux fantassins quatre-vingts as, le triple aux cavaliers et centurions [8].

L'action d'Antiochus et la conférence de Lysimachia

XXXVIII. La même année [1] le roi Antiochus, après avoir passé l'hiver à Éphèse [2], tenta de ramener toutes les cités d'Asie à leur ancienne charte de dépendance [3]. Toutes, constatait-il, soit parce qu'elles étaient situées en plaine, soit parce qu'elles ne faisaient pas assez confiance à leurs murailles, à leurs armes ou à leurs soldats [4], accepteraient sans difficulté le joug. Seules Smyrne [a] et Lampsaque [b] revendiquaient la liberté [5] et il fallait redouter, si on leur concédait ce qu'elles voulaient, que d'autres villes d'Éolide [c] et d'Ionie n'imitent Smyrne et que d'autres villes de l'Hellespont n'imitent Lampsaque. Il envoya donc lui-même d'Éphèse des soldats pour assiéger Smyrne et il fit partir les troupes qui étaient à Abydos [d] — en laissant là seulement une petite garnison — pour attaquer Lampsaque. Et il ne se contentait pas d'effrayer par sa force, mais, par le truchement de députés, il tenait aux habitants des propos apaisants et il condamnait la témérité et l'entêtement, cherchant ainsi à leur faire espérer qu'ils obtiendraient

g. Voir les *Fasti triumphales* a. 558 in Degrassi, *Inscr. It.*, XIII, 1, p. 552 qui indiquent comme date *a. d. IV Non. Mart.* soit le 4 mars (...195) du cal. romain, ce qui paraît tardif.

a. Située au nord d'Éphèse.

b. Sur la côte sud de l'Hellespont.

c. L'Eolide constitue la partie nord de la côte d'Asie Mineure, l'Ionie la partie sud.

d. Voir note à 30, 3 supra. Abydos est à l'ouest de Lampsaque, assez près de la mer Égée.

Comensibusque ; Boiorum triumphi spem collegae reliquit, quia ipsi proprie aduersa pugna in ea gente euenerat, cum collega secunda. [11] Multa spolia hostium captiuis carpentis trauecta, multa militaria signa ; aeris lata trecenta uiginti milia, argenti bigati ducenta triginta quattuor milia. [12] In pedites singulos dati octogeni aeris, triplex equiti centurionique.

XXXVIII. [1] Eodem anno Antiochus rex, cum hibernasset Ephesi, omnes Asiae ciuitates in antiquam imperii formulam redigere est conatus. [2] Et ceteras quidem, aut quia locis planis positae erant aut quia parum moenibus armisque ac iuuentuti fidebant, haud difficulter uidebat iugum accepturas ; [3] Zmyrna et Lampsacus libertatem usurpabant, periculumque erat ne, si concessum iis foret quod intenderent, Zmyrnam in Aeolide Ioniaque, Lampsacum in Hellesponto aliae urbes sequerentur. [4] Igitur et ipse ab Epheso ad Zmyrnam obsidendam misit et quae Abydi copiae erant, praesidio tantum modico relicto, duci ad Lampsacum oppugnandam iussit. [5] Nec ui tantum terrebat, sed per legatos leniter adloquendo castigandoque temeritatem ac pertinaciam spem conabatur facere, breui quod peterent habituros, [6] sed cum

XXXVII. **10** Boiorum *Mog.* : maiorem *B* || in ea gente *Mog. : om. B* || cum collega *B* : -gae *Mog.* || **11** trauecta *B* : traducta *Mog.* || aeris lata *B* : lata, aeris *Mog.* || milia *Mog. : om. B* || ducenta...quattuor *Mog. : om. B* || **12** octogeni *B* : octingenti *Mog.*

XXXVIII. **2** et ceteras *B* : reliquas *Mog.* || fidebant *Mog.* : fiebant *B* || uidebat *B* : *om. Mog.* || **3** Zmyrna *(script.* Zmurna*)* B : S- *(passim) Mog.* || et *B Frob.*[2] : *om. Mog.* || quod intenderent *B* : quos in Theba *Mog.* quos metuebat *Frob.*[1] || Zmyrnam *B (script.* Zmir-*) Frob.*[1] *(script.* Smir-*)* : -na *Mog.* || Aeolide *Mog.* : Aetol- *B* || Lampsacum *B Frob.*[1] : -cus *Mog.* || aliae *Frob.*[1] : aliquae *B Mog.* || **4** oppugnandam *B* : -dum *Mog.* || **5** nec ui *Mog.* : ne cui *B* || terrebat *B*[1] *Mog.* : -bant *B* || ac *B* : et *Mog.* || conabatur *B*[1] *Mog.* : -bantur *B* || quod *B* : quae *Mog.* || **6** sed cum *B Mog.* : et tum *Frob.*[1]

rapidement ce qu'ils demandaient, mais quand il serait suffisamment clair pour eux-mêmes et pour tous les autres gens que cette liberté ils la tiendraient du roi, au lieu de la prendre à la faveur de l'occasion [6]. À cela on répondait qu'Antiochus ne devait pas s'étonner ni s'irriter s'ils ne montraient pas assez de sérénité pour accepter que leur liberté fût différée.

Au début du printemps [7] le roi s'embarqua, partit d'Éphèse, gagna l'Hellespont et fit passer ses troupes terrestres d'Abydos en Chersonèse [e]. Ayant opéré près de Madytos, ville de Chersonèse, la jonction de sa flotte et de son armée de terre, comme les habitants avaient fermé les portes, il encercla la ville : mais, alors qu'il approchait déjà les travaux de siège, ils se rendirent. Une crainte semblable conduisit les habitants de Sestos et d'autres villes de Chersonèse à se rendre. De là il alla à Lysimachia [f] avec toutes ses troupes navales et terrestres. Il trouva une ville déserte, presque complètement en ruines (quelques années auparavant les Thraces l'avaient prise, l'avait pillée et y avait mis le feu)[8] ; aussi conçut-il le désir de relever cette ville fameuse et située dans une position avantageuse. Il mit donc tout son soin à la fois à reconstruire maisons et murailles [9], à racheter les habitants qui étaient tombés en esclavage [10], à rechercher et ramener ceux qui s'étaient enfuis et dispersés dans l'Hellespont et la Chersonèse, à enrôler de nouveaux colons en leur faisant espérer des avantages, et à repeupler la ville de toutes les façons. En même temps, pour dissiper la crainte qu'inspiraient les Thraces, il partit lui-même avec la moitié de son

e. Rappelons que la Chersonèse constitue la côte nord des détroits.
f. Lysimachia est à l'extrémité nord de la Chersonèse.

satis et ipsis et omnibus aliis appareret, ab rege impetratam eos libertatem, non per occasionem raptam habere. 7 Aduersus quae respondebatur, nihil neque mirari neque suscensere Antiochum debere, si spem libertatis differri non satis aequo animo paterentur.

8 Ipse initio ueris nauibus ab Epheso profectus Hellespontum petit, terrestris copias traici a*b* Abydo Chersonesum iussit. 9 Cum ad *M*ad*yt*um, Chersonesi urbem, terrestri naualem exercitum iunxisset, quia clauserant portas, circumdedit moenia armatis ; et iam opera admouenti deditio facta est. Idem metus Sestum incolentis aliasque Chersonesi urbes in deditionem dedit. 10 Lysimachiam inde omnibus simul naualibus, terrestribus copiis uenit. Quam cum desertam ac stratam prope omnem ruinis inuenisset 11 —ceperant autem direptamque incenderant Thraces paucis ante annis—cupido eum restituendi nobilem urbem et loco sitam opportuno cepit. 12 Itaque omni cura simul est aggressus et tecta, muros restituere et partim redimere seruientis Lysimachenses, partim fuga sparsos per Hellespontum Chersonesumque conquirere et contrahere, 13 partim nouos colonos spe commodorum proposita adscribere et omni modo frequentare ; 14 simul, ut Thracum summoueretur metus, ipse parte dimidia terrestrium copiarum ad depopulanda proxima

XXXVIII. **6** ipsis *Mog.* : ipsi *B* || appareret *B Mog.* : apparere *Frob.*[1] || impetratam *Mog.* : imperatam *B* || **7** respondebatur B : -bant *Mog.* || **8** traici ab Abydo *Kreyssig (u. 32, 40, 7)* : traici abydo *B* ad Abydum traiicit *Mog.* || Chersonesum --- Madytum *B* : *om. Mog.* || **9** ad Madytum *Glar.* : ad abydum *B* || Chersonesi *Mog.* : -nensi *B (passim)* || iunxisset *B* : iunxit et *Mog.* || facta est *B* : est f- *Mog.* || Sestum *B* : tum *Mog.* || aliasque *B* : alias *Mog.* || **10** terrestribus *B* : terrestribusque *Mog.* || Quam cum *Mog.* : quam quam *B* || omnem *B* : *om. Mog.* || **12** omni cura *Mog.* : omnia *B* omnia cum cura *M. Müller* || muros *B* : murosque *Mog. (u. 24, 1, 3)* || partim (redimere) *Mog.* : partem *B* || Lysimachenses *B* : -chienses *Mog.* || Chersonesumque *Mog.* : cersonesumque *B* || et contrahere *B* : c- *Mog.* contrahereque *Frob.*[1] || **14** ut *Mog.* : et *B* || depopulanda *B* : -dum *Mog.*

armée de terre pour ravager les territoires thraces les plus proches, en laissant l'autre moitié des fantassins et tous les équipages de la marine [11] pour exécuter les travaux de reconstruction de la ville [12].

XXXIX. À cette époque aussi L. Cornelius [a], envoyé par le sénat pour mettre un terme aux différends entre les rois Antiochus et Ptolémée [1], s'arrêta à Selymbria [b] et, parmi les dix délégués, P. Lentulus [c] quitta Bargylia [d], P. Villius [e] et L. Terentius [f], Thasos [g] pour gagner Lysimachia. L. Cornelius venant de Selymbria et, quelques jours après, Antiochus venant de Thrace, arrivèrent au même endroit [2]. Lorsque le roi rencontra pour la première fois [3] les délégués et ensuite lorsqu'il les invita, il fut amical et accueillant, mais quand on commença à traiter de la mission qui leur avait été confiée et de l'état actuel de l'Asie, les esprits s'échauffèrent. Les Romains ne dissimulaient pas que toutes les actions d'Antiochus, depuis qu'il avait appareillé de Syrie, déplaisaient au sénat et qu'ils jugeaient même [4] équitable de restituer à Ptolémée toutes les cités qui avaient été en son pouvoir [5] ; car, pour ce qui concernait les cités que Philippe avait possédées et qu'Antiochus avait prises en profitant de ce que Philippe s'en était détourné pour faire la guerre aux Romains, il n'était pas supportable que les Romains eussent pendant tant d'années couru de si grands dangers et dépensé de si grands efforts sur terre et sur mer et qu'Antiochus recueillît les fruits de la guerre [6]. Mais, si les Romains avaient pu ignorer son arrivée en Asie en pensant qu'elle ne les concernait pas [7], le fait qu'il soit déjà allé jusqu'à passer en

a. L. Cornelius Lentulus : *RE* 188, consul en 199. Sa mission était donc différente de celle des dix délégués, qui devaient, eux, s'occuper des suites de la victoire sur Philippe. Il semble que Cornelius ait été, lui aussi, accompagné d'autres délégués (*u*. Pol., 18, 49, 2).

b. Sur la côte nord de la Propontide, entre Byzance et Perinthos, et donc très près de Lysimachia.

c. Voir note à 35, 2 supra.

d. Voir note à 18, 19 et 30, 3.

e. Voir note à 24, 7.

f. Voir note à 35, 2.

g. Voir note à 30, 3.

Thraciae est profectus, partem naualisque omnis socios reliquit in operibus reficiendae urbis.

XXXIX. [1] Sub hoc tempus et L. Cornelius, missus ab senatu ad dirimenda inter Antiochum Ptolomaeumque reges certamina, Selymbriae substitit, [2] et decem legatorum P. Lentulus a Bargyliis, P. Villius et L. Terentius ab Thaso Lysimachiam petierunt. Eodem et ab Selymbria L. Cornelius et ex Thracia paucos post dies Antiochus conuenerunt. [3] Primus congressus cum legatis et deinceps inuitatio benigna et hospitalis fuit ; ut de mandatis statuque praesenti Asiae agi coeptum est, animi exasperati sunt. [4] Romani omnia acta eius, ex quo tempore ab Syria classem soluisset, displicere senatui non dissimulabant restituique et Ptolomaeo omnes ciuitates quae dicionis eius fuissent aequum censebant ; [5] nam quod ad eas ciuitates attineret quas a Philippo possessas Antiochus per occasionem, auerso Philippo in Romanum bellum, intercepisset, [6] id uero ferendum non esse, Romanos per tot annos terra marique tanta pericula ac labores exhausisse, Antiochum belli praemia habere. [7] Sed ut in Asiam aduentus eius dissimulari ab Romanis tamquam nihil ad eos

XXXVIII. **14** omnes socios *B* : s- o- *Mog.* || reliquit *Mog.* : relinquint *(sic) B* || reficiendae urbis *Mog. : om. B*

XXXIX, **1** Ptolomaeum *Mog.* : Ptolem- *B (passim)* || **2** Lysimachiam *Mog. :* lysī achaiā *B* || ex *B* : *om. Mog.* || paucos post *B* : post paucos *Mog.* || **4** Romani *B Frob.*[1] : -nis *Mog.* || ab *B* : e *Mog.* || classem *B* : -e *Mog.* || displicere *Mog.* : et dispicere *B* || et *B* : *om. Mog.* || omnes ciuitates *B* : c- o- *Mog.* || **5** Philippo *Mog.* : Philyppo *B (bis)* || **7** Asiam *B Frob.*[1] : -a *Mog.*

Europe avec toutes [8] ses troupes navales et terrestres différait-il en quoi que ce soit d'une déclaration de guerre ouverte aux Romains ? Lui nierait évidemment, même s'il passait en Italie, mais, eux, les Romains, n'attendraient pas qu'il soit en mesure de le faire [9].

XL. Antiochus répliqua à cela qu'il s'étonnait de voir les Romains examiner avec tant de soin ce qu'aurait dû faire le roi Antiochus et jusqu'où il aurait dû s'avancer sur terre et sur mer, et ne pas comprendre par eux-mêmes que l'Asie ne les regardait pas du tout et qu'ils ne devaient pas plus examiner ce qu'Antiochus faisait en Asie qu'Antiochus ce que le peuple romain faisait en Italie [1] ; en ce qui concernait Ptolémée, à qui, se plaignaient-ils, des cités avaient été enlevées, il avait des liens d'amitié avec lui [2] et il s'efforçait même d'y joindre rapidement des liens de famille [a] ; d'autre part ce n'était certainement pas à la suite des revers subis par Philippe qu'il s'était saisi de quelque dépouille et ce n'était pas pour s'opposer aux Romains qu'il était passé en Europe [3] ; mais tout le territoire qui constituait jadis le royaume de Lysimaque [4] et qui, à la défaite de celui-ci, était passé complètement, en vertu des droits de la guerre, à Seleucus [5], il estimait qu'il dépendait de lui ; comme ses ancêtres avaient d'autres soucis, Ptolémée [b] d'abord, puis Philippe [6], lui aussi, avaient occupé certains de ces lieux pour usurper les possessions d'autrui [7] ; quant à la Chersonèse [8] et aux

a. Il s'agit du mariage en 193 de Ptolémée V Épiphane avec la fille d'Antiochus III, Cléopâtre (35, 13, 4). De fait il y avait déjà des liens de famille puisqu'Antiochus II avait épousé Bérénice, fille de Ptolémée II Philadelphe (ce que semble évoquer Appien, *Syr.*, 3, 13).

b. Il s'agit là de Ptolémée III Évergète.

pertinens potuerit, quod iam etiam in Europam omnibus naualibus terrestribusque copiis transierit, quantum a bello aperte Romanis indicto abesse ? Illum quidem, etiam si in Italiam traiciat, negaturum ; Romanos autem non expectaturos ut id posset facere.

XL. [1] Aduersus ea Antiochus mirari se dixit Romanos tam diligenter inquirere quid regi Antiocho faciundum aut quousque terra marique progrediundum fuerit, [2] ipsos non cogitare Asiam nihil ad se pertinere, nec magis illis inquirendum esse quid Antiochus in Asia, quam Antiocho quid in Italia populus Romanus faciat. [3] Quod ad Ptolomaeum attineat, cui ademptas ciuitates querantur, sibi cum Ptolomaeo et amicitiam esse, et id agere ut breui etiam adfinitas iungatur. [4] Nec ex Philippi quidem aduersa fortuna spolia ulla se petisse aut aduersus Romanos in Europam traiecisse ; sed qua Lysimachi quondam regnum fuerit, quo uicto omnia quae illius fuissent iure belli Seleuci facta sint, existimare suae dicionis esse. [5] Occupatis maioribus suis rerum aliarum cura primo quaedam ex iis Ptolomaeum, inde et Philippum usurpandae alienae possessionis causa tenuisse. [6] Chersone-

XXXIX. **7** quod *Mog.* : quid quod *B (cf. 34, 32, 13) u. Madvig (Emend. p. 491, n. 2)* || transierit *Mog.* : -rint *B* || aperte Romanis indicto *B* : aperto Romanis *Mog.* || si *B Frob.*[2] : *om. Mog.* || autem non --- Romanos *(40, 1) B* : *om. Mog.* Satis iam ante uidere se, Romanos inquirere quid regi Antiocho faciendum ; at quousque terra marique progrediendum fuerit ipsis, non cogitare. Asiam etc... *coni. Frob.*[2] *in adnot. ad lacunam complendam (primae uoces e 33, 25, 11 petitae).*

XL. **1** diligenter *B* : *om. Mog. Frob.*[2] *(in adnot.) u. quoque 39, 7 supra app. crit.* || **2** se *B* : Po. Romanum *Mog.* || **3** agere *B* : a- se *Mog.* || **4** nec *B Mog.* : ne *Bekker* || sed ---- regnum *B* : *om. Mog.* || **5** aliarum *B* : a- alia *Mog.* || inde *B* : deinde *Mog.* || usurpandae alienae *B Mog. (cf. 34, 32, 2)* : -do -na *Frob.*[1] -da -na *Madvig (Emend. p. 492)* || possessionis *B Mog.* : possedisse *Frob.*[1] || causa tenuisse Chersonesus quidem et *Kreyssig* : c- t- Chersonensum q- et *B* sunt quaedam ex *Mog.* sicut quaedam ex *Frob.*[1].

régions de Thrace les plus voisines — celles qui se trouvent autour de Lysimachia —, qui mettait en doute qu'elles eussent appartenu à Lysimaque ? Il était venu pour les ramener à leur ancien statut et il refondait Lysimachia [c], détruite par l'attaque des Thraces, pour que son fils Seleucus [d] en fît le siège de son royaume [9].

XLI. Ces discussions avaient duré quelques jours quand le bruit, apporté sans qu'il y eût une source bien sûre, que Ptolémée était mort fit qu'aucune conclusion ne fût donnée aux entretiens [1]. En effet, chaque camp faisait semblant de n'être au courant de rien : L. Cornelius qui avait eu la mission de rencontrer les deux rois [2] — Antiochus et Ptolémée — demanda un peu de temps pour rencontrer Ptolémée [3], afin d'arriver en Égypte avant que quelque mouvement ne se déclenchât à l'occasion de la prise de pouvoir du nouveau roi ; Antiochus, lui, pensait que l'Égypte lui appartiendrait s'il réussissait à la prendre maintenant [4]. Aussi il renvoie les Romains, laisse son fils Seleucus avec les troupes terrestres pour reconstruire, comme il l'a décidé, Lysimachia [a] et fait voile, lui même, avec toute sa flotte vers Ephèse [b] ; il envoie des députés à Quinctius [5] pour lui parler de l'alliance avec Rome [6] et pour lui faire croire qu'il n'y apporterait pas de bouleversement [7].

En longeant la côte d'Asie, il parvint en Lycie [c]. À Patara [d] il apprit que Ptolémée était vivant et abandonna au moins son projet de voguer vers l'Égypte. Mais il alla [8] à Chypre [9] et, après avoir dépassé le cap des Chelidoniai [e], il fut retenu quelque temps par une mutinerie de ses rameurs en Pamphylie [f], près de l'embouchure du fleuve Eurymedon. Ensuite,

c. Voir 38, 10-12 supra.
d. Le futur Seleucus IV, deuxième fils d'Antiochus III.
a. *V.* supra 40, 6.
b. *V.* 38, 1 n.
c. Voir note à 19, 11 supra.
d. Ville de Lycie, célèbre par son oracle d'Apollon.
e. V. 20, 2 supra.
f. Entre la Cilicie et la Lycie.

sus quidem et proxima Thraciae quae circa Lysimachiam sint quem dubitare quin Lysimachi fuerint ? Ad ea recipienda in antiquum ius uenisse et Lysimachiam deletam Thracum impetu de integro condere, ut Seleucus filius eam sedem regni habeat.

XLI. [1] His disceptationibus per dies aliquot habitis, rumor sine ullo satis certo auctore allatus de morte Ptolomaei regis, ut nullus exitus imponeretur sermonibus effecit. [2] Nam et dissimulabat pars utraque se audisse, et L. Cornelius, cui legatio ad duos reges, Antiochum Ptolomaeumque, mandata erat, spatium modici temporis ad conueniendum Ptolomaeum petebat, [3] ut, priusquam moueretur aliquid in noua possessione regni, praeueniret in Aegyptum, et Antiochus suam fore Aegyptum, si tum occupasset, censebat. [4] Itaque dimissis Romanis relictoque Seleuco filio cum terrestribus copiis ad restituendam, ut instituerat, Lysimachiam, [5] ipse omni classe nauigat Ephesum, legatis ad Quinctium missis, qui ad fidem faciendam nihil nouaturum regem de societate agerent.

Oram Asiae legens peruenit in Lyciam, Patarisque cognito uiuere Ptolomaeum nauigandi quidem in Aegyptum omissum consilium est ; [6] Cyprum nihilo minus petens, cum Chelidoniarum promunturium superasset, paulisper seditione remigum est retentus in Pamphylia circa Eurymedon-

XL. **6** Thraciae *B* : -ia *Mog.* || quae circa Lysimachiam sint quem dubitare *B* : sunt quae diu du- *Mog.* quae indubitate *Frob.*[1] *(u. Liv. epit. 70)* || quin *Kreyssig* : qui in *B om. Mog.* || recipienda *B* : facienda *Mog.* || ius uenisse *B* : uenissent *Mog.* uenisse *Frob.*[1]

XLI. **1** effecit *B* : *om. Mog.* || **2** nam et *B* : nam *Mog.* || dissimulabat *Mog.* : --lauit *B* || **3** praeueniret *B* : peru- *Mog.* || occupasset B : occasio esset *Mog.* || **5** nauigat *B* : -gans *Mog.* || qui ad *Mog.* : quia ad *B* || faciendam --- regem *B* : *om. Mog.* || **6** Cyprum *B Frob.*[2] *(in adnot.)* : -ri *Mog.* || petens *B* : tendens *Frob.*[2] *(in adnot.) om. Mog.* || Chelidoniarum *B* : -nium *Mog.* || seditione *Mog.* : -nē *B* || remigum *B Frob.*[2] *(in adnot.)* : regum *Mog.* || Eurymedontem *Mog.* : eurim- *B*.

alors qu'il était parti vers ce qu'ils appellent les bouches [10] du fleuve Saros [g], il essuya une tempête si violente qu'elle faillit l'engloutir avec toute sa flotte. Beaucoup de navires furent brisés, beaucoup jetés sur le rivage, beaucoup aspirés par les flots à tel point qu'aucun de leurs matelots ne put gagner le terre ferme. Un grand nombre d'hommes perit là, non seulement parmi la masse anonyme des rameurs et des soldats, mais même parmi les amis du roi [11] les plus en vue. Après avoir recueilli les épaves du naufrage, comme les circonstances ne lui permettaient pas de s'attaquer à Chypre, il revint à Séleucie [h] avec une armée moins puissante qu'au départ. Là il fit tirer les navires sur le rivage (l'hiver [12] en effet était déjà là) et se retira dans ses quartiers d'hiver à Antioche [i]. Telle était la situation pour les rois.

Les événements de Rome

XLII. À Rome, cette année-là, furent élus pour la première fois des triumvirs épulons [a] : C. Licinius Lucullus [b], tribun de la plèbe, qui avait proposé la loi qui les créait [1], P. Manlius [c] et P. Porcius Laeca [d]. Comme les pontifes, ces triumvirs eurent, en vertu de la loi, le droit de porter la toge prétexte [2]. Mais un grand conflit opposa cette année-là les questeurs

g. Ce fleuve se jette dans la mer au sud-est de Tarse. Antiochus est donc déjà revenu nettement vers l'est ; il est alors presque au nord de la Syrie.

h. Sur la côte, près d'Antioche.

i. Voir note à 19, 8 supra.

a. Ces prêtres étaient chargés de l'organisation des fêtes en l'honneur des dieux. Ils furent ultérieurement au nombre de sept, puis de dix sous César (Dion, 43, 51, 9). Cicéron dit qu'ils avaient été créés en raison du grand nombre de sacrifices, Paul Diacre (p. 78) affirme que leur nom vient de ce qu'ils avaient le pouvoir de prescrire les banquets (*epula*) à Jupiter. Pouvoir qui appartenait jadis aux pontifes (Cic., *de orat.*, 3, 73). Mommsen prétend que les *epulones* étaient plébeiens, mais rien ne le prouve et Manlius, cité après, était probablement patricien.

b. *RE* 99. Pratiquement inconnu par ailleurs.

c. *RE* 31. Sans doute le préteur de 195 (*u.* § 7 infra).

d. *RE* 19. Tribun de la plèbe en 199 (32, 7, 4), préteur en 195 (*u.* § 7 infra).

tem amnem. [7] Inde profectum eum ad capita quae uocant Sari fluminis foeda tempestas adorta prope cum omni classe demersit. Multae fractae, multae eiectae naues, multae ita haustae mari ut nemo in terram enarit. [8] Magna uis hominum ibi interiit, non remigum modo militumque ignotae turbae sed etiam insignium regis amicorum. [9] Conlectis reliquiis naufragii, cum res non in eo essent ut Cyprum temptaret, minus opulento agmine quam profectus erat, Seleuciam rediit. Ibi subduci nauibus iussis—iam enim et hiems instabat—ipse in hiberna Antiochiam concessit. In hoc statu regum erant res.

XLII. [1] Romae eo primum anno tresuiri epulones facti C. Licinius Lucullus tribunus plebis, qui legem de creandis iis tulerat, et P. Manlius et P. Porcius Laeca. Iis triumuiris item ut pontifici*bus* lege datum est togae praetextae habendae ius. [2] Sed magnum certamen cum omnibus sacerdotibus eo anno

XLI. **7** inde *B* : *om. Mog.* || ad capita quae *Mog.* : captaq ; *B* || adorta *B* : oborta *Mog.* || multae fractae multae eiectae *Jacobs* : m- fractae *B* m- eiectae *Mog.* || in terram enarit *Kreyssig* : in terra menaret *B (sic !)* in terram enauerit *Mog.* || **8** interiit *Mog.* : -rit *B* || modo *B* : tantum *Mog.* || ignotae turbae *B* : ignotorum *Mog.* || regis *B* : *om. Mog.* || **9** in eo B^1 *Mog.* : *om. B* || essent *B* : esset *Mog.* || rediit *B* : redit *Mog.* || concessit *B* : processit *Mog.* || regum *Mog.* : rerum *B* || res. Romae *(u. 42, 1) Mog.* : res romanae *B*.

XLII. **1** Romae *(u. 41, 9 in fine) Mog.* : romanae *B* || tresuiri *(script.* I I I uiri*)* B^1 : I I I I uiri *B* triumu- *Mog.* || epulones *Mog.* : aepulonae *B* || tribunus plebis *B* : T. Romuleius *Mog.* || et P. Manlius *B* : *om. Mog.* || Laeca *B* : Lecca *Mog.* || pontificibus *Pighius* : -ci *B Mog.* || est *B* : *om. Mog.*

urbains, Q. Fabius Labeo [e] et L. Aurelius [f], à l'ensemble des prêtres. On avait en effet besoin d'argent parce que l'on avait décidé de faire aux particuliers le dernier versement du remboursement des sommes qui avaient été données pour la guerre [3]. Les questeurs [4] demandaient cet argent aux augures et aux pontifes parce qu'ils n'avaient pas versé de contributions pendant le conflit [5]. Les prêtres en appelèrent en vain aux tribuns de la plèbe et l'on exigea l'arriéré de toutes les années pendant lesquelles ils n'avaient pas donné.

La même année moururent deux pontifes et de nouveaux furent nommés pour les remplacer : M. Marcellus le consul [g] à la place de C. Sempronius Tuditanus [h] qui, pendant sa préture [6], était mort en Espagne, et L. Valerius Flaccus [i] à la place de M. Cornelius Cethegus [j]. Q. Fabius Maximus [k], qui était augure, mourut aussi, très jeune, avant d'avoir pu occuper la moindre charge. On ne nomma personne pour le remplacer comme augure cette année-là [7].

Puis le consul M. Marcellus tint les comices consulaires. Furent nommés consuls L. Valerius Flaccus et M. Porcius Caton [l]. Puis furent élus préteurs Cn. Manlius Vulso [m], Ap.

e. *RE* 91. Il sera consul en 183.

f. *RE* 18. Non autrement connu.

g. *V.* 24, 1 supra.

h. *V.* 25, 9.

i. *RE* 173. La patron de Caton l'Ancien. Il sera consul en 195 (*u.* § 7 infra).

j. *RE* 92. Il avait été consul en 204. Les nouveaux nommés ne sont pas proches de Scipion, ce qui semble indiquer que les amis de Scipion ne sont plus majoritaires dans le collège (Briscoe, *ANRW*, p. 1090).

k. *RE* 104.

l. Caton dit l'Ancien, censeur en 184.

m. *V.* 25, 1 supra.

fuit quaestoribus urbanis, Q. Fabio Labeoni et L. Aurelio. 3 Pecunia opus erat quod ultimam pensionem pecuniae in bellum conlatae persolui placuerat priuatis. 4 Quaestores ab auguribus pontificibusque quod stipendium per bellum non contulissent petebant. Ab sacerdotibus tribuni plebis nequiquam appellati, omniumque annorum per quos non dederant exactum est.

5 Eodem anno duo mortui pontifices, nouique in eorum locum suffecti, M. Marcellus consul in locum C. Semproni Tuditani, qui praetor in Hispania decesserat, et L. Valerius Flaccus in locum M. Corneli Cethegi. 6 Et Q. Fabius Maximus augur mortuus est admodum adulescens, priusquam ullum magistratum caperet ; nec eo anno augur in eius locum est suffectus.

7 Comitia inde consularia habita a M. Marcello consule. Creati consules L. Valerius Flaccus et M. Porcius Cato. Praetores inde facti Cn. Manlius Volso, Ap. Claudius Nero, P.

XLII. **3** conlatae *Mog.* : allatae *B* || persolui *B* : -uere *Mog.* || **4** plebis *B* : *om. Mog.* || **5** C. (Semproni) *B* : T. *Mog.* || Valerius *Mog.* : ual. *B* || Flaccus *B* : *om. Mog.* || **6** Maximus *Mog.* : max. *B* || adulescens *Mog.* : adol- *B* || suffectus *Mog.* : subiectus *B* || **7** et M. *B* : M. *Mog.* || Cn. *B* : C. *Mog.*

Claudius Nero [n], P. Porcius Laeca [o], C. Fabricius Luscinus [p], C. Atinius Labeo [q], P. Manlius [r].

Cette année-là les édiles curules, M. Fulvius Nobilior [s] et C. Flaminius [t], distribuèrent au peuple un million de boisseaux [8] de blé à deux as le boisseau [9]. C'étaient les Siciliens qui avaient amené ce blé à Rome en l'honneur de C. Flaminius lui-même et de son père [u]. Flaminius avait fait partager à son collègue la popularité qu'entraîna cette distribution. Les Jeux Romains [v] furent préparés avec éclat et refaits complètement trois fois [10]. Les édiles de la plèbe, Cn. Domitius Ahenobarbus [w] et C. Scribonius Curion [x] firent juger par le peuple de nombreux éleveurs [11]. Trois d'entre eux furent condamnés. Avec le montant de leurs amendes [y] les édiles édifièrent un temple de Faunus [12] dans l'île [13]. Les Jeux Plébeiens [14] furent repétés pour une seconde période de deux jours et il y eut un repas pour ces jeux [15].

XLIII. Les consuls L. Valerius Flaccus [a] et M. Porcius Caton [b] ayant soumis au sénat, aux ides de mars, le jour

n. *RE* 245. Tribun militaire en 197 (32, 35, 1).

o. C'est à tort que le *Bambergensis* donne comme prénom M. *V*. § 1 supra et 43, 5 infra.

p. *RE* 10. Légat en 190.

q. *V*. 22, 2.

r. *V*. § 1. Briscoe (*ANRW*, p. 190) répartit ainsi les consuls et préteurs : les Manlii sont du camp des *Fulviani*, Nero et Atinius soutiennent la politique de Flamininus, Caton, Flaccus et Laeca forment un groupe à part.

s. Le prénom donné par *B* (Caius) est certainement erroné, car il s'agit sûrement de Marcus, hostile aux Scipions, consul en 189 et censeur en 179 (*RE* 91).

t. *RE* 3. Questeur en 209, il sera préteur en 193, consul en 187.

u. *RE* 2. Ce fut le premier préteur en Sicile en 227 ; consul en 223 puis en 217, il fut tué à Trasimène.

v. Sur ces jeux *u*. 25, 1 n. supra ; puisqu'ils se déroulent en septembre (du calendrier romain), cela doit correspondre à juin 196 astro.

w. *RE* 18. Il sera préteur en 194 et consul en 192.

x. *RE* 8. Il sera préteur en 193

y. Sans doute énormes — comme le montre la suite —, ce qui suppose une considérable richesse de ces éleveurs (*u*. Varron, *R.R.*, III, 1, 8).

a. *V*. supra 42, 5 n.

b. *V*. 42, 7 n.

Porcius Laeca, C. Fabricius Luscinus, C. Atinius Labeo, P. Manlius.

[8] Eo anno aediles curules, M. Fuluius Nobilior et C. Flaminius, tritici deciens cent*ena* milia binis aeris populo discripserunt. Id C. Flamini honoris causa ipsius patrisque aduexerant Siculi Romam ; Flaminius gratiam eius communicauerat cum collega. [9] Ludi Romani et apparati magnifice sunt et ter toti instaurati. [10] Aediles plebis, Cn. Domitius Ahenobarbus et C. Scribonius Curio [Maximus], multos pecuarios ad populi iudicium adduxerunt ; tres ex his condemnati sunt ; ex eorum multaticia pecunia aedem in insula Fauni fecerunt. [11] Ludi plebei per biduum instaurati, et epulum fuit ludorum causa.

XLIII. [1] L. Valerius Flaccus et M. Porcius Cato consules idibus Martiis, quo die magistratum inierunt, de prouinciis

XLII. **7** P. Porcius Laeca *Frob.*[2] *(in adnot. ; sed post* P. Manlius) : M. Porcius Laeca *B om. Mog.* || C. Fabricius Luscinus. C. Atinius Labeo *Frob.*[2] : C. Fabricius Labeo *B om. Mog.* || **8** Eo anno ---- Fuluius *B (at* C. Fulvius*)* : aediles curules M. Fuluius *Frob.*[2] *(in adnot.) om. Mog.* || centena *(script.* C*) B :* centum *Mog.* || discripserunt *B* : diuise- *Mog.* || aduexerant *Mog. : om. B* || cum collega *Mog.* : collegae *B* || **9** ter *B Frob.*[2] : *om. Mog.* || **10** C. *Mog. : om. B* || Curio *Drak.* : curio maximus *B Mog.* || pecuarios *Mog.* : specularios *B* || **11** epulum *Mog.* : aepulũ *B* || plebei *B* : plebeii *Mog.*

XLIII. **1** Cato --- Martiis *B* : *om. Mog. lacunam notat Frob.*[1] || quo die *B Frob.*[2] *(in adnot.)* : quidem *Mog.*

même de leur entrée en fonction, la question de la répartition des charges [1], les sénateurs décidèrent ceci : puisque la guerre en Espagne s'était tellement développée [2] qu'il fallait dorénavant un général et une armée consulaires, les consuls devaient se partager à l'amiable ou par tirage au sort la charge de l'Espagne Citérieure et celle de l'Italie ; celui qui obtiendrait comme province l'Espagne transporterait [3] deux légions et quinze mille alliés et Latins [4] ainsi que huit cents cavaliers ; il emmènerait vingt navires de guerre [5] ; l'autre consul lèverait deux légions ; c'était suffisant pour tenir la province de Gaule, puisque l'année précédente le moral des Insubres et des Boiens avait été brisé [6]. Caton tira l'Espagne et Valerius l'Italie.

Ensuite ce furent les préteurs qui tirèrent au sort leurs attributions : C. Fabricius Luscinus [c] eut le préture urbaine, C. Atinius Labeo la pérégrine [d], Cn. Manlius Vulso eut la Sicile [e], Ap. Claudius Nero l'Espagne Ultérieure [f], P. Porcius Laeca Pise (pour être sur les arrières des Ligures), P. Manlius fut adjoint au consul pour l'Espagne Citérieure [7]. Comme on se méfiait non seulement d'Antiochus et des Étoliens [8], mais aussi déjà de Nabis [g], tyran de Lacédémone, on prorogea d'un an le commandement de T. Quinctius [9], avec deux légions. Les renforts qui seraient nécessaires pour compléter celles-ci, les consuls reçurent l'ordre de les enrôler et de les envoyer en Macédoine. Ap. Claudius eut la permission d'enrôler, outre la légion que Q. Fabius [h] avait commandée,

c. Sur l'identification de ces préteurs voir supra 42, 7 et les notes. Luscinus succède à Apustius Fullo.

d. Il succède à Acilius Glabrio.

e. Il succède à Lélius (*u.* 26, 2 supra).

f. Il succède à Q. Fabius Buteo (*u.* 26, 3 supra).

g. Nabis est roi de Sparte depuis 207. Très critiqué par les historiens, il pratique de fait une politique très démocratique, distribuant les terres, affranchissant les ilotes. Il est sans cesse en conflit avec les Achéens. Sans hostilité contre Rome, il est cependant peu sûr et les Romains peuvent redouter d'avoir, avec lui, les Étoliens et Antiochus, trois ennemis à combattre à la fois. D'autre part sa mainmise sur Argos (*u.* l. 32, ch. 38-40) est contradictoire avec la politique libérale de Rome.

h. *V.* supra 24, 2 et 26, 3.

cum ad senatum rettulissent, patres censuerunt, 2 quoniam in Hispania tantum glisceret bellum ut iam consulari et duce et exercitu opus esset, placere consules Hispaniam citeriorem Italiamque prouincias aut comparare inter se aut sortiri ; 3 utri Hispania prouincia euenisset, eum duas legiones et quindecim milia socium Latini nominis et octingentos equites secum portare et naues longas uiginti ducere ; 4 alter consul duas scriberet legiones ; iis Galliam obtineri prouinciam satis esse fractis proximo anno Insubrum Boiorumque animis. 5 Cato Hispaniam, Valerius Italiam est sortitus.

Praetores deinde prouincias sortiti, C. Fabricius Luscinus urbanam, C. Atinius Labeo peregrinam, Cn. Manlius Volso Siciliam, Ap. Claudius Nero Hispaniam ulteriorem, P. Porcius Laeca Pisas, ut ab tergo Liguribus esset ; P. Manlius in Hispaniam citeriorem adiutor consuli datus. 6 T. Quinctio, suspectis non solum Antiocho et Aetolis, sed iam etiam Nabide, Lacedaemoniorum tyranno, prorogatum in annum imperium est, duas legiones ut haberet. In eas si quid supplementi opus esset, consules scribere et mittere in Macedoniam iussi. 7 Ap. Claudio, praeter legionem quam Q. Fabius

XLIII. **2** quoniam *B* : quum *Mog.* cum *Frob.*[1] || Italiamque *B* : et Italiam *Mog.* || **3** euenisset *Mog.* : u- *B* || eum *Mog.* : et eum *B* || et quindecim milia *B* : ex quinque millibus *Mog.* et quinque milia *Frob.*[2] *(in adnot.)* || octingentos *B* : quingentos *Mog.* || **4** scriberet legiones *B* : l- s- *Mog.* || iis *B* : his *Mog.* || obtineri prouinciam *B* : p- o- *Mog.* || Insubrum *B* : -rium *Mog.* || Boiorumque *B* : et Boiorum *Mog.* || **5** Luscinus *B Frob.*[2] : -nius *Mog.* || Cn. Manlius *B* : C. M- *Mog.* || Liguribus *B Frob.*[2] *(in adnot.)* : Libuis *Mog.* || in *Mog.* : *om. B* || consuli *Mog.* : -l *B* || datus *B* : datur *Mog.* || **6** iam *B* : *om. Mog.* || Nabide *Mog.* : nauidae *B* || **7** praeter *B Frob.*[1] : -tori *Mog.*

deux mille fantassins et deux cents nouveaux cavaliers. On attribua un nombre égal de fantassins et de cavaliers nouveaux à P. Manlius pour l'Espagne Citérieure ainsi que la légion qui avait été sous les ordres du préteur Q. Minucius [i]. On donna dans la région de Pise [10] à Porcius Laeca dix mille fantassins et cinq cents cavaliers pris dans l'armée de Gaule. En Sardaigne le commandement de Ti. Sempronius Longus [j] fut prorogé.

XLIV. Les attributions ainsi réparties, les consuls, avant de quitter Rome, reçurent l'ordre, en vertu d'une décision des pontifes, de procéder à un « printemps sacré » [1], que le préteur A. Cornelius Mammula [a], sur l'avis du sénat et l'ordre du peuple lors du consulat de Cn. Servilius [b] et de C. Flaminius [c], avait promis aux dieux de faire. Ce printemps fut exécuté vingt et un ans après la promesse [2]. Ces mêmes jours C. Claudius Pulcher [d], fils d'Appius [e], fut choisi et installé officiellement comme augure à la place de Q. Fabius Maximus, mort l'année précédente [3].

Alors que tous les gens s'étonnaient déjà que l'on ne s'occupât point de la guerre que l'Espagne avait déclenchée, on apporta une lettre de Q. Minucius [f] disant qu'il avait livré

i. *V.* supra 24, 2 et 26, 3.

j. *V*. supra 24, 2.

a. Propréteur en 214 (Liv., 23, 21, 4). Son prénom fait difficulté : alors qu'il est prénommé Aulus dans le livre 23, les manuscrits le nomment ici Cnaeus ou Caius. Un préteur de 191, qui doit être son fils, étant prénommé Aulus, c'est cette forme-ci qui est sans doute la bonne.

b. *RE* 61. Son *cognomen* est Geminus.

c. Sur C. Flaminius le père, voir supra 42, 8 n. La « promesse » date donc de 217 (Liv., l. 22, ch. 9-10)

d. *RE* 300. Il sera préteur en 180, consul en 177 et censeur en 169.

e. *RE* 293. Consul en 212.

f. *V*. supra 24, 2 ; 26, 3 et 43, 8.

habuerat, duo milia peditum et ducentos equites nouos ut scriberet permissum. 8 Par numerus peditum equitumque nouorum et P. Manlio in citeriorem Hispaniam decretus et legio eadem quae fuerat sub Q. Minucio praetore data. 9 Et P. Porcio Laecae [ad Etruriam] circa Pisas decem milia peditum et quingenti equites ex Gallico exercitu decreti. In Sardinia prorogatum imperium T*i*. Sempronio Longo.

XLIV. 1 Prouinciis ita distributis, consules, priusquam ab urbe proficiscerentur, uer sacrum ex decreto pontificum iussi facere, 2 quod *A*. Cornelius Mammula praetor uouerat de senatus sententia populique iussu Cn. Seruilio C. Flaminio consulibus. Annis post uno et uiginti factum est quam uotum. 3 Per eosdem dies C. Claudius, Appi filius, Pulcher augur in Q. Fabi Maximi locum, qui priore anno mortuus erat, lectus inauguratusque est.

4 Mirantibus iam uulgo hominibus quod Hispania mouisset bellum negligi, litterae a Q. Minucio adlatae sunt se ad

XLIII. **7** peditum et ducentos *Frob.*[1] : et cc *B* et ducenti *Mog.* || nouos ut scriberet *B* : nouosque scribere *Mog.* nouos scribere *Frob.*[1] nouos conscribere *Frob.*[2] || **8** et P. *B* : P. *Mog.* || Q. *B* : *om. Mog.* || **9** ad Etruriam *(B Mog.) secl. Madvig* ad Etruriam tuendam *H.-J. Müller* || decem milia *B* : ducenti *Mog.* || Ti. *Weissen.* : T. *B om. Mog.*

XLIV. **1** ex decreto pontificum iussi facere *Baumgarten-Crusius* : ex d- p- iussit f- *B* ex pontificum iussu fecere *Mog.* || **2** A. *Sig.* : Cn. *B* C. *Mog.* || uouerat *Mog.* : mo- *B* || Cn. *B Frob.*[1] : C. *Mog.* || C. *Mog.* : A. *B* || **3** factum *Mog.* : -us *B* || Appi *B* : Appii *Mog.* || in Q. Fabi (Fabii *Frob.*[1]) Maximi locum *B Frob.*[2] : in locum Q. Fabii M- *Frob.*[1] in Q. Fabii M- *Mog.* || qui *Mog.* : in *B* || **4** hominibus *B Frob.*[2] *(in adnot.)* : Minutium *Mog.* || quod Hispania mouisset bellum negligi *Frob.*[2] *(in adnot.)* : quod H- m- b- negligere *Mog.* quod cum H- m- b- neglegerent *B.*

avec succès près de la place de Turda [g], une bataille rangée contre les généraux espagnols Budar et Besado [h] ; douze mille ennemis avaient été tués, le général Budar capturé et tous les autres adversaires dispersés et mis en fuite. La lecture de cette lettre fit que l'on eut moins peur de l'Espagne, où l'on avait redouté un conflit considérable. Toutes les préoccupations, surtout après l'arrivée des dix délégués [4], se portèrent sur le roi Antiochus. Ceux-ci exposèrent d'abord ce qu'on avait fait avec Philippe et à quelles conditions on lui avait accordé la paix [5], puis ils montrèrent qu'un danger de guerre qui n'était pas moindre menaçait, du fait d'Antiochus ; celui-ci était passé en Europe avec une flotte immense [6], avec des troupes terrestres d'élite et, si un vain espoir — né d'un bruit encore plus vain — d'envahir l'Égypte ne l'avait détourné [7], la Grèce eût été rapidement embrasée par la guerre ; en effet les Étoliens non plus ne seraient pas restés tranquilles, ce peuple turbulent de nature et surtout irrité contre Rome ; de plus un autre mal considérable habitait les entrailles de la Grèce [8] : Nabis, pour l'heure tyran de Lacédémone et bientôt, si on le laissait faire, tyran de la Grèce tout entière, égalait par sa cupidité et sa cruauté tous les fameux tyrans [9] ; or, si on le laissait occuper Argos, placée comme une citadelle en avant du Péloponnèse, la libération de la Grèce du joug de Philippe — une fois les armées romaines revenues en Italie — ne servirait à rien, elle

g. *Turda* est donné par *B, Mog.* proposant *Turba*, deux noms de ville qui ne sont pas autrement connus. L'existence de *Turdetani* fait pencher pour le premier nom. Mais, bien que ce peuple soit surtout évoqué dans l'Espagne Ultérieure, il l'est aussi en Citérieure (21, 6, 1 et 28, 39, 8 : s'agirait-il d'homonymes ?) : en outre il faut observer que les frontières espagnoles sont encore floues. Quoi qu'il en soit, le choix de ce nom n'impliquerait donc pas que Minucius soit sorti de sa province (*u.* Briscoe *ad loc.*). On peut en faveur de *Turba* citer Appien, qui parle de Τορβολήτας (*Iber.* 10) et Ptolémée, qui signale une *Turbula* en Espagne Citérieure (2, 6, 61)

h. Inconnus par ailleurs. Les nominatifs que nous proposons sont donc hypothétiques. *Budaris* et *Besadines* par exemple seraient possibles. Une nouvelle fois l'annonce des combats d'Espagne est tardive : mars (195) = décembre 196 (astro.) correspond à des combats sans doute eux aussi tardifs (automne 196 ?).

Turdam oppidum cum Budare et Baesadine, imperatoribus Hispanis, signis collatis prospere pugnasse ; duodecim milia hostium caesa, Budarem imperatorem captum, ceteros fusos fugatosque. [5] His litteris lectis minus terroris ab Hispanis erat, unde ingens bellum expectatum fuerat ; omnes curae, utique post aduentum decem legatorum, in Antiochum regem conuersae. [6] Hi, expositis prius quae cum Philippo acta essent et quibus legibus data pax, non minorem belli molem instare ab Antiocho docuerunt : [7] ingenti classe, egregio terrestri exercitu in Europam eum traiecisse et, nisi auertisset uana spes, ex uaniore rumore orta, Aegypti inuadendae, mox bello Graeciam arsuram fuisse ; neque enim ne Aetolos quidem quieturos, cum ingenio inquietam tum iratam Romanis gentem. [8] Haerere et aliud in uisceribus Graeciae ingens malum, Nabim, nunc Lacedaemoniorum, mox, si liceat, uniuersae Graeciae futurum tyrannum, auaritia et crudelitate omnis fama celebratos tyrannos aequantem ; [9] cui si Argos uelut arcem Peloponneso impositam tenere liceat, deportatis in Italiam Romanis exercitibus, nequiquam liberatam a Philippo Graeciam fore, pro rege, si

XLIV. **4** Turdam *B* : Turbam *Mog.* || Baesadine *B* : Besaside *Mog.* || **5** utique post aduentum *B* : p- a- u- *Mog.* || **6** prius quae *B* : q- p- *Mog.* || legibus *Mog. : om. B* || instare *B* : restare *Mog.* || **7** et *B* : *om. Mog.* || **8** haerere *Mog.* : habere *B* || nunc *B Frob.*[2] (*in adnot.*) : tyrannum *Mog.* || **9** impositam tenere *B Frob.*[2] *(in adnot.)* : -tum occupare *Mog.*

qui aurait pour maître, à la place du roi qui était au moins éloigné, un tyran tout proche.

XLV. En entendant ces propos tenus par des personnages qui étaient si sérieux [1] et qui, de plus [2], ne rapportaient que des faits qu'ils avaient constatés par eux-mêmes, on considéra que le plus important était ce qui concernait Antiochus, mais que, ce roi s'étant retiré en Syrie pour un motif indeterminé, le plus urgent était de délibérer au sujet du tyran. Après avoir discuté longtemps pour savoir s'il y avait déjà suffisamment de motifs pour déclarer la guerre ou si l'on laissait T. Quinctius faire, à propos du Lacédémonien Nabis, ce qu'il jugeait utile à l'État, les Sénateurs décidèrent de le laisser libre car ils estimaient que cette affaire était de celles que l'on pouvait hâter ou retarder [3] sans grande importance pour l'intérêt de l'État [4] ; il fallait plutôt être attentif à ce qu'Hannibal et les Carthaginois feraient, si une guerre éclatait avec Antiochus [5].

Les menées d'Hannibal

Les membres du parti hostile à Hannibal écrivaient souvent [6] aux premiers personnages de Rome — chacun à ses hôtes [7] — qu'Hannibal avait expédié des messagers et des lettres à Antiochus et que des envoyés du roi étaient venus le voir en secret ; de même, disaient-ils, que certains animaux ne peuvent en aucune façon s'apprivoiser, le caractère de cet homme était violent et implacable ; il se plaignait que sa cité s'engourdisse [8] dans l'inaction et le repos, s'endorme dans la paresse et disait qu'elle ne pouvait être réveillée qu'au bruit des

nihil aliud, longinquo, uicinum tyrannum dominum habituram.

XLV. [1] Haec cum ab tam grauibus auctoribus, qui tum omnia per se ipsos explorata adferrent, audirentur, [2] maior res, quod ad Antiochum attineret, maturanda magis, quoniam rex quacumque de causa in Syriam concessisset, de tyranno consultatio uisa est. [3] Cum diu disceptatum esset utrum satis iam causae uideretur cur decerneretur bellum an permitterent T. Quinctio, quod ad Nabim Lacedaemonium attineret, faceret quod e re publica censeret esse, permiserunt, [4] eam rem esse rati quae maturata dilataue non ita magni momenti ad summam rem publicam esset ; [5] magis id animaduertendum esse quid Hannibal et Carthaginienses, si cum Antiocho bellum motum foret, acturi essent.

[6] Aduersae Hannibali factionis homines principibus Romanis, hos*pi*tibus quisque suis, identidem scribebant nuntios litterasque ab Hannibale ad Antiochum missas, et ab rege ad eum clam legatos uenisse ; [7] ut feras quasdam nulla mitescere arte, sic immitem et implacabilem eius uiri animum esse ; marcescere oti situ ciuitatem queri eum et inertia sopiri nec sine armorum sonitu excitari posse. [8] Haec proba-

XLV. **1** cum ab tam *B* : quum iam ab *Mog.* ‖ qui tum *ego* : tum qui *B Frob.*[2] tum quia *Mog.* qui *Ussing* ut qui *M. Müller* ‖ adferrent *B* : ref- *Mog.* ‖ audirentur *B Mog.* : -rēt *Frob.*[1] ‖ **2** attineret *B Mog.* : at *add. Walsh (CR n.s. XVII, 55)* ‖ magis *B* : his *Mog.* ‖ quoniam *B* : quum *Mog.* ‖ **3** satis iam causae *B* : iam causae satis *Mog.* ‖ cur *Mog.* : cū *B* ‖ bellum *B* : *om. Mog.* ‖ Nabim *B* : -in *Mog.* ‖ quod *(post.) B* : quae *Mog. (u. 34, 34, 9)* ‖ esse *B Frob.*[2] : *om. Mog.* ‖ **4** quae maturata dilataue *B Frob.*[2] *(in adnot.)* : -tam - tamue *Mog.* ‖ ita *B* : tam *Frob.*[2] *(in adnot.) om. Mog.* ‖ publicam esset *B* : Po. Romani esse *Mog.* Po. Romani esset *Frob.*[2] *(in adnot.)* ‖ **5** id *Mog.* : si id *B* ‖ Carthaginienses si *Mog.* : Kartaginiensi *B* ‖ bellum motum foret *B* : ortum foret bellum *Mog.* ‖ **6** hospitibus *Jacobs* : hostibus *B* amicis *Mog.* ‖ **7** nulla *B* : numquam *Mog.* ‖ arte *B* : *om. Mog.* ‖ et *(pr.) B* : *om. Mog.* ‖ oti (otii *script.*) situ *B* : otio tum *Mog.* otio situque *Frob.*[2] *(in adnot.)* ‖ ciuitatem queri eum *Frob.*[2] *(in adnot.)* : q- c- eum *Mog.* q- c- *B* ‖ sopiri *B* : operis *Mog.*

armes. Le souvenir de la dernière guerre, une guerre que lui seul avait non seulement conduite, mais aussi déclenchée [9], accréditait ces propos. En outre il avait, par un fait récent, irrité bien des puissants.

XLVI. À cette époque l'ordre des juges [a] était le maître à Carthage, surtout parce que c'étaient les mêmes personnes qui restaient juges à vie. Les biens, la réputation, la vie même de chacun étaient en leur pouvoir. Celui qui avait offensé un seul membre de cet ordre les avait tous pour ennemis et il ne manquait pas de gens pour porter des accusations devant ces juges hostiles. Pendant leur règne si tyrannique (car ils n'usaient pas en citoyens de leur pouvoir excessif [1]) Hannibal qui avait été nommé préteur [2] fit appeler un questeur [3]. Celui-ci ne tint aucun compte de cette demande ; en effet il était du parti adverse et, comme il se trouvait en train de passer de la questure à l'ordre tout puissant des juges, il se montrait déjà d'un orgueil en rapport avec le pouvoir qu'il allait bientôt détenir. Mais alors Hannibal, ayant estimé ce comportement déplacé, envoya un appariteur pour se saisir [4] du questeur, fit paraître celui-ci devant l'assemblée du peuple et s'en prit autant à l'ordre des juges qu'à lui, des juges, disait-il, devant l'orgueil et le pouvoir desquels ni les lois ni les magistrats n'existaient. Puis, quand il constata que son discours trouvait des oreilles favorables et que l'orgueil des juges constituait aussi une menace pour la liberté des petites gens, aussitôt il afficha et fit voter une loi stipulant que les juges ne seraient choisis que pour un an et que personne ne pourrait être juge deux ans de suite. Mais autant il avait gagné de crédit auprès de la plèbe par cette action, autant il avait heurté une grande partie des citoyens de haut rang.

a. Au nombre de 104, ils avaient un pouvoir proche de l'aréopage athénien avant les réformes d'Éphialte (*u*. Aristote, *Pol.*, 1272 b 354).

bilia memoria prioris belli per unum illum non magis gesti quam moti faciebat. Irritauerat etiam recenti facto multorum potentium animos.

XLVI. 1 Iudicum ordo Carthagine ea tempestate dominabatur, eo maxime quod iidem perpetui iudices erant. 2 Res, fama uitaque omnium in illorum potestate erat. Qui unum eius ordinis offendisset omnis aduersos habebat, nec accusator apud infensos iudices deerat. 3 Horum in tam impotenti regno—neque enim ciuiliter nimiis opibus utebantur—praetor factus Hannibal uocari ad se quaestorem iussit. 4 Quaestor id pro nihilo habuit ; nam et aduersae factionis erat et, quia ex quaestura in iudices, potentissimum ordinem, referebatur, iam pro futuris mox opibus animos gerebat. 5 Enimuero indignum id ratus, Hannibal uiatorem ad prendendum quaestorem misit subductumque in contionem non ipsum magis quam ordinem iudicum, prae quorum superbia atque opibus nec leges quicquam essent nec magistratus, accusauit. 6 Et, ut secundis auribus accipi orationem animaduertit et infimorum quoque libertati grauem esse superbiam eorum, legem extemplo promulgauit 7 pertulitque ut in singulos annos iudices legerentur, ne*u* quis biennium continuum iudex esset. Ceterum quantam eo facto ad plebem inierat gratiam, tantum magnae partis principum offenderat animos.

XLV. **8** non magis *B Frob.*^{2} *(in adnot.)* : tam *Mog.*

XLVI. **1** iidem *Mog.* : idem *B* ‖ **2** offendisset *B* : idē *Mog.* et *Frob.*^{2} ‖ infensos iudices *B* : iu- in- *Frob.*^{2} iu- infestos *Mog.* ‖ **3** impotenti *B Frob.*^{2} *(in adnot.)* : p- *Mog.* ‖ nimiis *Mog.* : nimis *B* ‖ utebantur *B Mog. Frob.*^{2} : -batur *Frob.*^{1} ‖ uocari *B* : -re *Mog.* ‖ iussit. Quaestor id *B* : idem *Mog.* ‖ **4** referebatur *B* : -bantur *Mog.* ‖ **5** prendendum *B* : prehendendum *Mog.* ‖ prae *B*^{1} *Frob.*^{2} : per *B om. Mog.* ‖ **7** ut *Mog. : om. B* ‖ neu *Duker* : ne *B*^{1} *Mog. om. B* ‖ quantam *Mog.* : -tum *B* ‖ offenderat *B* : -debat *Mog.*

Il prit aussi une autre mesure qui [5] fit qu'en agissant pour le bien public il suscita contre lui des inimitiés personnelles. Une partie des taxes publiques était gaspillée par négligence, une autre était la proie que se partageaient certains hauts personnages ainsi que les magistrats ; et l'argent qui devait être payé chaque année comme tribut [6] aux Romains manquait, une lourde contribution semblant menacer les particuliers [7].

XLVII. Quand Hannibal eut constaté le volume des taxes terrestres et maritimes, les motifs pour lesquels elles étaient prélevées, la part que les besoins ordinaires de l'État absorbaient, les sommes que les malversations détournaient [1], il fit rentrer tous les reliquats [2], ne demanda pas de contribution aux particuliers [3] puis affirma devant l'assemblée du peuple que l'État serait assez riche pour verser le tribut aux Romains : promesse qu'il exécuta.

Mais alors ceux que les malversations publiques avaient nourris durant des années, comme si c'étaient leurs biens qu'on leur avait enlevés et non le produit de leurs vols qu'on leur avait arraché des mains [4], pleins de haine et de colère, excitaient les Romains contre Hannibal, des Romains qui recherchaient déjà par eux-mêmes des prétextes pour le haïr. Ainsi, malgré la longue opposition de P. Scipion l'Africain qui estimait qu'il était indigne du peuple romain de souscrire [5] aux haines des accusateurs d'Hannibal, de mêler l'autorité de l'État aux luttes des factions carthaginoises et de considérer comme insuffisant d'avoir vaincu Hannibal au combat si, comme des accusateurs, l'on n'appuyait pas de serments les calomnies contre lui et si l'on ne déférait pas son nom à des juges [6], ils obtinrent enfin l'envoi d'ambassadeurs à Carthage pour accuser devant le sénat carthaginois Hannibal de fomenter avec le roi Antiochus une guerre. On envoya

8 Adiecit et aliud quo bono publico sibi proprias simultates irritauit. Vectigalia publica partim neglegentia dilabebantur, partim praedae ac diuisui et principum quibusdam et magistratibus erant, 9 et pecunia quae in stipendium Romanis suo quoque anno penderetur deerat, tributumque graue priuatis imminere uidebatur.

XLVII. 1 Hannibal, postquam uectigalia quanta terrestria maritimaque essent et in quas res erogarentur animaduertit, et quid eorum ordinarii rei publicae usus consumerent, quantum peculatus auerteret, 2 omnibus residuis pecuniis exactis, tributo priuatis remisso, satis locupletem rem publicam fore ad uectigal praestandum Romanis pronuntiauit in contione et praestitit promissum.

3 Tum uero ii, quos pauerat per aliquot annos publicus peculatus, uelut bonis ereptis, non furto eorum manibus extorto, infensi et irati Romanos in Hannibalem, et ipsos causam odii quaerentis, instigabant. 4 Ita, diu repugnante P. Scipione Africano, qui parum ex dignitate populi Romani esse ducebat subscribere odiis accusatorum Hannibalis et factionibus Carthaginiensium inserere publicam auctoritatem 5 nec satis habere bello uicisse Hannibalem, nisi uelut accusatores calumniam in eum iurarent ac nomen deferrent, 6 tandem peruicerunt ut legati Carthaginem mitterentur qui ad senatum eorum arguerent Hannibalem cum Antiocho

XLVI. **8** et *B* : *om. Mog.* || quo *Heinsius* : quod *B Mog.* || neglegentia *B* : neglig- *Mog.* || et *(pr.) B : om. Mog.* || erant *B* : e- quin *Mog.*

XLVII. **1** postquam *Mog.* : quā *B* p'quā *B*[1] || ordinarii *Frob.*[2] *(in adnot.)* : -ri *B* -ati *Mog.* || **2** omnibus *B Frob.*[1] : et o- *Mog.* || **3** ii *Bekker* : iis *B* isti *Mog.* || pauerat *B Frob.*[2] : -rant *Mog.* || aliquot *Mog.* : -od *B* || publicus *B Frob.*[2] : -ci *Mog.* || furto eorum manibus extorto *Frob.*[2] *(de usu demonstrat.* eorum *u. Cic. Pis. 76)* : furtorum m- (manubiis *Madvig*) extortis *B Mog.* furtis et m- extortis *Frob.*[1] || **4** ita *B* : itaq ; *Mog.* || P. *B* : *om. Mog.* || qui *B* : quia *Mog.* || ex ----- esse *B* : expugnantes se *Mog.* ex dignitate sua *Frob.*[1] || accusatorum *B* : -tionibusque *Mog.* || **5** habere *Mog.* : -ri *B* || iurarent *Mog.* : -abant *B* || **6** ad *B* : apud *Mog.* || arguerent *Mog. : om. B* ||

trois ambassadeurs : Cn. Servilius [a], M. Claudius Marcellus [b], Q. Terentius Culleo [c]. Une fois arrivés à Carthage, sur le conseil des adversaires d'Hannibal, ils dirent de répondre à ceux qui posaient des questions sur le motif de leur arrivée, qu'ils étaient venus pour mettre un terme aux querelles entre les Carthaginois et Massinissa, le roi de Numidie [7]. Tous le crurent. Hannibal était le seul qui se rendait compte que les Romains le visaient et que la paix avait été accordée aux Carthaginois à condition qu'une guerre inexpiable restât menée contre lui seul [8]. Aussi décida-t-il de se soumettre aux circonstances et à son destin. Ayant déjà tout préparé pour fuir, il se montra au forum ce jour-là pour détourner les soupçons et, dès la tombée de la nuit, vêtu comme au forum [9], accompagné par deux hommes qui ignoraient son dessein, il se dirigea vers une porte de la ville.

XLVIII. Des chevaux se trouvant prêts où il l'avait demandé, il traversa dans la nuit le Byzacium — c'est le nom que l'on donne à une région de ce pays [a] — et parvint le lendemain à son château [1], au bord de la mer, entre Acylla [b] et Thapsus. Là un bateau, qui avait été préparé et pourvu de rameurs, l'accueillit. C'est ainsi qu'Hannibal quitta l'Afrique, en se lamentant plus souvent sur le sort de sa patrie que sur le sien. Le même jour il arriva à l'ile de Cercina [c]. Comme il avait trouvé là dans le port un certain nombre de navires de transport phéniciens, chargés de marchandises, et qu'à sa sortie du bateau des gens s'étaient attroupés pour le saluer, il fit dire à ceux qui s'informaient qu'il avait été envoyé en mission à Tyr [2]. Mais, ayant craint que l'un de ces navires ne

a. Sans doute Caepio, consul en 203 (*RE* 44). Pendant son consulat il est apparu comme hostile à Scipion.

b. Voir n. à 24, 1 supra.

c. *RE* 43. Prisonnier à Carthage, il fut libéré par Scipion (30, 43, 11 — 45, 5). Il atteindra la préture en 187.

a. D'après Polybe (12, 1, 1) elle avait 2.000 stades (= 335 kms) de pourtour. Elle englobait Hadrumète, Leptis, Thapsus. Voir Dessau, *RE*, III, 1114-1116.

b. Au sud de Thapsus, près du cap Kaboudia. On trouve aussi les formes 'Αχόλλα (chez Pline l'Ancien) et Achulla (sur des monnaies).

c. En fait deux îles au sud d'Acylla (*u*. Dessau, *RE*, III, 1968).

rege consilia belli faciendi inire. [7] Legati tres missi, Cn. Seruilius, M. Claudius Marcellus, Q. Terentius Culleo. Qui, cum Carthaginem uenissent, ex consilio inimicorum Hannibalis quaerentibus causam aduentus dici iusserunt [8] uenisse se ad controuersias quae cum Massinissa rege Numidarum Carthaginiensibus essent dirimendas. [9] Id creditum uulgo ; unum Hannibalem se peti ab Romanis non fallebat et ita pacem Carthaginiensibus datam esse ut inexpiabile bellum aduersus se unum maneret. [10] Itaque cedere tempori et fortunae statuit ; et praeparatis iam ante omnibus ad fugam, obuersatus eo die in foro auertendae suspicionis causa, primis tenebris uestitu forensi ad portam cum duobus comitibus ignaris consilii est egressus.

XLVIII. [1] Cum equi quo in loco iusserat praesto fuissent, nocte Byzacium—ita regionem quandam agri uocant—transgressus, postero die ad mare inter Acyllam et Thapsum ad suam turrem peruenit. [2] Ibi eum parata instructaque remigio excepit nauis. Ita Africa Hannibal excessit, saepius patriae quam suum euentum miseratus. [3] Eodem die in Cercinam insulam traiecit. Vbi cum in portu naues aliquot Phoenicum onerarias cum mercibus inuenisset et, ad egressum eum e naue, concursus salutantium esset factus, percunctantibus legatum se Tyrum missum dici iussit. [4] Veritus

XLVII. **7** Cn. *B* : C. *Mog.* || Carthaginem *B* : *om. Mog.* || **8** se *B* : *om. Mog.* || Massinissa *Mog.* : Masinisa *B* || **9** unum Hannibalem *B* : a- u- *Mog.* || **10** ante omnibus *B* : o- a- *Mog.*

XLVIII. **1** iusserat *B* : fuerunt *Mog.* fuerant *Frob.*[2] || Byzacium ita *B* : uisa cita *Mog.* uia cita *Frob.*[1] || uocant *B* : Vocani *Mog.* || ad *B* : *om. Mog.* || mare *B Mog.* : mane *Frob.*[1] || Acyllam *B (u. Bell. Afr. 33 ; 43)* : ancillam *Mog.* Achollam *Sig. (u. Plin. N.H. 5, 30)* || et Thapsum *B Frob.*[1] : Tapsum *Mog.* || turrem *B* : turrim *Mog.* || **2** ita *B Frob.*[2] : ita lucius *Mog.* italica. *Frob.*[1] || suum euentum *B* : suorum euentus *Mog.* || **3** eodem *B* : eo *Mog.* || aliquot *Mog.* : -od *B* || Phoenicum (Phen- *script.*) *B* : *om. Mog.* Poeni *Frob.*[2] || inuenisset *B Mog.* : -ssent *Frob.*[2] || missum *B* : *om. Mog.*

partît de nuit pour Thapsus ou pour Hadrumète [d] et n'apportât la nouvelle qu'il avait été vu à Cercina, il ordonna de préparer un sacrifice, fit [3] inviter les commandants des navires ainsi que les marchands et réclamer les voiles et les antennes des navires pour ménager sur le rivage aux dîneurs des endroits ombragés [4] (il se trouvait [5] que l'on était en plein été). Le repas de cette journée se déroula avec tout le faste que permettaient les ressources et les circonstances. Le vin étant abondant, le dîner dura tard dans la nuit. Dès qu'Hannibal eut l'occasion de tromper l'attention de ceux qui étaient dans le port, il leva l'ancre. Quand le lendemain les autres, qui étaient endormis, se furent réveillés enfin, lourds de leur ivresse, ils passèrent — alors [6] qu'il était déjà tard — de nombreuses heures à ramener les agrès dans les navires, à les mettre en place et à les ajuster.

À Carthage, quand les nombreuses personnes qui avaient l'habitude de venir dans la demeure d'Hannibal se furent rassemblées dans le vestibule de la maison [7] et quand se fut répandu le bruit qu'il ne se montrait pas [8], une foule de gens réclamant le premier personnage de la cité [9] se rassembla au forum. Les uns murmuraient qu'il avait fui — ce qui était vrai —, les autres qu'il avait été tué à la suite d'une ruse des Romains (c'était ce qui se disait le plus couramment), et l'on pouvait voir des visages aux expressions variées, comme il est naturel dans une cité où les uns soutiennent un camp, les autres un autre et où s'opposent des factions. Finalement on apprit qu'il avait été aperçu à Cercina.

XLIX. Les ambassadeurs de Rome exposèrent au sénat que les sénateurs romains avaient la certitude qu'auparavant

d. Hadrumète est au nord de Thapsus.

tamen ne qua earum nauis nocte profecta Thapsum aut Hadrumetum nuntiaret se Cercinae uisum, sacrificio apparari iusso, magistros nauium mercatoresque inuitari iussit et uela cum antemnis ex nauibus conrogari, [5] ut umbrae—tum media aestas forte erat—cenantibus in litore fierent. [6] Quanto res et tempus patiebatur apparatu celebratae eius diei epulae sunt ; multoque uino in serum noctis conuiuium productum. [7] Hannibal, qu*u*m primum fallendi eos qui in portu erant tempus habuit, nauem soluit. [8] Ceteri sopiti cum postero die tandem ex somno, pleni crapulae, surrexissent, ad id quod serum erat, aliquot horas referendis in naues collocandis*que* et aptandis armamentis absumpserunt.

[9] Carthagine, *ut* multitudinis adsuetae domum Hannibalis frequentare concursus ad uestibulum aedium est factus [10] et ut non comparere eum uulgatum est, in forum turba conuenit principem ciuitatis quaerentium ; [11] et alii fugam conscisse, id quod erat, alii fraude Romanorum interfectum, idque magis uulgo fremebant, uariosque uultus cerneres, ut in ciuitate aliorum alias partes fouentium et factionibus discordi ; uisum deinde Cercinae eum tandem allatum est.

XLIX. [1] Et Romani legati cum in senatu exposuissent compertum patribus Romanis esse, et Philippum regem ante

XLVIII. **4** earum *B Frob.*[2] : eorum *Mog.* || aut *Mog. B*[1] *: om. B* || antemnis *B* : -ennis *Mog.* || **5** umbrae tum *B :* umbra etenim *Mog.* umbraculum *Madvig* || litore *B* : littore *Mog.* || fierent *B* : -ret *Mog.* : || **6** quanto *B* : -tum *Mog.* || patiebatur *B Frob.*[2] : -bātur *Mog.* || apparatu celebratae *B* : -tae -taeque *Mog.* || noctis *Mog.* : -ti *B* || productum *Mog.* : perd- *B* || **7** quum *edit. Lugd. Bat. 1553* : quam *Mog.* quod *B* || **8** ad *B* : *om. Mog.* || aliquot *Mog.* : -od *B* || referendis *B* : remis *Mog.* || collocandisque *Kreyssig* : -dis *B Mog.* || et aptandis *Mog. : om. B* || absumpserunt *Mog.* : ads- *B* || **9** ut *Drak.* : et *B Mog. secl. Weissen.* || **10** et ut *Frob.*[1] : ut *B Mog.* et *Drak.* || **11** alii fugam conscisse *Mog.* : aliis fugam -et *B* || uulgo fremebant *B* : ferebant *Mog.* || et *B Mog. : om. Frob.*[1] || discordi *B* : *om. Mog.* || eum *B Frob.*[1] : quum *Mog.*

XLIX. **1** Et *B* : *om. Mog.*

c'était surtout Hannibal qui avait poussé avec ardeur le roi Philippe à faire la guerre au peuple romain [1], et que, maintenant, il avait envoyé des lettres et des messagers à Antiochus et aux Étoliens [2] ; il avait formé le projet de pousser Carthage à la révolte et il n'était allé nulle part ailleurs que chez le roi Antiochus [3] ; il ne se tiendrait pas tranquille tant qu'il n'aurait pas déclenché la guerre dans le monde entier ; ses actes ne devaient pas rester sans châtiment si les Carthaginois voulaient convaincre le peuple romain que rien de tout cela n'avait été accompli selon leur volonté ou par décision publique [4]. Les Carthaginois répondirent alors qu'ils feraient tout ce que les Romains estimeraient juste [5].

Hannibal parvint à Tyr après une heureuse traversée et il fut accueilli par les fondateurs de Carthage [6] avec toute sorte d'honneurs, puisque cet homme si célèbre venait de leur seconde patrie [7] ; après être resté en ce lieu quelques jours, il alla en bateau à Antioche [a]. Là, ayant appris que le roi était déjà parti pour l'Asie, il rencontra son fils [b] qui célébrait les jeux solennels à Daphné [c] et, malgré son accueil amical, embarqua sans le moindre retard. C'est à Éphèse [8] qu'il rejoignit le roi [9] qui hésitait encore et qui se demandait s'il ferait la guerre aux Romains. Mais l'arrivée d'Hannibal n'eut pas peu d'influence pour le déterminer à agir.

Les Étoliens font défection

Les Étoliens aussi, à la même époque, se détachèrent de l'alliance romaine ; le sénat, comme leurs envoyés [10] réclamaient en vertu du premier traité [11] Pharsale, Leucade et d'autres cités [d], les renvoya à T. Quinctius [12].

a. V. n. à 19, 8 supra.

b. V. n. à 19, 9 supra.

c. Agglomération proche d'Antioche. Il est peu probable (malgré *sollemne*) que ces jeux aient eu lieu tous les ans. Les jeux annuels n'étaient pas fréquents en Asie. Nous avons une inscription qui paraît évoquer des jeux en 197 (*AJA*, 68, 1964, p. 178-179). Il est donc probable que ces fêtes avaient lieu tous les deux ans et que celles qui sont signalées ici datent bel et bien de 195.

d. Échinos, Larisa Kremaste sans doute (*u*. Briscoe *ad loc*.).

ab Hannibale maxime accensum bellum populo Romano fecisse, 2 et nunc litteras nuntiosque ab eo ad Antiochum et Aetolos missos, consiliaque inita impellendae ad defectionem Carthaginis, nec alio eum quam ad Antiochum regem profectum ; haud quieturum antequam bellum toto orbe terrarum concisset ; 3 id ei non debere impune esse, si satisfacere Carthaginienses populo Romano uellent nihil eorum sua uoluntate nec publico consilio factum esse ; 4 Carthaginienses responderunt quidquid aequum censuissent Romani facturos esse.

5 Hannibal prospero cursu Tyrum peruenit exceptusque a conditoribus Carthaginis, ut ab altera patria uir tam clarus, omni genere honorum, paucos moratus dies, Antiochiam nauigat. 6 Ibi profectum iam regem in Asia*m* cum audisset filiumque eius sollemne ludorum ad Daphnen celebrantem conuenisset, comiter ab eo exceptus nullam moram nauigandi fecit. 7 Ephesi regem est consecutus, fluctuantem adhuc animo incertumque de Romano bello ; sed haud paruum momentum ad animum eius moliendum aduentus Hannibalis fecit.

8 Aetolorum quoque eodem tempore alienati ab societate Romana animi sunt, quorum legatos Pharsalum et Leucadem et quasdam alias ciuitates ex primo foedere repetentis senatus ad T. Quinctium reiecit.

XLIX. **1** populo *B Mog.* : -lum *B*[1] || **2** et Aetolos ---- Antiochium *B* : *om. Mog.* || profectum *B* : -tos *Mog. (scil. e uerbo* nuntios*)* || haud *Mog.* : aut *B* || antequam bellum *Mog.* : eum quā b- ante quam *B* eum ante quam bellum *Kreyssig* || concisset *Frob.*[1] : conscisset *B Mog.* || **3** id ei non *B* : ne his *Mog.* || **4** quicquid *Mog.* : quid *B* || **5** exceptusque *B Frob.*[2] : -tus *Mog.* || ab altera *B* : alia *Mog.* || **6** in Asiam *Kreyssig* : in Asia *B om. Mog.* || filiumque *B* : filium *Mog.* || Daphnen *B Frob.*[1] : Dapinnen *Mog.* || conuenisset *Mog.* : cum c- *B* || **7** de *Mog.* : *om. B* || ad animum *B* : animo *Mog.* || **8** Aetolorum *B Frob.*[2] : -li *Mog.* || animi sunt *B Frob.*[2] *(in adnot.)* : et Aminander *Mog.* || repetentis *B* : p- *Mog.* || T. *B* : *om. Mog.* || *in fine* Titi Liui ab urbe condita liber XXXIII explicit *B. nulla subscr. Mog.*.

NOTES COMPLÉMENTAIRES

Chapitre I :

1. Il s'agit de l'hiver 198-197 et des événements narrés en 32, 32-40, c'est-à-dire la conférence de Nicée et le traité avec Nabis (voir introduction, p. IX). Précisons d'emblée que pour nombre des notes nous sommes largement redevable au commentaire remarquable de J. Briscoe.

2. Selon le système polybien, au début du mois de mars : ce qui doit correspondre à juin dans le calendrier officiel romain.

3. C'est la première mention de cette ville chez Tite-Live, mis à part le rappel de sa destruction par Alexandre en 335 (9, 18, 7) : la cité a été refondée par Cassandre en 316.

4. Il y avait un *signum*, une enseigne, par manipule, et *signum* en est venu à désigner un manipule (soit quelque cent cinquante hommes).

5. Les *hastati* étaient les soldats placés en première ligne, devant les *principes* et les *triarii*. Notons qu'il doit s'agir d'une légion renforcée car habituellement, selon Polybe, il y a seulement 1 200 *hastati* par légion (6, 21, 6-9). À moins qu'il ne faille lire *legionum* ou *duarum legionum* et non *legionis* (*u.* app. crit.)

6. Soit environ mille cinq cents mètres.

7. La scène est loin d'être claire et la mention d'un seul licteur surprend, puisqu'un proconsul était accompagné généralement de douze licteurs. Gronovius a modifié le texte et compris que les Thébains étaient « poussés par la foule des licteurs » mais cette interprétation n'est guère possible car *turba* ne saurait s'appliquer à douze personnes. De fait le singulier *lictor* peut s'expliquer comme un emploi traditionnel se référant au premier des licteurs (*V.* dans le même sens Weissenborn et McDonald *ad loc.*). Il est d'autre part probable que la *multitudo* et les *oppidani* représentent les mêmes personnes : au début, quand ils étaient juchés sur les murailles, ils ne pouvaient voir les troupes en raison des *anfractus* et des *ualles ;* après, une fois descendus des murs, ils se sont gênés eux-mêmes — si *turba* (au § 6) s'applique à eux — ou ils l'ont été par les délégations et par tous ceux qui accompagnaient le proconsul et Antiphilos.

8. Nous avons montré que ce type de récit (la narration d'un fait surprenant) est fréquent dans le livre 33 (*u.* intr. p. LX).

9. Plutarque dit en revanche (*Flam.*, 6, 1) que tout le monde se ralliait volontiers à Titus.

Chapitre II :

1. Cf. Pol., 18, 17, 6 où Attale loue les propres ancêtres des Béotiens. Pour sa générosité envers les Grecs, *u.* Pol., 4, 65, 4 ; 9, 42, 5 ; 11, 5, 8 ; 22, 8, 9.
2. De fait maintenant le stratège est Nicostratos (*u.* 32, 39, 7 ; 40, 4 ; 33, 14, 6)
3. Son discours aux Achéens est au l. 32 ch. 21
4. Attale avait dû renoncer à se tailler un empire en Asie Mineure, et il avait sans doute (v. n. 1 supra) des visées sur le Grèce continentale ; aussi Flamininus ne dut-il pas être trop affecté par sa maladie. Transporté dans son pays, le roi mourut peu après, à l'âge de 72 ans (*u.* infra 21, 1).

Chapitre III :

1. *V.* 32, 37, 1-5.
2. Après 262, le règne d'Antigonos Gonatas fut calme. Mais, après, Demetrios II et Antigonos Doson firent de nombreuses guerres.
3. À Lade et à Chios en 201 (*u.* Pol., 16, 2-10).
4. Ce conseil se réunissait au printemps (*u.* Holleaux, I, p. 219-227), mais cela put être aussi un conseil réuni spécialement pour cette question.
5. *B* a δc (= 600), Plutarque dit six mille (*Flam.*, 7, 2). On choisira plutôt le chiffre de Plutarque, car les Étoliens étaient un peuple puissant, apte à fournir un contingent important. De plus il serait curieux qu'il y ait presque autant de cavaliers que de fantassins. Enfin les Étoliens se sont vantés d'avoir joué un grand rôle dans la victoire (35, 12, 15 ; Pol., 18, 34, 2 ; 48, 8), un rôle qu'ils n'auraient pu remplir sans une troupe nombreuse.
6. Pour que Philippe n'attribuât pas ces délais à la crainte.
7. Ce sont sans doute des Crétois donnés par Nabis (*u.* 32, 40, 4).
8. C'est-à-dire comme des Crétois, donc à la légère : ce sont sans doute des archers. Mais ils sont plutôt d'Apollonia d'Illyrie que d'Apollonia de Crète, sans quoi Tite-Live n'aurait pas précisé leur armement (cf. Briscoe, *ad loc.*).
9. Les discours sont placés par Plutarque juste avant la bataille. Philippe serait monté sur un tertre qui était une tombe collective, présage qui glaça d'effroi les soldats (*Flam.*, 7, 7).

Chapitre IV :

1. *V.* l. 32, ch. 11-12 ; 32, 6 doit être un doublon.

2. *V.* l. 32, ch.17. Le texte présente des difficultés. *Terra* est peu défendable : Philippe n'ayant aucune raison de préciser qu'il s'agissait d'un combat terrestre. La proposition de Gronovius (*ter a*) — que nous avons finalement acceptée — ne correspond guère au texte, car au siège d'Atrax les Romains n'avaient été repoussés que deux fois. Weissenborn a proposé *iterum*, mais le mot n'est pas, chez Tite-Live, l'équivalent de *bis*. Briscoe (p. 252) aurait supprimé volontiers toute l'expression *terra a Macedonum phalange*.

3. En ne voyant pas le groupe, conduit par un berger, qui passa par un autre chemin que celui du défilé.

4. Dans la narration de la bataille (32, 12), Tite-Live ne fait pas de différence entre les comportements des différents corps de troupe. Il s'agit peut-être ici d'une déformation rhétorique que l'historien prête à Philippe.

5. C'est le seul type de combat qui révèle en effet pour les anciens le courage de chaque camp, un type de combat devenu de plus en plus rare en raison du rôle grandissant de la ruse, attribuée par les Romains aux Carthaginois et aux Grecs, mais dont les *imperatores* usèrent aussi largement en lui donnant les noms plus nobles de *consilium, prudentia* etc. Voir notre article cité n. 170, p. XLIX de l'introduction.

6. La même précision figure en 31, 36, 1 ! Le nom grec vient de πέλτη employé pour désigner un petit bouclier en forme de croissant, sans bord et sans courroie, contrairement à l'ὅπλον. Le terme latin utilisé par Tite-Live ne se trouve pas à Rome avant César et vient de *cetra* qui désignait un petit bouclier, mais l'origine précise de ce mot est inconnue. Notons que πέλτη désigne quelquefois en grec la troupe et non l'arme.

7. De fait les Macédoniens étaient donc 25 500, les Romains, si l'on ajoute les contingents étrangers, étaient sans doute au plus 30 400 : dix mille citoyens et autant d'alliés pour les deux légions, deux mille cavaliers, deux mille Gortyniens, Apolloniates et Athamans, ainsi que, sans doute (*u.* note à 3,9 supra), 6 400 Étoliens. Mais ce nombre n'était peut-être pas atteint : l'effectif des légions était approximatif, toutes les troupes n'étaient pas toujours engagées (comparer pour Magnésie 37, 39, 7-9) et Plutarque avance, quant à lui, le chiffre de 26 000 soldats pour Rome (*Flam.*, 7, 2). La correction de Gronovius (*u. app. crit.*), qui limite la supériorité numérique romaine à la seule cavalerie nous paraît donc très bonne et nous ne suivrons pas McDonald qui conserve la leçon de *B*.

Chapitre V :

1. Briscoe, *ad loc.*, suggère qu'il doit s'agir d'une garnison macédonienne.
2. Sur cette erreur de Flamininus que concède Tite-Live, *u.* intr. p. LXV.
3. Tout ce développement est inspiré de Polybe, 18, 18. Mais Tite-Live est plus clair et regroupe bien d'abord ce qui concerne les Grecs, puis ce qui concerne les Romains, alors que Polybe oppose point par point les différences (*u.* intr. p. LXII).
4. La correction de Briscoe est astucieuse. Si on ne l'adopte pas, il faut admettre que Tite-Live a envisagé au début de sa phrase une deuxième causale et qu'il a abandonné cette construction.
5. La correction de *et* en *uel* s'impose. Il est difficile de croire que Tite-Live s'est mépris sur le sens du texte de Polybe (18, 18, 7).
6. D'après Polybe elles étaient suspendues aux épaules.
7. *Alium reponere perfacile est* est un ajout de Tite-Live.

Chapitre VI :

1. Cette ville avait fermé ses portes à Philippe l'année précédente (32, 13, 9).
2. Chez Polybe (18, 19, 3-4), c'est quand il apprit que Flamininus était à Thèbes de Phthiotide que Philippe partit de Larisa pour Phères.
3. Chez Polybe (18, 19, 5-7) ce sont les éclaireurs (dont il est question ici au § 2) qui se rencontrèrent .
4. Tite-Live résume considérablement Polybe 18, 19, 9-12 et exagère le succès des Romains et des Étoliens.
5. Pédech, p. 516-517, observe que Polybe a certainement parcouru cette région. Il faut signaler que la mention des arbres, des chemins rétrécis et barrés est un ajout de Tite-Live qui fait ainsi voir la scène au lecteur (*u.* intr. p. LXIII et Tränkle, p. 100).
6. C'est le sens généralement retenu. Briscoe (*ad loc.*,) préfère « as if they had previous information ». On pourrait aussi entendre « comme si cela avait été déjà prévu ».
7. Tite-Live use d'un mot plutôt poétique (*nimbus*), comme souvent dans les descriptions de phénomènes atmosphériques.
8. On a préféré *nocti* à la leçon de *B* car Tite-Live utilise, avec *similis*, le datif pour les noms de chose.

Chapitre VII :

1. Polybe est bien plus bref. Tite-Live donne encore à voir la scène (*u.* Luce, p. 41 et Tränkle, p. 100).

2. Tite-Live pense donc que Philippe a franchi les monts Cynoscéphales et laissé un poste d'observation ou une embuscade à leur sommet, alors que d'après Polybe (18, 20, 9) il continue sa progression au nord de ceux-ci et détache seulement la troupe — qui couvrait sa marche — vers le sommet de ces monts.

3. *Ventum est* concerne les seuls Romains, mais la paralysie (*u. quieuerunt*) saisit les deux adversaires. Le texte de Tite-Live manque ici un peu de clarté.

4. Polybe ne parle pas de plusieurs messagers.

5. Sur la *fortuna* voir l'intr. p. LII-LIII.

6. Polybe ne parle pas de ce désarroi du prince (18, 22, 1)

7. Polybe ne dramatise pas cette décision, comme le fait Tite-Live. Pour la comparaison de la version polybienne et de la version livienne de cet épisode, voir Tränkle, p. 101-102.

8. Pour Polybe, les Romains ne furent pas refoulés jusque dans la plaine (18, 22, 3).

9. Même commentaire chez Polybe.

Chapitre VIII :

1. Polybe est plus disert ; il fait parler les messagers ; il explique pourquoi Philippe n'est pas disposé à combattre : les monts Cynoscéphales étant couverts de crevasses et peu propices à un combat régulier. L'expression *alii super alios* est reprise d'ἕτερος ἐφ 'ἑτέρῳ dans le texte grec.

2. D'après Polybe, Flamininus a déployé ses troupes avant, pour effacer le fâcheux effet de la reculade romaine (18, 22, 7).

3. Flamininus, ou l'un de ses prédécesseurs, avait emmené en Grèce des éléphants livrés par les Carthaginois vaincus.

4. Tite-Live place donc la disposition des troupes avant la harangue du chef : Polybe fait l'inverse. la conséquence est que, d'après la version de l'historien romain, seule l'aile gauche peut entendre les propos du général...

5. *V.* le début du ch. 4 supra.

6. Au printemps 199 : voir 31, 39, 7. Notons que chez Polybe Flamininus évoque ces victoires en suivant l'ordre chronologique.

7. Ces considérations sur la *fama* sont de Tite-Live, mais celui-ci omet la fin du discours donnée par Polybe et laisse, curieusement, la harangue sans conclusion.

8. Voir la note à 4, 4 supra.

9. Le début de cette phrase dans *B* est étrange parce que la précision *quam... uocabant* est superflue (le nom de la phalange a déjà été évoqué au chapitre 4, 3 supra) et que l'aile droite à elle seule ne peut être considérée comme le *robur* de l'armée macédonienne. Il faut supposer que la précision est une glose. Quant à *robore* Tränkle (p. 188, n. 35) qui

traite longuement de ce passage et qui propose de maintenir la relative suggère astucieusement de le remplacer par *roboris*, en apposition à *peditum*. Suggestion que nous avons adoptée.

10. Polybe décrit plus précisément les manœuvres de Philippe, qui déploie ses troupes d'abord à partir de la gauche (18, 24). Tite-Live s'attache davantage aux sentiments du roi.

11. Tite-Live ajoute cette hésitation de Philippe. De fait, comme le dit Briscoe, la voie du repli lui est dès lors fermée, comme Tite-Live le remarque lui-même après.

12. La leçon de *B* est impossible à maintenir. La solution adoptée est la plus proche du texte de Polybe.

13. En fait Polybe emploie καταβάλλειν qui a ici le sens d'*abaisser* et non de *déposer* (18, 24). Tite-Live a sans doute commis un faux-sens sur le texte grec et cherché à justifier son interprétation par un ordre complémentaire (= *il faut se battre à l'épée*) qui ne se trouve pas chez Polybe : *u.* P. G. Walsh, *The negligent historian. « Howlers » in Livy, G&R*, NS 5, 1958, p. 84-85. Tränkle, p. 181, estime que cette confusion est vraiment surprenante de la part d'un historien qui connaît bien la langue et la civilisation grecques. Pour Pianezzola (*Traduzione e ideologia*, p. 85-88), Tite-Live fait délibérément une modification parce qu'il ne veut pas admettre la supériorité de l'armement de la phalange. Voir aussi Luce, p. 40.

14. Un même emploi d'*introrsus* en 32, 17, 8.

15. Emprunt à Homère (*Il.*, 13, 131-3 ; 16, 215-217) par l'intermédiaire de Polybe sans doute (18, 29, 6). Cf. aussi Virg., *Aen.*, 10, 361. La manœuvre est indiquée de façon plus rapide par l'historien grec (18, 24, 8). Le complément *dimidium* est surprenant avec *duplicat* d'où les propositions de Wesenberg et de Tränkle, mais on peut faire l'économie de ces modifications si l'on suppose que le Padouan s'inspire du tour διπλάζειν τὸ βάθος dans le passage correspondant de Polybe.

Chapitre IX :

1. Cette division du combat en trois parties est déplacée, puisque la phalange n'est pas dans sa formation habituelle. Il est d'ailleurs difficile de parler de *media acies* pour la phalange (*u.* Walsh, p. 161-162). On notera que la dernière remarque ne se trouve pas chez Polybe.

2. Le contexte et Polybe indiquent bien qu'il s'agit de l'aile gauche. Mc Donald et Briscoe, voulant maintenir la leçon de *B*, ont supposé que Tite-Live envisageait les choses du point de vue des ennemis ; mais c'est peu vraisemblable : il vaut mieux considérer que l'on a affaire à une erreur de copiste (*u.* Tränkle, p. 189, n. 35).

3. Polybe explique plus longuement la fuite des Macédoniens, invoquant en particulier l'absence de chef à cet endroit (18, 25, 6 -26, 1).

4. Il est curieux que cette décision n'ait pas eu l'aval de Flamininus. Notons que Plutarque, toujours désireux de louer le philhellène Flamininus, n'évoque pas l'initiative du tribun, initiative qui a joué un rôle déterminant (*Flam.*, 8).

5. *Ad hoc ... circumducto* est un ajout de Tite-Live. *V.* 33, 7, 12 supra.

Chapitre X :

1. Tite-Live n'a pas à préciser que ces enseignes et ces armes sont romaines : Jacobs propose d'ajouter *hostium*, mais ce n'est pas nécessaire. Notons que la mention des collines et la description de ce qui s'offre aux yeux de Philippe semblent dues à Tite-Live. Il n'en est pas question chez Polybe.

2. Pour Polybe la majorité des Macédoniens sont tués. Tite-Live a dû vouloir atténuer la brutalité romaine.

3. Polybe précise que le roi s'était arrêté, la veille, à la Tour d'Alexandre — le lieu n'est pas identifié — et que ce n'est que le lendemain qu'il est allé à Gonnoi (à l'entrée des Tempé) (18, 27, 2). Tite-Live exagère donc la précipitation de la fuite royale. On observera avec Tränkle (p. 85) la brièveté de la narration, encore plus nette si l'on compare le texte avec celui de Polybe. Pour Plutarque c'est la cupidité des Étoliens qui permit à Philippe de fuir (*Flam.*, 8, 9).

4. Polybe précise que les Romains ont d'abord dépouillé les cadavres des fuyards, qu'ils ont ensuite couru au camp et que, irrités de voir qu'ils avaient été devancés par les Étoliens, ils se sont répandus en récriminations contre eux et s'en sont pris à Flamininus, l'accusant de les exposer au combat et de réserver le butin à d'autres (18, 27, 3-4).

5. La suite indique que ce sont les chiffres donnés par Polybe, comme le confirme la lecture de l'auteur grec. Ces chiffres ne doivent pas comprendre les pertes des Étoliens : Polybe précise d'ailleurs que les sept cents morts sont romains.

6. Valerius aimait, semble-t-il, particulièrement préciser le nombre d'enseignes prises. Sur cette habitude voir R.A. Laroche, *Valerius Antias : Livy's Source for the Number of Military Standards captured in Battle in Books XX-XLV, Latomus*, 1988, p. 758-771, qui pense que l'annaliste cherchait surtout par ces données chiffrées à faire vrai ! Le nombre des captifs est moins contestable pour A. Ziolkowski, *Credibility of numbers of battle captives in Livy, books XXI-XLV, PP*, XLV, 1990, p. 15-36 qui note que les généraux augmentaient le nombre des tués ennemis pour obtenir plus aisément le triomphe.

7. Le rapport entre les chiffres de Claudius et d'Antias d'une part et ceux de Polybe d'autre part est souvent de cinq ou quatre à un : *u.* R.A. Laroche, *Numerical inconsistencies at Livy, 33, 10, 7-10, C&M*, 31, 1970 (1976), p. 120-123.

8. Il suffisait de dire que, l'armée de Philippe étant de vingt-cinq mille hommes, les nombres fournis par Antias et Quadrigarius n'avaient pas de sens. Orose (*Hist.*, IV, 6-9) critique vivement ces exagérations, fruits, dit-il, de l'adulation et du patriotisme...

9. Voir intr. p. XVII et XVIII. C'est à cet endroit que Polybe place sa fameuse digression où il veut expliquer que la supériorité romaine n'est pas due à la fortune, mais à des raisons proprement militaires. Le passage comporte, on le sait, la célèbre comparaison entre la légion et la phalange (18, 28-32), comparaison fort heureusement placée, comme le souligne Pédech, p. 423, car elle vient au moment où la légion a remporté son premier grand succès sur la phalange et où l'efficacité de la légion va soumettre, après la domination de la phalange sur l'Orient, la Grèce et l'Asie.

Chapitre XI :

1. Polybe, qui pratique souvent, on le sait, les digressions, commente assez longuement ce geste, en louant la sagesse que montre dès lors le roi (18, 33, 3-7).

2. Tite-Live est plus précis que Polybe à propos de la répartition du butin.

3. Le texte de Polybe présente à cet endroit (18, 34 début) une lacune qui devait évoquer la visite du messager du roi.

4. Le mot *caduceator* est rare en dehors de l'*Ab Vrbe condita* de Tite-Live.

5. Plutarque raconte que des épigrammes (dont une d'Alcée) couraient, qui donnaient le premier rôle dans la victoire aux Étoliens, ce qui irrita fort Flamininus (*Flam.*, 9). Dion dit que, sans le concours des Étoliens, le Romain et le Macédonien n'auraient pu se départager (Zon., 9, 16).

6. *Inuicti animi* est un tour inhabituel, proche des emplois salllustiens (cf. *BJ*, 43, 5).

7. Polybe à cet endroit exalte longuement (18, 35) l'intégrité des Romains, surtout celle des Romains du passé. A propos de cette accusation des Étoliens, *u.* Appien, *Mac.*, IX, 9. Sur le texte polybien et les modifications apportées par Tite-Live, v. Holleaux, *Études*, 5, p. 86-103.

8. *V.* 10, 6. De fait le rôle des Étoliens lors de la bataille fut déterminant.

9. Plutarque ajoute que Flamininus voulait la paix, et non l'anéantissement de l'adversaire, parce qu'il redoutait déjà une guerre avec Antiochus (*Flam.*, 9, 10) — ce que Tite-Live dira plus loin (13, 15 ; 31, 6) ; Dion distingue trois motifs : si la Macédoine était réduite, les Grecs seraient tentés de se détacher des Romains, les Étoliens pourraient causer de l'agitation et Antiochus s'allier avec Philippe (XVIII, 60). Il faut dire aussi qu'en reprenant les opérations, Flamininus peut enclencher un long conflit et risque de se voir imposer un successeur (cf. 34, 33, 14).

Chapitre XII :

1. *Paucis absoluit* est fréquent chez Salluste.
2. Les Athamans, faibles et voisins de la Macédoine, redoutent d'être les premiers exposés, si la Grèce n'est pas suffisamment puissante pour maintenir, seule, la paix (*u.* Pol., 18, 36). Il est remarquable que les Grecs semblent persuadés que les Romains repartiront après les hostilités.
3. Aucune appréciation de cette sorte chez Polybe...
4. La construction manque de clarté : il faudrait admettre soit une ellipse de *sunt* après *praefati*, soit une omission de ce mot dans le manuscrit, mais, l'ellipse n'étant pas habituelle dans une subordonnée, la deuxième solution semble la bonne. Madvig a imaginé une correction plus économique, estimant qu'*autem* pouvait provenir d'un *aiunt*. Nous avons finalement adopté ce parti.
5. Le paragraphe qui suit montre bien que *sibi ipsis* renvoie aux Étoliens, ce qui ne correspond pas au texte de Polybe en 18, 37, 1 : celui-ci fait dire en effet au Romain que l'Étolien Alexandros est dans l'erreur au sujet de ses propres intentions — αὐτοῦ πρόθεσεως — (à lui Flamininus). Ou bien il faut songer à une erreur de Tite-Live ou bien imaginer, comme Tränkle (p. 179, n. 4), que le texte de Polybe lu par le Romain était différent, avec par exemple αὑτῶν au lieu d'αὑτοῦ, ou encore penser avec Briscoe (p. 272) que Tite-Live a fait un amalgame avec ce que Polybe dit juste après en 18, 37, 5.
6. En fait les Romains étaient impitoyables quand l'ennemi avait commencé la guerre par un massacre de Romains ou quand il s'obstinait à combattre malgré une défaite en terrain découvert, à la loyale.
7. Ajoutés indûment par Tite-Live : de fait ils étaient globalement sous le pouvoir de Rome.
8. Mêmes propos à peu près chez Appien (*Mac.*, IX, 2). Pour les raisons réelles de l'attitude de Quinctius à l'égard de Philippe, voir supra ch. 11, 9 et la note. A cet endroit Tite-Live a supprimé la conclusion du développement du discours de Flamininus qu'on lit chez Polybe (18, 37, 10), une conclusion qui montrait trop sans doute, à ses yeux, le caractère tranchant du proconsul (*u.* Tränkle, p. 149).
9. *Interfari* est employé par les poètes.
10. Au pluriel dans le texte latin ; Quinctius s'adresse donc aux deux Étoliens, voire à toute la délégation.

Chapitre XIII :

1. Par rapport sans doute au jour du conseil de Quinctius et de ses alliés.
2. L'attaque romaine contre Thèbes a été décrite au début du ch. 5. Il semble bien que Tite-Live n'ait pas compris le sens du passage de Polybe

(18, 38) dont il s'inspire (erreur déjà notée par Perizonius, *Animadversiones Historicae,* Amsterdam, 1685, p. 385 sqq.). Chez l'historien grec Quinctius considère que les Romains sont maîtres du sort de toutes ces villes, les trois premières (Pharsale, Larisa, Echinos) parce qu'elles se sont mises sous la protection de Rome, la dernière parce qu'il l'a vaincue. Mais seule celle-ci, puisqu'il l'a conquise, dépend entièrement de lui : il n'y a — paradoxalement — que celle-ci que les Romains pourraient remettre à leur guise, s'ils le voulaient, aux Étoliens... Ce qui implique, comme l'a fort bien dit J. L. Ferrary (*Philhellénisme et impérialisme* p. 72-74) chez Flamininus une conception généreuse de la *deditio* où le Romain accorde sa protection, conformément à la *fides*, une conception qui s'oppose à celle que Glabrio mettra en œuvre à l'égard même des Étoliens en 191.

3. Traité mentionné par Tite-Live lui-même (26, 24, 11) et par une inscription (H. H. Schmitt, *Die Staatsverträge des Altertums,* III, 536). Les Étoliens pensaient pouvoir remettre en vigueur cet ancien traité (il remontait à 211). Mais les Romains ne le considéraient plus comme valide, en raison de l'accord intervenu entre les Étoliens et Philippe en 206 (31, 1, 8). L'expression *foedere primo* reste obscure, car nous ne connaissons pas de traité ultérieur entre les Romains et les Étoliens, quand ceux-ci rejoignirent Rome en 199.

4. En 192 les Étoliens appelleront Antiochus à envahir l'Europe, et en 191 ils seront battus puis soumis.

5. Sur le rôle de ces multiples ambassades, *u.* l'article de P. Jal cité n. 192 p. LIV.

6. D'après Appien *(Mac.*, IX, 3), ces conventions auraient été proposées par Flamininus lors de la réunion précédente, tenue avec les alliés.

7. Polybe ajoute que Quinctius redoutait, au cas où les affaires traîneraient en longueur, qu'on ne lui nommât un successeur et qu'on ne le frustrât de sa victoire (18, 39).

Chapitre XIV :

1. ...que la bataille de Cynoscéphales. Donc en juin 197 (= sept. 197 dans le cal. romain). Les *quidam* évoqués dans cette phrase étaient probablement nommés par Polybe. Les Anciens étaient friands de ces synchronismes : ainsi pour Salamine et Himère en 480, pour Platées et Mycale en 479, mais ils arrangeaient sans doute quelque peu les dates.

2. Évoqué seulement en 32, 23, 5 et ici.

3. Ils sont donc à distinguer des *caetrati* au petit bouclier (*u.* 33, 4, 4) ; il n'est pas sûr que Tite-Live ait intentionnellement voulu distinguer *scutati* ici et *clipeati* au ch. suivant. Théoriquement à Rome le *scutum* est un bouclier long et cintré — originaire d'Argolide —, le *clipeus* un bouclier ovale, mais il semble qu'ici il s'agisse surtout de préciser qu'il s'agit de fantassins armés lourdement, ceux que les Grecs appellent des hoplites.

4. *V*. n. 2 ch. 2.
5. Ici un nom de nombre a sauté.

Chapitre XV :

1. Texte très discuté : nous avons gardé la solution la plus proche du texte de *B*. Quoi qu'il en soit, le sens ne fait guère de doute : la moitié de l'infanterie est fractionnée en trois corps qui se dirigeront vers les trois territoires, mais la totalité de la cavalerie est engagée dans l'opération.
2. L'ordre des mots *Pellenensem Sicyoniumque agros et Phliasium* est plutôt surprenant. W. E. Thompson in *Notes de lectures, Latomus*, 45, 1986, p. 178 pense que le tour vient de l'influence de Polybe et se réfère à deux passages similaires de l'historien grec (4, 59, 1 et 5, 30, 3).
3. La moitié restée au camp (*u*. § 2).
4. Voir n. à 4, 4 et 14, 5 supra.

Chapitre XVI :

1. De fait ceux, parmi les notables, qui semblaient susceptibles de s'allier à Rome.
2. Cela a dû se passer entre mars et juin 197 selon le calendrier astronomique (*u*. Walbank, *Philip V*, p. 323).
3. Cf. Polybe, 4, 30, 4.
4. Le traité de 212-211 entre Romains et Étoliens prévoyait que les Romains s'emploieraient à assurer aux Étoliens l'Acarnanie (Liu., 26, 24, 11).
5. *Et* semble de trop devant *principes* . On a proposé de le remplacer par *duo*, renvoyant aux deux personnages signalés au § 5, mais en ce cas Tite-Live ne s'exprimerait pas de cette façon : soit ils les nommerait de suite, soit il rappellerait, dans la deuxième mention, qu'il donne les noms des deux instigateurs évoqués plus haut. D'autre part W. Weissenborn et H.-J. Müller ont proposé de voir dans *magistratus* un singulier concernant Zeuxidas (§ 5) : mais cela nous paraît invraisemblable pour les mêmes raisons.
6. L'expression n'est pas claire. Dans cette assemblée de la fédération acarnanienne, les votes devaient se faire par cité. Et on voit mal un accord concerner seulement des particuliers.
7. *B* présente *nam*, mais chez Tite-Live en seconde position on a toujours *namque*.

Chapitre XVII :

1. Les *uineae*, ainsi nommées parce qu'elles ressemblaient à des tonnelles de vigne, étaient des petites baraques allongées, munies de

roues, qui permettaient aux troupes de progresser à l'abri des traits. Tite-Live les mentionne assez rarement : il le fait plus souvent, curieusement, aux premiers siècles de l'histoire de Rome, alors que ces procédés n'existaient pas.

2. En 197 ce n'était déjà plus une presqu'île. Un canal séparant Leucade du continent avait été creusé depuis longtemps — sous la tyrannie du Corinthien Cypselos au VIIe siècle (*u.* Polybe, 5, 5, 12).Tite-Live a dû copier Polybe qui a probablement dit que Leucade était alors une île (au moment de l'attaque de Flamininus et non — comme l'a compris le Padouan — alors qu'il écrivait) et qu'elle était jadis une presqu'île. Cette grave confusion pourrait faire douter du sens chronologique de Tite-Live... *V.* intr. p. XXV n. 47.

3. Soit environ 750 et 180 mètres.

4. Le passage doit être inspiré de Polybe qui affectionnait ces descriptions géographiques.

5. On notera la rareté des infinitifs de narration dans le livre 33. Voir intr. p. LXIX.

Chapitre XVIII :

1. Sur la *fortuna* voir intr. p. LII-LIII.

2. *Possessus* est constamment construit — dans les textes de Tite-Live qui nous sont parvenus — avec *ab* et l'ablatif (6, 39, 10 ; 33, 39, 5 ; 34, 58, 5 ; 39, 24, 6)

3. Sans doute des Galates.

4. Voir note *f* supra.

5. Les mouvements ne sont pas clairs : pourquoi Dinocrates abandonne-t-il Tendeba après une première tentative ? De plus Alabanda, s'il s'agit bien de la localité qui est à quelque quarante-cinq kilomètres au nord de Stratonicée, paraît bien loin du centre des opérations. Robert a proposé Lobolda plus proche.

6. L'expression n'est pas claire : on pourrait penser qu'il s'agit des camps des deux armées, mais Tite-Live use constamment de *bina* quand il parle de deux camps. (*u.* 3, 60, 3 ; 4, 18, 3 ; 4, 27, 3 etc.) ; il doit donc être question des *castra* des seuls Rhodiens — puisque *Rhodii* est le sujet de la phrase précédente (ce camp est encore évoqué au § 19 infra).

7. Des Achéens et non pas les Achéens, car ils sont au total 1 800 fantassins (*u.* § 2 et 5), et, comme l'ensemble des troupes engagées sera de 3 000 (voir *infra* § *13*), il faut admettre qu'un seul des détachements achéens a été mis à cette aile, vraisemblablement celui qui est arrivé en second (*u. mille* au § 5 et 16, où ils s'opposeront aux Agrianes). Il faut admettre, puisqu'ils sont distingués des *mercennarios* de l'aile gauche — eux aussi achéens sans doute et formant le premier détachement —, que ceux de l'aile droite sont des hoplites envoyés officiellement par la ligue. Il reste que la formulation manque de clarté. Ajoutons qu'il est

curieux que l'expression *lectam peditum manum* ne qualifie pas les Achéens. Madvig a proposé d'adopter la leçon du manuscrit *B*, mais la suppression des mots *dextro cornu sinistro mercennarios* ne permet pas de tout résoudre et le § 16 implique bien qu'il y a des Achéens à l'aile droite.

8. De fait du côté rhodien on arrive à un total de 3 600 (§ 2 et 5), mais des hommes ont dû être laissés à la garde de Tendeba et du camp. Pour évacuer la différence de nombre, H. Sauppe (*Ausgewählte Schriften*, 1896, p. 826) voulait supprimer *octingentis Achaeis peditibus* au § 2.

9. Puisqu'on adopte en 8, 8 supra la correction de Kreyssig (*prope cursu* pour *propere cursu* de *B*), on peut être tenté de faire porter ici aussi *prope* sur *cursu*, mais cette expression ne se trouve pas ailleurs alors que *prope* placé après l'adjectif sur lequel il porte est très fréquent (avec *totus* 5, 39, 4 ; 34, 49, 2 ; 38, 41, 3 etc.)

10. Du camp macédonien.

11. Comme le remarque J. Briscoe, de fait, ce n'est pas une véritable phalange.

12. *Eodem et* qui semble redondant est fréquent chez Tite-Live (*u.* 4, 29, 2 ; 24, 40, 14 ; 26, 5, 5 ; 32, 16, 9 etc.)

13. La plupart des commentateurs pensent qu'à ce moment Stratonicée n'appartenait pas aux Rhodiens. Ils se fondent sur le fait que les Rhodiens diront en 165, d'après Polybe (30, 31, 6), avoir reçu la ville par faveur spéciale d'Antiochus et de Séleucus. Or des princes de ce nom n'ont régné ensemble qu'entre 279 et 268, en 240, ou après 189 : mais les deux premières dates étant bien lointaines, ces érudits pensent que la ville n'a été donnée aux Rhodiens qu'après 189, grâce à Antiochus III et à son fils Seleucus IV, c'est-à-dire après les événements décrits ici par Tite-Live. Il leur faut admettre que dans *recipere*, qu'emploie ici l'historien, *re-* n'indique pas la répétition, ce qui arrive en effet ; mais l'idée de reconquête domine dans tout le passage (*u. recipi*, § 19 ; *recipiendis* § 20 ; *recipi*, § 22). Nous nous demandons s'il ne faut pas encore songer à une confusion de Tite-Live qui a cru que la ville appartenait déjà aux Rhodiens, alors qu'elle ne leur a été donnée qu'après. (Sur la question voir Holleaux, V, 107 ; Walbank, *CQ*, XXXVI (1942), 141, n. 2 ; Briscoe *ad loc.* etc.)

14. Tite-Live ne mentionne pas l'Acarnanie.

Chapitre XIX :

1. *V.* ch. 18, 1 supra.

2. Il faut dire aussi que les Romains n'auraient pas accéléré le déclenchement de la guerre contre Philippe si la guerre avec Carthage n'avait pas été terminée.

3. Antiochus aurait sérieusement mis Rome en difficulté s'il était venu rapidement au secours de Philippe.

4. J. Briscoe (*ad loc.*,) pense à juste titre que la mention de l'Espagne — et donc l'ensemble de cette introduction — est due à Tite-Live et non à Polybe. L'historien grec n'aurait pas donné un tel rôle aux événements de l'ouest méditerranéen. Tränkle rappelle à ce propos le goût de Tite-Live pour ce type de récapitulations (p. 111). Ajoutons que la simultanéité de ces événements est discutable (*v.* intr. p. XXVIII). De fait la guerre d'Espagne a dû commencer assez tard (en juillet 197 sans doute = octobre romain). Les affaires d'Espagne seront évoquées infra en 21, 6 ; 25-26 ; 43, 1-5 ; 44, 4 avec d'assez surprenantes solutions de continuité, comme nous l'avons vu dans l'introduction (p. XLVI).

5. ... de l'année 197 (mars astro. ou juin romain). Sur cette chronologie voir l'introduction p. XXVIII.

6. Nous n'avons pas de représentations identifiables de ces bateaux : l'on sait seulement que les *cercuri* (*κερκούροι*) étaient originaires de Chypre (Pline, *NH.*, VII, 208) ou, si l'on se réfère à l'étymologie, plus probablement de Corcyre — et il semble qu'ils aient été de fait assez grands, utilisant couramment la voile : Nonius les qualifie de *praegrandes* (p. 533) et Plaute en évoque un très long (*Stes.*, 368) ; les *lembi* (*λέμβοι*), originaires de Cyrène (Pline, *NH*, VII, 57) sont mentionnés plus souvent : ils semblent avoir évolué : au début simples canots servant à faire transiter les passagers d'un navire de haute mer à la terre (*u.* Plaute, *Merc.*, 259 etc.), ils ont été ensuite employés pour la guerre et par les pirates : non pontés, ils pouvaient transporter des dizaines d'hommes (*u.* Liv., 44, 28, 15). Bien que « chaloupe » convienne mieux à leur premier emploi, nous n'avons pas trouvé d'équivalent plus proche.

Chapitre XX :

1. En 449, après les victoires de Cimon, Callias avait fait signer un traité par Artaxerxès, traité qui stipulait que les Perses ne devaient pas dépasser ce cap (Plut., *Cimon*, 13). Le pluriel peut s'expliquer par le fait que le traité a dû être renouvelé avec certains rois. A propos de ce traité voir W.E. Thompson, *Notes on the peace of Callias*, *CPh*, 66, 1971, p. 29-30.

2. Il est sûr que ce que les Rhodiens devaient surtout redouter, c'est qu'Antiochus ne fût maître de toute la côte autour d'eux.

3. Il semble bien s'agir là encore de « reprendre » (*u.* n. à 18, 22 supra), car les Séleucides avaient déjà possédé la région.

4. L'*amicitia* doit dater de 201/200 quand des ambassadeurs de Rome ont rendu visite à Antiochus après avoir lancé un ultimatum à Philippe à Abydos (Liv., 32, 8, 13 ; App., *Mac.*, 4, 2 : *u.* A. Hus, p. XLVI-XLVIII). Il faut se rappeler que l'*amicitia* est plus vague que la *societas* : *u.* intr. p. XLI.

5. Antiochus a dû envoyer une ambassade auprès des Romains dans l'hiver 198-197 quand ceux-ci lui ont demandé de renoncer à attaquer

Pergame (*u.* 32, 8, 15 ; 32, 27, 1). La même ambassade est évoquée à son retour en 34, 2-3 infra.

6. Tite-Live doit partir de sources très favorables aux Rhodiens, car il n'épingle pas l'incohérence de leur politique.

7. Toutes ces villes dépendaient de l'Égypte, mais l'affaiblissement du pouvoir ptolémaïque avait dû relâcher les liens et Rhodes devait essayer d'exercer son influence.

8. Le tour *non operae est* est fréquemment utilisé par Plaute.

9. Tite-Live ne mentionne pas en effet toutes les conquêtes d'Antiochus en Lycie, en Carie et en Ionie. Il invoque souvent l'idée qu'il parle essentiellement de Rome (8, 24, 18 ; 35, 40, 1 ; 39, 48, 6 ; 41, 25, 8). De fait il désespère d'arriver au bout de son œuvre (cf. 31, 1, 5), mais il est bien obligé de parler de la plupart de ces questions car Rome est dès lors impliquée partout. Pour Luce (p. 43, n. 18), la suppression de la narration de ces opérations militaires vient d'un plan préconçu.

Chapitre XXI :

1. *V.* 33, 2, 2-3.

2. Polybe dit exactement qu'il avait soixante-douze ans (18, 41, 8).

3. Ce portrait doit beaucoup à celui de Polybe qui est coutumier de ces brefs panégyriques. Mais il y a des différences notables : l'historien grec développe des considérations générales sur la richesse : 18, 41, 2 ; le Padouan modifie considérablement l'ordre des divers éléments. Pour une comparaison précise entre Tite-Live et Polybe voir Luce, p. 212, Tränkle p. 113-115 et ici introd. p. LXIV. Cf. aussi Bernard, p. 279 ; 294-295.

4. *V.* 38, 16, 14 : victoire sur Antiochus Hierax et sur un certain nombre de Gaulois, puis sur les Gaulois seuls, vers 237 : u. Bikerman, *Berytus*, VIII (1944), p. 76-78.

5. Un peu excessif : cela faisait une quarantaine d'années que les Gaulois étaient en Asie. Notons qu'Attale a lutté à la fois pour la Grèce et contre les Gaulois, comme les Romains (*v.* intr. p. LVI)

6. *Duos* d'après les manuscrits, mais Polybe (18, 41, 10), Strabon et Tite-Live lui-même (42, 55, 7) parlent de quatre. La correction s'impose.

7. Pergame devint propriété de Rome en 133 de par la volonté du petit-fils d'Attale Ier, Attale III.

8. Au début de 197 on a chargé les préteurs de déterminer les limites territoriales exactes des deux Espagnes, des provinces que l'on distinguait certes déjà, mais sans précision (*u.* 32, 28, 11). Pour la date probable du début des opérations voir note à 19, 7.

9. En 206 c'était un allié de Scipion ! (28, 13, 3)

10. Avec cette phrase reprend la narration des événements qui se sont déroulés à Rome et en Italie au début de 197, narration qui avait été commencée en 32, 28-31 (*u.* introd. p. IX).

Chapitre XXII :

1. Les délibérations concernant l'octroi du triomphe donnent souvent lieu à de longs débats (*u.* par ex. 34, 10, 5-6).
2. *V.* 32, 28, 8.
3. *V.* 32, 31, 1-2.
4. Allusion à la *supplicatio* qui a été accordée sans difficulté (32, 31, 6).
5. Narration à comparer avec la propre description livienne (32, 29, 5-31, 5). La perte de nombreux soldats en Gaule n'y est pas mentionnée.
6. Les légions portaient en effet probablement déjà des numéros : *u.* 33, 36, 5 ; 36, 3, 13 etc., mais ceux-ci devaient changer à chaque campagne.
7. Il s'agit certainement d'otages.

Chapitre XXIII :

1. De fait il n'y a rien de tel dans le récit livien des événements de 197 en 32, 29-31, mais des épisodes semblables sont rapportés dans la campagne de 200 (*u.* 31, 10-11). Münzer (*RE*, VII, 362-363) a pensé que la campagne de 200 était un doublet construit à partir de la campagne de 197. Briscoe, lui, estime qu'il y a eu seulement confusion de certains éléments qui ont pu être transférés d'une campagne sur l'autre (p. 82). Et il ajoute que Tite-Live s'est sans doute trouvé devant des sources divergentes (*u.* § 5 ici). Sur ces doublons voir l'introduction p. XVII.
2. Le premier triomphe a été célébré sur ce mont, d'après ce que nous savons, en 231, par C. Papirius Maso (*u.* Val.-Max. 3, 6, 5).
3. D'après ce passage et la suite, il est clair que le sénat ne peut alors s'opposer à la célébration du triomphe d'un consul, mais qu'il peut refuser d'en mettre les dépenses à la charge du trésor (§ 8).
4. Nous ne connaissons de fait que le cas de Marcellus en 211, qui avait, lui, obtenu l'ovation (*u.* 26, 21, 6). C. Cicereius fera de même en 172 (*u.* 42, 21, 7).
5. En 31, 21, 18 cependant sa mort est mentionnée, mais Tite-Live nous apprend après — en 32, 30, 12 — qu'il a été capturé ! Ces contradictions sont bien le signe qu'il y avait plusieurs traditions dans la relation de ces événements (*u.* n. au § 2 supra). Ce qui est choquant, c'est que l'historien latin attende ce passage-ci pour suggérer qu'il y a des versions différentes, sans rien en dire dans les livres 31 et 32, et sans rappeler ni dans le livre 32, ni ici, l'hypothèse selon laquelle il serait mort.
6. Ils portent ce bonnet que mettent les affranchis quand ils ont acquis la liberté pour signifier qu'ils ont été arrachés à l'esclavage (cf. 30, 45, 5).

7. Des deniers représentant un chariot avec deux chevaux.

8. Le texte de *Mog.* est impossible à conserver car les cavaliers sont toujours au moins aussi bien traités que les centurions. Mais il n'est pas nécessaire de corriger le texte de *B* comme l'a fait Duker, même s'il y a des exemples d'un traitement bien meilleur des cavaliers (cf. 33, 37, 12 ; 34, 46, 3 ; 34, 52, 11) : le général reste, dans le respect de certaines règles, maître de la répartition des récompenses.

9. Des fragments des *Fasti triumphales* — *Inscr. It.*, XIII, I, 78-79, 552 — *se* rapportent certainement à ce triomphe.

Chapitre XXIV :

1. Sur les difficultés de chronologie dans ce chapitre et dans le ch. 25 voir intr. p. XXX-XXXII. L'arrivée de la nouvelle a dû se produire plus tôt (juillet 197 astro. ?) que ne le dit Tite-Live ; celle des envoyés et le départ en mission des délégués — § 5 et 7 infra — plus tard (oct. 197 et janv. 196 astro.).

2. Une pratique attestée fort tôt (chez Tite-Live en 3, 63 ; 5, 23 ; 10, 20 etc.), mais les deux premières mentions sont douteuses.

3. Ces députations ont été prévues, comme Polybe et Tite-Live l'ont dit (Pol., 18, 39, 5 et Liv., 33, 13, 14).

4. Propos sensiblement différents de ce qui est dit en 13, 4 ; 14 et chez Polybe 18, 38, 2 ; 39, 5.

5. La création d'une commission, après une guerre importante, n'est pas nouvelle : *u.* Polybe, 1, 63, 1 et Tite-Live, 30, 43, 4

Chapitre XXV :

1. Pour les difficultés de chronologie dans l'ensemble de ce ch. *v.* intr. p. XXX-XXXII.

2. Ces jeux se déroulaient en septembre. Ils avaient été créés par Tarquin l'Ancien en l'honneur de Jupiter (Liv., 1, 35). D'origine étrusque, ils devaient au début comprendre des mimes, une procession, des courses, des luttes (Liv., 7, 2, 3), puis, après 240, des pièces grecques (*u.* Cic., *Brut.*, 72 ; *Cato Maior*, 50 ; Gell., *N.A.* 17, 21, 42). Accius (d'après Cic., *Brut.*, 72) prétend à tort que c'est lors de ces jeux de 197, que Livius Andronicus produisit la première pièce à Rome : Cicéron, dans ce même passage du *Brutus*, trouve à bon droit cette datation bien trop tardive et tient pour 240, date certainement plus exacte.

3. Le terme employé par Tite-Live (*magnifice*) est traditionnel pour les jeux : u. 42, 9.

4. Les jeux étaient repris quand il apparaissait que les rites n'avaient pas été suivis. Les *ludi Romani* occupant alors quatre jours, on imagine la durée de la fête, mais il était assez fréquent qu'ils ne fussent pas recommencés totalement.

5. Datant au moins de 220, ils avaient lieu en novembre. On observera que, pour parler des jeux, Tite-Live compresse la chronologie : *u.* intr. p. XXIX.

6. Préteurs, nous l'avons vu : *u.* 24, 2 supra.

7. Les édiles avaient des pouvoirs de police et le droit de lever des amendes.

8. Leur temple — qui remontait à 493 (*u.* Pline l'Ancien, 35, 154) — était au pied de l'Aventin, près du grand cirque ; ces divinités étaient surtout l'objet de la ferveur du petit peuple.

9. Donc aux ides de mars 196.

10. Bien que Tite-Live ait mentionné Furius, il semble bien que Marcellus ait agi seul en l'occurrence. Polybe ne parle que de lui mais ne dit pas exactement la même chose : selon l'historien grec, Marcellus était hostile à la paix elle-même (18, 42). Quoi qu'il en soit, cette intervention montre évidemment l'existence d'un parti opposé à la paix et à la politique de Flamininus. Marcellus agit dans le même sens que les *Fulviani*, ce qui n'implique pas d'ailleurs qu'il fasse partie de leur groupe, dans la mesure où les Claudii Marcelli sont suffisamment forts pour jouer leur propre jeu (Briscoe, *ANRW*, p. 1089 et ici intr. p. XLV).

11. La procédure fut la même pour la paix avec Carthage (30, 43, 2-3).

12. Sur le choix du Capitole pour la réunion de ces votes par tribu, *u.* L. R. Taylor, *Roman voting assemblies*, Ann Arbor, 1966, p. 132.

13. Cette indication semble signifier que, contrairement à ce qu'on pourrait attendre, les votes se poursuivaient jusqu'au bout, sans que l'on se contentât, après le dix-huitième vote favorable sur les trente-cinq tribus, d'avoir la majorité. Il faut rappeler que le peuple s'était opposé à la guerre (31, 6, 3-6).

14. Il ne semble pas que ce soit la lettre officielle.

15. Titre habituel, répétons-le, bien qu'il ne soit que préteur.

16. Voir 32, 27, 7.

17. Information vague, sans précisions géographiques, et concise, dans le style des rapports militaires. L'asyndète *fusum fugatum* est attestée souvent (23, 11, 10 ; 40, 48, 6)

18. La nouvelle a dû arriver en avril du calendrier romain, soit janvier du cal. astr.. Comme elle ne pouvait que concerner des combats de l'année précédente, il faut considérer que ceux-ci se sont déroulés tardivement et que le message a mis beaucoup de temps pour parvenir à Rome.

19. *Cum duabus legionibus* est superflu près d'*eodem exercitu* et doit être une glose. C'est le signe que la famille de *B*, (donc de *F*) et de *Mg* avaient un archétype commun.

20. En 32, 28, 9 il est précisé que l'*imperium* de Flamininus est prorogé jusqu'à l'arrivée d'un successeur. Une nouvelle prolongation formelle n'est donc pas nécessaire.

Chapitre XXVI :

1. Voir 24, 1.

2. Le texte latin peut paraître ambigu : *quas uideretur* concerne-t-il le libre choix des consuls ou celui des préteurs ? Une même ambiguïté est évoquée dans un passage de la *Rhétorique à Herennius* (I, 20) où sont discutés les termes d'un testament qui ne précise pas le sujet de *uolet* dans *filius... uxori dato uasa quae uolet* et qui ne permet pas de distinguer s'il s'agit du fils ou de la femme. Cependant ici, grammaticalement, le pronom qu'il faut exprimer après *uideretur* doit renvoyer au sujet de *darent* et donc aux consuls (*u.* un même tour en 43, 15, 5). Et il est logique que le choix soit du ressort des premiers magistrats.

3. La *relatio* qui aurait dû avoir lieu devant le sénat et qui est évoquée en 33, 21, 9 semble oubliée.

4. La paix avec Carthage datant de 201, l'observation est juste si l'on veut bien admettre que Tite-Live ne prend en compte ni les combats menés en 200 par Cn. Cethegus (*u.* 31, 49, 7) ni ceux de 198 qui mériteront à Cornelius Blasio l'ovation (33, 27, 1), et qu'il considère comme début de la guerre, non pas le départ de nouvelles armées, mais l'année 197 (avec les difficultés d'Helvius et la défaite de Tuditanus). En réalité les combats, quoique sporadiques, ont été constants en Espagne après la guerre punique.

5. Il porte le même nom que le consul de 199 (*u.* 31, 49, 12)

6. Avec la porte Capène — qui ne semble pas avoir de rapport avec la petite ville de Capène, située au nord de Rome (§ 8) — commence la *Via Appia*, au sud-est de Rome. Ces prodiges doivent être tirés des *Annales Maximi*, leur style étant différent de celui du reste de l'œuvre. Le scepticisme de Tite-Live à leur égard est connu, mais l'historien ne manque cependant pas de les citer pour chaque année. Leur sens est souvent assez clair : ainsi, ici, le chevalier Villius porte le nom du consul de 199 qui se trouve être aussi un des *legati* qui accompagnent Flamininus en Grèce (u. 33, 24, 7) : sa mort montre donc le danger qui peut continuer à peser sur la Grèce ; les deux lances peuvent symboliser les deux Espagnes ; le loup venant par la porte Esquiline suggère un danger qui vient de l'est. Sur les énumérations de prodiges chez le Padouan, voir F. B. Krauss, *An Interpretation of the Omens, Portents and Prodigies recorded by Livy, Tacitus and Suetonius*, Philadelphia, 1930 et E. de Saint-Denis, *Les énumérations de prodiges dans l'œuvre de Tite-Live*, *RPh.*, 16, 1942, p. 126-142.

7. On distingue ces *maiores hostiae* des *lactentes hostiae* : Gell., 4, 6, 2.

Chapitre XXVII :

1. Blasio (*RE* 74), et Stertinius dont il va être parlé, ont été remplacés, au début de 197, il y a plus d'un an. Plutôt que d'imaginer un retour tardif, il vaut mieux penser que les sénateurs ne se sont pas pressés de leur accorder des honneurs. En effet, d'après Aulu-Gelle, l'*ouatio* était accordée à la place du triomphe 1) quand la guerre n'avait pas été déclarée dans les formes, 2) quand l'armée vaincue était incomplète, 3) quand l'on avait eu affaire à des ennemis indignes, comme des esclaves 4) quand la victoire avait été remportée sans effort et sans effusion de sang (5, 6, 21). Or il semble bien que les opérations espagnoles se sont déroulées en dehors de déclarations légales (*u.* n. à 26, 5 supra) : G.V. Sumner dans *A new reading in the fasti triumphales Capitolini, Phoenix*, 19, 1965, p. 24, a relu l'inscription qui évoque cette *ouatio* (*C.I.L.*, I^2 p. 48) et a pensé qu'elle précisait les conditions dans lesquelles Blasio avait vaincu, en lisant *cum pro cos. imperium extra ordinem habuisset* (G.V. Sumner cite un précédent en 31, 20, 1-6 à quoi on peut ajouter 28, 38, 4). Notons que Blasio est nommé, sans doute par erreur, Lentulus en 31, 50, 11.

2. Il est probable que le peu de gloire que Blasio a retiré de l'opération a dû le dissuader de formuler quelque demande que ce fût.

3. La forme *bouarium* de *B* n'est pas rare dans les manuscrits. Le forum en question se trouvait entre le Circus Maximus et le Tibre.

4. Ces événements sont censés se dérouler après l'entrée en charge des consuls, donc autour de la fin mars, mais l'on observera que Tite-Live parle de l'hiver : c'est qu'on est en effet sans doute en janvier, puisque le calendrier romain est en avance de trois mois.

5. Les événements qui suivent ont dû commencer au début de l'hiver 197 — soit janv.-fév. du calendrier romain et occuper de longs mois (*u.* Briscoe, p. 3 et intr. supra p. XXIX).

6. Flamininus y a déjà passé l'hiver 198-197 (32, 39, 2 ; 33, 1, 1).

7. Briscoe (*ad loc.*) se demande à juste titre s'il s'agissait de volontaires ou d'un contingent officiel envoyé par la cité.

8. Tite-Live ne dit pas clairement s'il s'agit des Béotiens dans leur ensemble ou des soldats qui avaient servi Philippe, mais, comme il est évident que le général peut difficilement estimer ceux-ci, il songe vraisemblablement là à l'ensemble de la nation béotienne.

9. Polybe raconte les événements de façon chronologique : demande des Béotiens, motif de l'attitude de Flamininus, réponse positive de celui-ci (18, 43) ; Tite-Live dans une même phrase fait se succéder la demande et la réponse puis donne les motifs de la réponse positive du Romain. Les deux historiens avancent les mêmes motifs à l'action de Flamininus, mais Tite-Live inscrit cette action dans une politique générale à l'égard des Grecs.

10. Sur le rappel *restituerentur...restitutis... u.* intro. p. LXX.

11. Il faut cependant se rappeler les conditions dans lesquelles Thèbes a été plus ou moins contrainte à l'alliance (*u.* ch. 1-2 au début de ce livre)

12. Le texte n'est pas absolument sûr : on pourrait à la rigueur lire selon *Mog. : perinde atque ab ipso non a Quinctio...hi dati essent* « comme s'ils avaient été rendus par lui-même et non par Quinctius ». Le texte proposé, plus subtil, implique que c'est Quinctius qui a fait la demande à Philippe. Le passage de Polybe n'apporte aucune précision à cet égard.

13. Il y en avait plusieurs. Brachylles n'est donc pas pour autant le στρατηγός de la confédération.

14. Cette précision n'est pas chez Polybe.Pour H. Nissen, p. 12 elle figurait dans le texte originel mais elle a disparu (cf. Tränkle, p. 34).

15. Ce passage, avec sa forte antithèse, est incontestablement plus pathétique que le passage correspondant de Polybe (18, 43, 6).

Chapitre XXVIII :

1. Tite-Live a supprimé un long passage de Polybe (18, 43, 7-12) qui raconte que Zeuxippe et Pisistratos envoyèrent des émissaires à Flamininus, pour lui suggérer que la suppression de Brachylles s'imposait. Le Romain essaya de les dissuader, mais dit qu'il laisserait faire et leur conseilla de prendre contact avec Alexamenos, élu στρατηγός des Étoliens à l'automne 197, lequel applaudit à cette entreprise — ce qui montre d'ailleurs que tous les Étoliens n'étaient pas anti-Romains. Notons que Polybe devait traiter assez longuement de cette affaire, mais qu'une grande partie de la narration est perdue (il faut sans doute ajouter cependant les considérations de 18, 40). La suppression effectuée par Tite-Live vient sans doute de la volonté de ne pas mêler au meurtre Flamininus et les Romains. Sur cette affaire *u.* Nissen, p. 29 ; Holleaux, V, p. 2, 368, Walsh, p. 101, Pianezzola, *Traduzione e ideologia*, p. 63-64, Tränkle, p. 149-151.

2. Tite-Live ayant tu le contact entre Zeuxippe et Pisistratos d'une part, et le στρατηγός des Étoliens d'autre part, la présence de ces trois Étoliens se comprend mal ; mais elle est très symbolique : trois Grecs et trois Italiens sont associés dans cette entreprise d'élimination d'ennemis de Rome.

3. La *quiritatio* (si le verbe *quiritare* se rencontre trois fois chez Tite-Live, c'est ici la seule occurrence du nom) est exactement l'appel aux Quirites...

4. Le théâtre est souvent le lieu de réunion du peuple dans les pays grecs : *u.* Cic., *rep.*, 3, 48 (pour Rhodes) ; Val-Max., 2, 2, 5.

5. L'omission des formes de *esse* est fréquente dans les manuscrits (*u.* 31, 25, 5 ; 32, 2, 7 etc.)

6. Le texte de *B* est bien difficile à conserver : il faut donner à *opinione* une fonction curieuse. *Mog.* avec *usi* est plus clair (*u.* l'apparat critique).

7. Inconnu par ailleurs.

8. Nous n'avons pu rendre la répétition *conscientiam ...consciorum*, des mots que Tite-Live a sans nul doute volontairement associés en leur donnant un sens différent.

9. Dans un passage qui se trouve juste après la narration de la guerre en Thessalie et que Walbank a habilement assigné plutôt à ce récit, Polybe condamne vivement l'esclave (18, 40, 1-4). Tite-Live semble le comprendre.

10. Comme le remarque Briscoe, Anthedon ne paraît pourtant guère indiqué puisque cette ville fait partie de la ligue béotienne, mais Zeuxippe peut de là aisément prendre la mer. La lecture de Gelenius (*Athenas*) est trop éloignée des leçons de *B* et de *Mog.*.

11. *Alii* a fréquemment le sens de *ceteri* chez Tite-Live.

12. On trouvera des similitudes avec l'histoire de Bellérophon, (Hom., *Il.*, 6, 155 sqq.), ou du messager de Pausanias (Thuc., 1, 132-133).

Chapitre XXIX :

1. L'apposition *principem gentis* a valeur de causale. Vu son rang, Zeuxippe ne peut avoir agi sans avoir évoqué la question avec Flamininus.

2. Le fait que Tite-Live n'ait pas parlé de l'entrevue des émissaires de Zeuxippe et de Pisistratos avec Quinctius laisse planer le doute sur le rôle réel du Romain dans l'affaire.

3. Il est rare que les troupes soient cantonnées chez l'habitant (mais voir Liv., 2, 14, 8) ; il doit donc s'agir de maisons, voire d'auberges, où se rendent occasionnellement les soldats.

4. Cela s'est souvent fait (Liv., 5, 8, 3) et sera bientôt interdit.

5. Briscoe remarque à juste titre que Tite-Live semble avoir oublié que le camp était à Elatée (33, 27, 5 et 29, 9)...

6. *Mog.* a préféré ne pas rompre, par l'insertion d'un pronom, l'expression consacrée *iustum piumque bellum* (voir Briscoe *ad loc.*), mais Tite-Live présente trois autres cas d'insertions diverses (9, 8, 7 ; 42, 23, 6 ; 42, 47, 9).

7. De fait les Béotiens sont alliés et la déclaration de guerre soulève quelques difficultés. Quinctius veut évidemment dire par cette formule que ce sont les Béotiens qui ont violé les traités et donc qu'il a le droit d'agir.

8. Le texte n'est pas très clair, car on peut comprendre soit qu'ils feraient la guerre avec les Béotiens, soit avec les Romains. Mais la deuxième interprétation s'impose : il n'est pas question pour eux de lutter contre Rome : au contraire cet engagement est preuve de leur loyauté et donne plus de force à leurs prières.

9. L'amende a été sérieusement revue à la baisse ...

10. Flamininus fera une tentative pour que les Béotiens fassent revenir Zeuxippe, mais sans succès (Pol., 22, 4).

Chapitre XXX :

1. Au début de mars 196 (cal. astro.) soit juin 196 selon le calendrier romain, semble-t-il.

2. Polybe précise que ce sont là les points essentiels du sénatus-consulte voté à l'occasion de la paix, ce qui est différent.

3. Plus clairement Polybe distingue les cités non occupées par Philippe qui doivent rester libres (τοὺς ἄλλους Ἕλληνας πάντας) et celles qu'occupait le roi (τοὺς ταττομένους ὑπὸ Φίλιππον) (18, 44, 2-3), et qu'il doit livrer aux Romains, sans que leur sort futur soit précisé. Tite-Live fait comme si le statut de cité libre était général (*omnes Graecorum ciuitates...*).La version polybienne montre bien (*u.* ici aussi la fin du § 2) que le sénatus-consulte est en retrait sur la déclaration de Flamininus en Locride en 198 (32, 33, 3) où Philippe devait purement et simplement évacuer la Grèce sans qu'il fût parlé de remise aux Romains des villes prises ; la déclaration des Jeux Isthmiques (ch. 32) ira plus loin, sans doute à la suite des débats entre Flamininus et les dix délégués (ch. 31). Voir sur cela intro. p. XLIII. Il faut noter d'autre part que l'extension à l'Asie est très nouvelle : on peut la considérer comme une mesure de défense à l'égard d'Antiochus III.

4. Il s'agit donc de *l'hékkaidékère*, vaisseau considérable, trois fois plus grand qu'une pentère. Il doit sans doute son nom au fait que chaque rame était maniée par seize hommes. Le bateau a pu appartenir à Lysimaque, puis à Démétrius Poliorcète. Il sera amené en Italie après la victoire de Paul-Émile sur Persée en 167 (*u.* 45, 35, 3). A propos des bateaux, Plutarque dit qu'on en laissa dix à Philippe (*Flam.*, 9, 8).

5. De fait dans cette guerre Philippe n'a pas employé d'éléphant.

6. Ces deux clauses ne sont pas signalées par Polybe (18, 44) et doivent venir d'une addition des annalistes s'inspirant du traité avec Carthage.

7. A distinguer du dépôt demandé par Flamininus (*u.* 33, 13, 14-15).

8. 40 000 livres d'argent correspondent (*u.* n. à 29, 7 supra) à 500 talents : Antias semble avoir oublié le versement initial.

9. Ces précisions de Claudius ne correspondent en rien aux deux précédentes, celle de Polybe et celle d'Antias.

10. Indication tirée sans doute des Annalistes, mais cette mesure date en fait de la réunion des Tempé (*u.* 33, 13, 14). Il faut observer que ces conditions sont plus rudes que celles prévues par Flamininus, comme le dit Appien (*Mac.*, IX, 3).

11. Cet ordre des noms, donné par *B*, se retrouve en 40, 29, 8.

12. Attale, nous l'avons vu, est mort. La formule est curieuse. S'agit-il d'une erreur de Tite-Live ?

13. Les Rhodiens en avaient repris un certain nombre (*u.* ch.18 supra).

14. Sur ces conditions voir Tränkle, p. 60-62. Pour la manière dont Tite-Live traite les sources dans ce passage cf. Luce, p. 219-220.

Chapitre XXXI :

1. Tite-Live continue à parler de paix alors qu'il s'agit du sénatus-consulte.

2. *Mussare* est utilisé par les poètes.

3. Comme le fait remarquer Briscoe (*ad loc.*), l'interprétation des Étoliens se réfère à la description polybienne des mesures (*u.* note à 30, 2) et non à l'image qui a été donnée de celle-ci par Tite-Live au début du chapitre précédent. Notons que chez Polybe l'ordre des villes est Oreos, Éretrie, Chalcis, Demetrias et Corinthe. Oreos — et sans doute Éretrie — avait été donnée à Attale (*u.* 31, 46, 16) : les deux villes furent donc reprises par Philippe, bien que Tite-Live ne le signale pas. Signalons que l'historien grec fait suivre cette énumération des villes d'accusations vigoureuses de la part des Étoliens qui reprochent aux Romains de prendre la place de Philippe.

4. Même concession chez Polybe (18, 45).

5. Même formule en 8, 4, 12 ; 22, 39, 2 ; 25, 7, 4 ; 29, 10, 3 ; 38, 3, 5.

6. Tite-Live a déplacé là des justifications qui, chez Polybe, se trouvent à la suite du débat qui va se tenir à Corinthe entre Quinctius et les dix délégués.

7. Comme chez Polybe, la préoccupation des Romains semble être de se protéger d'un envahisseur venu d'Orient et non de maintenir leur pouvoir.

8. Même dissymétrie (subjonctif puis infinitif) dans la construction en 31, 44, 5.

9. La précision temporelle est un ajout de Tite-Live (cf. Pol., 18, 45, 12). En fait aucun engagement public n'a dû être pris (*u.* Ferrary, p. 98, n. 171).

Chapitre XXXII :

1. Ce début de chapitre n'a pas de correspondant chez Polybe. Sur le rôle des jeux dans la politique et sur l'importance qu'y attachaient les Romains et leurs adversaires, voir pour une époque ultérieure (168-167) E. Bouley, *Jeux et enjeux politiques internationaux au IIème siècle av. J.-C., DHA*, XII, 1986, p. 359-364. Mais le lieu est habilement choisi pour des raisons précises : *u.* introd. p. XL.

2. Polybe développe longuement ce point en prêtant certains propos aux assistants : la plupart estimaient, d'après lui, que les Romains

garderaient des points stratégiques et abandonneraient les lieux les plus connus et les plus symboliques.

3. On observera qu'il n'y a pas de mention du peuple romain (mais cf. chez Appien, *Mac.*, IX, 4) : le *populus* a sanctionné la paix mais n'a évidemment pas déterminé les termes exacts du sénatus-consulte.

4. Pour Flamininus on attendrait plutôt le titre de *proconsul* ; Polybe le qualifie de *στρατηγός ὕπατος* (18, 46, 5) ; Valère-Maxime l'appelle aussi en cette circonstance *imperator* (IV, 8, 5). Sur l'extension et le prestige du terme *imperator*, *u.* R. Combès, *Imperator*, Paris, PUF, 1966.

5. Texte similaire chez Polybe, mais l'ordre nous y conduit plus nettement du nord au sud, les Achéens de Phthiotide étant cités avant les Magnètes. Le texte s'inspire certainement de décrets grecs (*u.* introd. p. XL) : celui par exemple que le synédrion de la Symmachie hellénique vota à Corinthe en 220 lors du conflit contre les Étoliens (Pol., 4, 25, 7) ... bien que Philippe en ait été l'instigateur. Notons qu'il est logique qu'il ne soit pas fait mention des cités d'Asie. En 67 de n. è. Néron déclarera de nouveau, aux mêmes Jeux Isthmiques, la Grèce libre.

6. Pour Polybe c'est le bruit même des acclamations qui a empêché la foule d'entendre et qui l'a obligée à demander une relecture. Sur la comparaison entre le texte grec et celui de Tite-Live, voir Tränkle, p. 137-138.

7. Valère-Maxime dit ingénument que les oiseaux en tombèrent du ciel (4, 8, 5). De même Plutarque dans la *Vie de Flamininus* 10, 8-10 (cf. aussi chez le même biographe à propos de Pompée : *Pomp.*, 25, 12-13). Voir à ce propos introd. p. LXIII.

Chapitre XXXIII :

1. D'après Polybe certains voulaient lui donner le titre de « sauveur ». (18, 46)

2. La lecture de *Frob.*[1] correspond bien au texte de Polybe. Cette scène si vivante doit beaucoup à Polybe qui, selon Pédech (p. 291-292) avait dû y assister : *u.* introd. p. XX, n. 34.

3. Cette indication ne correspond pas à Pol., 18, 12, 5 et à Plut., *Flam.* II, 2, passages qui impliquent que Flamininus n'a alors que 32 ans : Tränkle (p. 106, n. 16) a proposé de lire *duorum* au lieu de *trium*.

4. Ces considérations ne se trouvent pas chez Polybe à cet endroit. Tite-Live les emprunte au ch. 12, § 5 (*u.* note précédente) dans un souci de vraisemblance (*u.* introd. p. LXIII).

5. *Gratis* a été interprété diversement : certains y ont vu un adverbe, « sans attendre d'avantages (nouveaux) ». *B* a *gratiis* qu'on ne peut conserver. On notera que ces considérations sont absentes du texte correpondant de Polybe.

6. Weissenborn et Müller ont raison de voir en *iunctis* un datif se rapportant à *hominibus* et en *terris continentibus* un ablatif.

7. De fait Tite-Live met un jugement de Polybe (18, 46, 13-15) dans la bouche des spectateurs. Mais celui-ci loue les Romains avec encore plus de force. Cependant Tite-Live donne une portée plus philosophique et plus noble à l'action de Rome. Notons que l'historien grec évoque aussi l'action de la τύχη, mais pour lui elle a été surtout remarquable en ce qu'elle n'a jamais contrecarré le dessein des Romains. Sur ce passage voir l'introd. p. LIII.

Chapitre XXXIV :

1. Il est sûr que la leçon de *Mog.* est préférable à celle de *B* (cf. § 5 infra). Les réalités ne sont pas les mêmes : les *gentes* ne sont pas organisées en cités.
2. Certainement lors de l'ambassade de 198-197 (*V.* 20, 8-9 supra).
3. *V.* supra 19,8-20, 12.
4. La correction de Madvig donne un sens très proche du texte de Polybe.
5. Formulation peu différente chez Polybe qui ajoute cependant que les délégués promirent d'aller voir Antiochus (18, 47, 3). De fait à ce moment Antiochus avait déjà franchi l'Hellespont et s'était installé à Lysimachia (voir le ch. 38).
6. *Conuentum habere* est la formule employée par Tite-Live quand un magistrat romain réunit les représentants des alliés (*u.* Ferrary, p. 68 n. 144).
7. La correction de Crevier (ajout de *in*) s'impose.
8. Quinctius avait l'intention, dès après Cynoscéphales, de remettre cette ville aux Étoliens comme il ressort clairement de Polybe (18, 38, 4), mais moins bien, il faut le dire, de Tite-Live (*u.* n. à 13, 8)...
9. ... de 211 qui stipulait que les Romains assureraient aux Étoliens l'Acarnanie (*u.* 26, 24, 11), mais que Rome ne considérait plus comme valide (*u.* n. à 13, 10). De fait rien n'indique que Leucade ait été un jour aux mains des Étoliens. Attribuer cette île aux Étoliens leur eût permis d'encercler l'Acarnanie (*u.* Ferrary, p. 101).
10. *V.* infra 35, 12 et 49, 8.
11. La Phocide avait été rattachée à la confédération étolienne au milieu du troisième siècle ; la Locride de l'est, rattachée vers 260, avait été prise par Philippe (*u.* n. à 32, 5 supra).
12. De fait les Éléens réclamaient la Triphylie, — région entre l'Alphée et la Neda dans le Péloponnèse occidental — les Messéniens Asine et Pylos, les Étoliens Heraea (Pol., 18, 42, 6-8), ce que ne signale pas Tite-Live.
13. Polybe indique que l'on a donné Lychnidos et Parthos à Pleuratos et que ces endroits se trouvent en Illyrie ; Tite-Live parle donc encore plus vaguement de Parthiniens (u. 43, 12, 13). Ces deux témoignages ne nous permettent pas une localisation précise.
14. *V.* 32, 14, 1-3.

Chapitre XXXV :

1. Tite-Live semble oublier les autres délégués, dont P. Sulpicius Galba (voir n. à 24, 7). Polybe, par l'expression οἱ δὲ περὶ Γναῖον (18, 48, 1-3), paraît vouloir dire qu'ils accompagnent Cornelius. Plutarque précise que Flamininus alla à Chalcis et en Magnésie (*Flam.*, 12, 4).
2. Le récit de Polybe est moins vivant et moins naturel (18, 48, 4).
3. Plus logiquement Polybe donne cette précision dès le début (voir introd. p. LXIV).
4. D'après Polybe (18, 48, 7) ils se plaignirent aussi de ne pas partager les bénéfices de la victoire.
5. Cf. 34, 7 supra. De fait (*u.* 49, 8 infra) les ambassadeurs ne furent pas écoutés.
6. Chausserie-Laprée, *L'expression narrative chez les historiens latins,* Paris, 1969, p. 57-58, rapproche à juste titre cette formule conclusive de 36, 35, 14 et 45, 9, 2.

Chapitre XXXVI :

1. Il est probable que les événements dont Tite-Live va parler ont commencé avant que les affaires de Grèce et de Macédoine qu'il vient d'évoquer ne s'achèvent. Le Padouan revient en fait, une nouvelle fois, en arrière, probablement au printemps de 196. Ainsi le départ des consuls au § 4 qui suit doit avoir eu lieu en juin-juillet du calendrier romain soit en mars-avril du cal. astro.
2. S'agit-il de véritables esclaves ou de gens de la classe des « serfs » qui existait en Etrurie du nord ? *V.* M. Capozza, *Movimenti servili nel mondo romano in età repubblicana*, Rome, 1966, p. 123-141.
3. Sur ces deux légions voir supra 25, 10. Pour la construction, J. Briscoe renvoie judicieusement à Salluste, *Jug.*, 19, 7.
4. Il y a une lacune qu'on peut compléter avec l'habile suggestion de Madvig.
5. Les mots *alios...alios...* renvoient là aux prisonniers.
6. Pour la chronologie, voir note au § 1.
7. *Quidam* est peut-être à supprimer (il ne se trouve pas chez *Mog.*). La répétition *quodam...quidam...* est en effet maladroite.
8. De ces combats en Italie, Tite-Live dit qu'ils ont sans cesse maintenu l'esprit militaire chez les Romains, plus que les guerres d'Asie où les armées devenaient plus riches que courageuses (39, 1, 3).
9. On observera la petite pointe à l'égard des Boïens, qui ne respectent pas tout à fait les règles du combat classique en attaquant par surprise et dans des conditions non ordinaires.
10. Ces *praefecti* étaient toujours des citoyens romains.

11. César juge de la même façon les Gaulois : *u.* sur ce point le livre de A.N. Sherwin-White, *Racial prejudice in Imperial Rome*, Cambridge, 1967.

12. Encore une pointe contre les pratiques militaires des Gaulois.

13. La prise de 807 voire de 507 *signa* n'est pas possible.

14. Tite-Live s'abstient cette fois de quelque jugement que ce soit sur l'exagération de l'annaliste (cf. 10, 8 supra)

15. *Vtrum...an...duxerit* pose les deux options chronologiques ; *aduersam...oblitterauerit* développe la première — celle qu'a exposée Tite-Live, *an...accepta sit* développe la seconde, qui est inverse. Schlag, *Regnum in senatu*, (Stuttgart, 1968), p. 46 pense que Marcellus a pu contribuer à intervertir la chronologie pour effacer la défaite devant les Boïens par une victoire sur les Insubres.

Chapitre XXXVII :

1. Il semble être parti d'Ariminum.
2. Évidemment la *iuuentus* du § 4.
3. Encore une accumulation de traits critiques contre les Boïens.
4. Voir introd. p. XLIX.
5. *V.* 36, 6 supra.
6. Il est manifeste que ce triomphe n'a pas eu lieu. Il est vrai que Purpurio avait déjà triomphé dans des conditions discutables en 200 (v. l. 31, 47-49).
7. Voir note à 23, 9 supra.
8. Voir note à 23, 7 supra.

Chapitre XXXVIII :

1. L'expression *initio ueris* au § 8 infra montre bien qu'en réalité les événements décrits dans les § 1 à 7 ne se passent pas en 196, mais lors de l'hiver 197-196 voire lors de l'automne 197, Antiochus se retirant, après cette campagne d'intimidation, à Éphèse et en repartant au printemps (*u.* introd. p. XXIX : *eodem anno* semble renvoyer en fait à l'année olympique — correspondant à 197-196 — qu'a dû évoquer Polybe). Cette datation a été adoptée par Niese, Lenze, Holleaux, Schmitt, Walbank, Will, Briscoe etc., mais Magie, Mastrocinque, Ferrary tiennent pour une datation basse.
2. Antiochus vient de s'en emparer (*u.* Pol., 18, 41 a, 2).
3. On ne sait à quoi il est fait précisément allusion.
4. Schmitt (*Antiochos*, p. 282 sqq) indique de quelles villes il pouvait s'agir.
5. Les cités étaient indépendantes et en avaient déjà appelé à Rome à l'automne 197 (Appien, *Syr.*, 2, 5 et pour Lampsaque une inscription

fameuse *Syll.*[3] 591 : *u.* Ferrary, p. 133 sqq). Mais la déclaration de l'Isthme, si elles en avaient connaissance, n'a pu que les renforcer dans leur volonté de résister.

6. On admirera la rhétorique. De fait il ne s'agit pas seulement d'une question de temps : la liberté octroyée par Antiochus comprendrait nécessairement quelques limites. Tite-Live insiste sur ce désir de liberté des Grecs et des habitants de l'Asie Mineure pour mieux justifier l'action libératrice des Romains dans ces régions (*u.* Tränkle, p. 76).

7. Voir la note à *eodem anno* au § 1 supra. Il s'agit donc ici de mars 196 (astro.) soit juin 196 dans le calendrier romain.

8. Philippe l'avait un temps « libérée » (voir son discours en 32, 34, 6)

9. Ces expressions asyndétiques ne sont pas rares. Voir de même *naualibus terrestribus* plus haut.

10. Voir un même souci — cette fois chez Philippe, à propos de Dyme — en 32, 22, 10

11. À Rome, les rameurs et les soldats embarqués étaient à l'origine effectivement fournis par les alliés (d'où *socii*), mais assez vite *socii nauales* a désigné tous les soldats servant dans la marine, quels que soient leur statut et leur origine, et le sens de *socii* s'est, dans cette expression, généralement estompé. C'est d'autant plus le cas ici que Tite-Live transpose, comme souvent, une réalité typiquement romaine pour désigner une catégorie étrangère.

12. Appien (*Syr.*, XI, 1) ne parle pas de ces opérations militaires.

Chapitre XXXIX :

1. Appien (*Syr.*, XI, 2) dit que cette ambassade a suivi les plaintes de Ptolémée Philopatôr après la conquête de la Syrie et de la Cilicie par Antiochus. Il relie sans doute abusivement cette ambassade à la mission, bien antérieure (datant de la fin de 203), envoyée à Rome par Agathocles, après la mort de ce Ptolémée, et qu'évoque Polybe en 15, 25. Il faut observer qu'il appelle Cornelius Cnaeus et non Lucius.

2. Il y avait aussi, selon Polybe (18, 50), Hegesianax et Lysias qui avaient été envoyés auprès de Flamininus à Corinthe (voir note à 34, 2). C'est dans ce passage que l'on sent le mieux — pour ce qui est du livre 33 — combien toutes ces ambassades traduisent parfaitement, pour Tite-Live, le prestige de Rome — en dépit de l'échec que va représenter la conférence ; un tel développement devait plaire aux lecteurs romains. Voir sur ce point l'article de P. Jal cité p. LIV n. 192.

3. La conférence a dû se dérouler vers septembre 196 (astro.) = déc. 196 selon le calendrier romain.

4. *Et* et *nam* au début de la phrase suivante font difficulté. On attendrait un autre *et* introduisant les villes ayant appartenu à Philippe. Mais Tite-Live veut sans doute dire que la requête peut « même » porter sur les villes de Ptolémée, « car », pour les villes qui avaient dépendu de Philippe, il était hors de question de les laisser à Antiochus.

5. Sur ce point Tite-Live — en disant que les villes doivent être rendues à Ptolémée — interprète très librement Polybe (18, 50), qui dit seulement que Cornelius exigeait l'évacuation des cités ayant appartenu au Lagide. A propos des modifications apportées par Tite-Live à l'historien grec dans les chapitres 39 et 40, voir introd. p. XXIII.

6. Chez Polybe, Cornelius demande à Antiochus de laisser tranquilles les États indépendants (18, 50, 7). Diodore, Appien ne signalent pas plus ce point que Tite-Live, ce qui peut faire penser, comme le dit Briscoe (*ad loc.*,), qu'il y avait un texte de Polybe sans cette précision.

7. Le texte est très discuté : conserver *quid* de *B* comme le voulait Madvig, en lui donnant une valeur très elliptique (= « Qu'est-ce que cela faisait ? ») aboutit à un tour surprenant, malgré le rapprochement avec 34, 32, 13.

8. Voilà qui est inexact.

9. Tite-Live propose ici une version nettement plus élaborée que celle de Polybe (18, 50, 8-9), de Diodore (28, 12) ou d'Appien (*Syr.*, XI, 3).

Chapitre XL :

1. Italie où il y avait des cités grecques... sans parler évidemment de la Sicile.

2. Il semble dans ce texte qu'il s'agisse d'un véritable traité, mais Polybe (18, 51, 10) ne fait pas dire cela à Antiochus : le roi affirme seulement envisager de conclure un pacte avec Ptolémée. La version de Tite-Live surprend d'autant plus que l'on s'étonne que les Romains ne soient pas au courant d'une alliance si importante.

3. Comme le dit Briscoe (*ad loc.*,) la correction de Bekker (*ne...quidem*) ne s'impose pas. Le texte des manuscrits est clair et l'on a ainsi un mot de liaison avec la phrase précédente.

4. Lysimaque, lieutenant d'Alexandre, obtint à la mort de celui-ci le gouvernement de Thrace ; il fonda Lysimachia, se déclara roi, étendit sa domination à l'Asie Mineure et à la Macédoine, fit mettre à mort son fils Agathocle, ce qui entraîna une révolte et l'opposition de Seleucus, qui — voir la note suivante — le battit.

5. Allusion à la victoire de Korypedion remportée en 281 par le trisaïeul d'Antiochus III, fondateur de la dynastie séleucide, Seleucus Nikatôr, autre lieutenant d'Alexandre (*u.* 34, 58, 5).

6. *V.* 31, 16, 4.

7. La correction de Madvig aboutit à un latin douteux et n'est pas nécessaire.

8. L'accusatif que donne *B* a été défendu (*u.* McDonald, *ad loc.*,) comme une attraction. L'influence de *tenuisse*, suggérée aussi par McDonald, est plus probable.

9. Notons que Tite-Live a largement modifié l'ordre du discours d'Antiochus chez Polybe (18, 51). Il a de plus omis dans ces propos la

référence aux cités libres (Pol., 18, 51, 9). Il a même passé sous silence l'invitation faite aux députés de Lampsaque et de Smyrne de participer à la conférence ainsi que la dispute qui a éclaté entre eux et Antiochus (Pol., 18, 52). Luce (p. 43, n. 18) pense que cette suppression est délibérée et non la conséquence d'une certaine lassitude — souvent évoquée, on le sait, par l'historien — devant l'immensité du sujet qu'il doit traiter ; Tite-Live veut surtout parler de ce qui concerne Rome.

Chapitre XLI :

1. Cette conférence montre que les délégués ont été incapables de répondre à Antiochus et semble signifier que les Romains n'étaient guère au courant de la réalité des affaires d'Asie : il est sûr, comme le dit Briscoe (*ad loc.*,), que cette conférence a été un désastre diplomatique pour Rome.

2. *V.* supra 39, 1 et la note.

3. Comme s'il était encore en vie... Mais Antiochus ne le contredira pas, puisqu'il a aussi en tête de partir.

4. La prétention prêtée à Antiochus peut paraître bien surprenante.

5. Antiochus semble vouloir traiter de préférence avec le proconsul, mais il ne devrait pas y avoir de conflit d'attribution : c'est l'avis du sénat qui prime, comme Quinctius lui-même le rappelle en 34, 25, 2. Le roi a peut-être l'idée de susciter des rivalités qui lui seraient profitables.

6. *De societate* dépend d'*agerent* (*u.* 34, 25, 2).

7. Des députés approchèrent Quinctius, mais ils arrivèrent au printemps 195 (34, 25, 2). Il semble donc, comme l'a remarqué Holleaux (V, p. 164, n. 3) qu'ils aient été envoyés plus tard.

8. *Tendens* qui devait être dans le *Moguntinus* est possible à la place de *petens* (u. 40, 4, 11).

9. L'île est alors sous domination lagide.

10. Bien qu'il y ait quelques exemples de *capita* en ce sens, en général le mot désigne plutôt la source d'un fleuve. Tite-Live est le premier à l'utiliser dans le sens d'embouchure (l'emploi dans le *Bellum ciuile*, 4, 10, 5 doit venir d'une glose) et traduit là certainement le terme grec (κεφαλαί) lui-même (*u.* Callimaque, 43, 46). Sur cette expression voir Ogilvie, *A calque sémantique in Livy, Eranos*, 55, 1957, p. 201-202 et Briscoe, *ad loc.*

11. C'était, semble-t-il, un titre chez les Séleucides (*u.* 31, 28, 5).

12. Cela doit correspondre à la mi- novembre : le Padouan se réfère sans doute là à l'hiver tel que l'entend Polybe, qui, ignorant l'automne, fait commencer la saison froide dès octobre.

Chapitre XLII :

1. Ultérieurement les lois *Licinia* et *Aebutia* interdiront à quiconque aura été à l'origine de la création d'un collège ou d'une commission d'en faire partie.

2. Toge bordée de pourpre que portaient les enfants et les dignitaires civils et religieux.

3. Cette affaire semblait réglée. En effet les particuliers avaient donné de l'argent en 210 pour la lutte contre Hannibal (26, 36, 8), et on décida en 204 de faire un remboursement en trois versements (29, 16, 1), l'un l'année même, l'autre en 202, le troisième en 200. Mais en 200 l'État ne pouvant, en raison de la nouvelle guerre, acquitter sa dette, offrit des terres du domaine public aux créanciers (31, 13, 2). Pour expliquer ce passage on peut admettre que certains ont en 200 refusé le dédommagement en terres et que l'on a décidé en 196 de les rembourser enfin, ou encore que certains, comme les dispositions de 200 le prévoyaient, ont préféré finalement rendre leurs terres pour toucher de l'argent.

4. Ils étaient chargés de la gestion des fonds publics. Comme ils ne disposaient pas de l'*imperium*, l'ordre a dû venir des consuls.

5. On ne parle nulle part ailleurs d'exemption de contributions pour les prêtres. Ceux-ci ont sans doute profité de la confusion de la guerre pour se dispenser de payer.

6. *V.* 25,9 n.

7. Sans doute parce que son décès a dû intervenir près de la fin de l'année (cf. 26,23,8).

8. Il faut exprimer en effet après *milia, modiorum* (ou *modium*) ; le boisseau équivaut à environ neuf litres.

9. Pour la tournure avec le distributif suivi du génitif désignant le métal de la pièce, voir par exemple 31, 4, 6. Le prix a fortement varié suivant les époques et les circonstances. En 210, le boisseau coûta jusqu'à vingt-cinq as (Pol., 9, 11a, 3) ! La distribution de 196 a, quoi qu'il en soit, été faite à fort bas prix.

10. Sur la reprise des *Ludi u.* 25, 1 n.

11. C'étaient sans doute des locataires du domaine public, mais ils avaient dû soit accaparer des terres qui ne leur avaient pas été assignées soit faire paître leurs troupeaux sur des terres qu'ils n'avaient pas louées (*u.* Liv., 6, 35, 5 ; 35, 10, 12 ; Appien, *BC*, 1, 7, 27).

12. Cf. 31, 50, 2. Pour l'ordre des mots cf. 24, 10, 9 ; 30, 3, 3 ; 39, 8, 5.

13. L'île du Tibre. Celle-ci était surtout consacrée à Esculape (Liv., 10, 47, 7), mais il y avait des temples d'autres dieux (34, 53, 7).

14. Sur ces jeux voir 25, 2 n. supra ; puisqu'ils se déroulent en novembre du calendrier romain, cela doit correspondre à août 196 astro.

15. Un banquet dédié à Jupiter est constant dans ces jeux à cette époque (u. 29, 38, 8 ; 32, 7, 13), mais il y en avait en d'autres circonstances.

Chapitre XLIII :

1. Pour le sens de *prouincia* voir note à 21, 7 supra.
2. De fait les Romains semblent alors savoir peu de choses sur les événements d'Espagne en 196 : *u.* supra n. à 25, 9 ; infra n. à 44, 4 et introd. p. XXXI.
3. Le verbe *portare* semble impliquer un transport par bateau, mais les vingt navires évoqués plus loin n'y suffiraient pas...
4. Briscoe (n. à 31, 8, 7) pense à juste titre que Tite-Live entend souvent l'expression au sens de *socii* ac *nomen Latinum*. On comparera à cet égard la formulation ici et en 26, 4 supra.
5. *Nauis longa* est une dénomination classique (*u.* 5, 28, 2 ; 8, 14, 8 etc.).
6. *V.* supra, 36, 4-37,12.
7. U. Schlag pense que c'était pour écarter P. Manlius de Rome (*Regnum in senatu*, Stuttgart, 1968, p. 149.). On observera que les six préteurs ont leur *prouincia* mais que la Sardaigne n'a pas de titulaire nouveau, l'ancien étant prorogé (cf. 26, 2 supra ; u. § 9 infra).
8. *V.* supra 35, 10-12.
9. Flamininus a déjà bénéficié de prorogations (*u.* 32, 28, 9 et 33, 25, 11).
10. Il est difficile de maintenir *ad Etruriam*, car *decernere* ne peut se construire avec *ad* suivi du nom d'une province et Laeca n'a pas reçu mission de défendre l'Etrurie, (*u.* Madvig, *Emendationes*, p. 493, n. 1 et Briscoe, n. *ad loc.*).

Chapitre XLIV :

1. Semble un ancien rite sabin (Strabon, V, 4, 12). Ce *uer sacrum* consistait à sacrifier tous les nouveau-nés du printemps suivant, de fait à les obliger à quitter leur cité pour un nouvel établissement (*u.* sur le *uer sacrum* en général et sur celui-ci en particulier J. Heurgon, *Le ver sacrum de 217, Latomus,* 15, 1956, p. 137-158). De fait c'est le seul évoqué dans tout l'*Ab Vrbe condita* de Tite-Live et l'on apprendra au livre 34 (ch. 44, 3) que ce *uer sacrum* ne concerne en cette occurrence que le bétail et quatre espèces. J. Heurgon pense que la décision a dû être prise sous l'influence de M. Claudius Marcellus, vainqueur des Boïens, et que la mesure n'a pas dû plaire à Caton, grand éleveur. *V.* aussi J. Scheid, *Les incertitudes de la* uoti sponsio. *Observations en marge du* uer sacrum *de 217 av. J.-C., Mélanges à la mémoire d'A. Magdelain*, Paris, 1998, p. 417-425. On peut se demander s'il n'y a pas quelque rapport entre cette exécution du *uer sacrum* et les condamnations d'éleveurs en 42, 10.
2. De fait 22 ans. *V.* Weissenborn-H.-J. Müller *ad. loc.* En 194 le *pontifex maximus* le fera reprendre pour vice de forme (34, 44, 1-3).

3. *V.* supra 42, 6. J. Briscoe note que le collège comprend peu de représentants favorables à Scipion (*ANRW*, p. 1091).

4. *V.* supra 24, 7.

5. *V.* supra 30, 1 sqq.

6. Excessif.

7. *V.* supra 41, 1.

8. Briscoe (p. 11) souligne, dans cet ensemble, d'influence probablement annalistique, le caractère polybien de l'image : il renvoie à 34, 41, 4 et 48, 6. Pour d'autres images dépréciatives de cette sorte dans l'*Ab Vrbe condita u.* Bernard, p. 116-120.

9. Phalaris plus que les Trente sans doute. Il faut noter que Nabis était allié de Rome depuis la fin de 198 (l. 32, ch. 39-40). Sur ce passage voir n. à 43, 6 supra.

Chapitre XLV :

1. Il y avait au moins trois consulaires parmi eux.

2. *Tum* a été à bon droit suspecté, car on ne voit pas son rôle avant *qui* ; il nous semble qu'il a pu se trouver originellement après *qui*, et qu'il a été placé avant ce mot sous l'influence de *cum* qu'un copiste a dû malencontreusement interpréter comme un corrélatif.

3. Un peu contradictoire avec *maturanda magis* du § 2.

4. On remarquera l'insistance de Tite-Live sur le sérieux des débats au sénat, et la latitude laissée au proconsul. Sur ce dernier point il y a discordance avec 34, 22, 5, où il est dit que la guerre aurait été déclarée à Nabis par un sénatus-consulte. Il faut remarquer cependant que la narration qui suit dans le livre 34 est en revanche en accord avec ce passage-ci, car Quinctius agit en toute liberté. Peut-être faut-il lire en 34,22,5 non pas *quo bellum...decretum erat* mais *quo de bello...decretum erat.*

5. Une transition un peu rude (*u.* W. Weissenborn — H.-J. Müller *ad loc.*) qui introduit le long développement consacré à Hannibal.

6. Tous ces événements sont manifestement assignés par Tite-Live à l'année 195. Il est plus probable qu'ils s'étendent sur 196-195, Hannibal étant sufète (*praetor* dit Tite-Live : *u.* 46, 3 infra) en 196, et son départ se situant en 195, comme le prouve en particulier le fait que la mission romaine comprend M. Claudius Marcellus (*u.* 47, 7 infra) qui, consul en 196 (*u.* 24, 1 supra), ne pouvait, pendant sa magistrature, être disponible pour ce voyage. Notons que Nepos (*Hann.* 7) et Appien (*Syr.*, 4) placent l'ensemble de ces faits en 196. Sur les sources de cette narration voir introd. p. XX n. 34.

7. Selon l'excellente correction de Jacobs. McDonald (*ad loc.*) pense astucieusement qu'*amicis* dans *Mog.* a pu être une glose d'*hospitibus*.

8. *Marescere* est employé par les poètes. Sur ce passage voir introd. p. LXXII-LXXIII. La comparaison dépréciative a été rangée par Bernard dans la même catégorie que celle de 44, 7 supra (*u.* n. à ce §).

9. Idée chère à Fabius Pictor, mais contestée par Polybe (Pol., 3, 8).

Chapitre XLVI :

1. Cette précision justifie évidemment les mots *impotenti regno*.
2. C'est-à-dire sufète, ou premier magistrat : il y avait deux sufètes à Carthage : Cornelius Nepos emploie le terme de *rex* (la leçon *praetor* des manuscrits doit en effet être corrigée en ce sens, comme le montre la suite du texte) ; Justin emploie le titre de *consul*. Tite-Live nomme habituellement *praetor* le premier magistrat d'une cité étrangère (*u*. par ex. 32, 19, 2). Sur les sufètes (et sur les menées d'Hannibal) voir G. Charles-Picard, *Les Sufètes de Carthage chez Tite-Live et Cornelius Nepos*, *REL*, 41, 1963, p. 269-281.
3. Sans doute quelqu'un qui s'occupait des questions financières, comme le faisait le questeur romain. Notons qu'il ne semble pas qu'il y ait eu dans cette convocation, de la part d'Hannibal, quelque intention malveillante.
4. Toujours une procédure et un vocabulaire romains. Même chose plus loin pour l'affichage et le vote de la loi. Nous ignorons les modalités réelles de ces opérations .
5. *Quo* est préférable à *quod* donné par *B* et *Mog*., un sujet désignant une chose étant rare avec *irritare*.
6. *V*. 30, 37, 5. D'après les termes de la paix de 201, les Carthaginois devaient payer à Rome dix mille talents en cinquante annuités.
7. Les Carthaginois ne payaient pas, semble-t-il, d'impôts : *u*. 30, 44, 11 ; il n'y avait que des *uectigalia publica* (*u*. supra § 8).

Chapitre XLVII :

1. Hannibal agit avec méthode : il fait donc un bilan de tout ce qui a été versé, des besoins de l'État et de ce que les voleurs ont pris.
2. Le terme *residuis* est de fait technique. Il s'agit des sommes non dépensées, indûment gardées par des magistrats (*D*. 48, 13, 2).
3. Voir 46, 9 supra.
4. La correction de Madvig est astucieuse, mais l'*editio Frobeniana altera* propose une lecture acceptable — le non-réfléchi étant logique et fréquent dans l'ablatif absolu pour renvoyer au sujet de la principale — et peu différente de *B* et de *Mog.*
5. L'image latine est plus forte : *subscribere* est un terme du langage judiciaire romain qui signifie apposer son nom au bas d'une action en justice après un accusateur principal.
6. *Calumniam iurare* et *nomen deferre* appartiennent aussi au langage judiciaire romain. Valère-Maxime loue vivement l'Africain pour cette intervention (IV, 1, 6). Tite-Live ne porte pas ici de jugement net sur l'attitude de l'Africain, mais il le louera aux livres 37 et 38. G. Charles-Picard (*Hannibal*, Hachette, Paris, 1967, p. 218-220) pense

que Scipion défend son ancien ennemi car il estime qu'il est moins dangereux à Carthage qu'en exil. Il suppose que Polybe a trouvé ce discours dans les archives de la famille des Scipions et que Tite-live s'en est inspiré (mais voir introd. p. XX, n. 34). Notons qu'il est probable, comme le dit Briscoe (*ANRW*, p. 1091), que, parmi les Romains très hostiles à Hannibal et qui s'opposaient à Scipion, se trouvaient les *Fulviani*, habituellement bellicistes.

7. Allusion à de longues querelles de frontière.

8. Tout ce développement est très favorable à Hannibal. Ailleurs Tite-Live évoque un serment de lutte inexpiable — contre Rome —, mais... c'est dans la bouche d'Hannibal enfant (21, 1, 4). Cf. Pol., 3, 11, 12.

9. Il a gardé les même habits et n'est donc pas en tenue de voyage.

Chapitre XLVIII :

1. *Turrem* et *turrim* sont également employés, au vu des manuscrits, par Tite-Live. Comme le dit Briscoe (*ad loc.*,) l'appellation *Hannibalis turris* a dû plutôt être donnée à cette construction à la suite de cet événement.

2. Pour l'heure sous le contrôle des Séleucides.

3. La répétition *iusso... iussit...* est assez maladroite.

4. Nous avons écarté la très astucieuse suggestion de Madvig (*umbraculum*) car *umbra* s'emploie au pluriel et on lit dans le *De republica* (IV, 1) *umbram efficere*.

5. On observera que *forte* indique seulement ici, comme souvent chez Tite-Live, la simple coïncidence chronologique et ne contient aucune notion nette de chance ou de hasard (*u.* J. Champeaux, *REL*, XLV, 1967, p. 374). Pour la date réelle *u.* introd. p. XXXIV, n. 76.

6. Exactement « outre le fait qu'il était tard... ».

7. Tite-Live imagine une scène très romaine.

8. Le texte de cette phrase est peu sûr : la séquence *ut...et ut...* qui est très fréquente chez Tite-Live, au moins avec le subjonctif, et qui n'exige qu'une modification des *editiones Frobenianae* (*u.* app. crit.) nous a paru la plus économique. Drakenborch a proposé l'inversion de *et* et de *ut* qu'offrent *B* et *Mog*.

9. De fait il ne devait plus être sufète, sinon il n'aurait pu prétendre qu'il partait en ambassade à Tyr.

Chapitre XLIX :

1. D'après Tite-Live c'était plutôt Philippe qui avait poussé Hannibal à s'opposer à nouveau à Rome et il n'avait pas eu besoin d'instigateur pour se lancer dans cette deuxième guerre de Macédoine (*u.* 31, 1, 10).

Mais il faut ajouter que les Romains, priés par les Athéniens de venir à leur secours, avertis par le roi de Pergame et par les Rhodiens de l'entente entre Philippe et Antiochus, n'avaient pas hésité non plus à entrer dans la guerre, pour contrer l'expansionnisme macédonien.

2. Les notables carthaginois n'avaient pas mentionné, eux, des contacts avec les Étoliens (*u.* 45, 6 supra)

3. L'argument est assez faible et ne prouve nullement une action concertée de longue date avec Antiochus.

4. « ne devaient pas rester sans châtiment... » c'est-à-dire « devaient être punis par les Carthaginois ».

5. D'après Nepos les Carthaginois envoyèrent deux navires pour essayer d'arrêter l'ancien sufète, confisquèrent ses biens, détruisirent sa maison et le déclarèrent exilé (*Hann.*, 7, 7).

6. La ville a dû être fondée vers 800.

7. Le texte n'est pas sûr (*u.* les lacunes de *Mog.*), mais le sens général est peu discutable : notons que les interprétations sont divergentes : Lasserre (éd. Garnier) a pensé qu'*ab altera patria* était un complément d'agent sur le même plan qu'*a conditoribus*. Il faut cependant remarquer qu'*ab* serait suprenant dans cet emploi avec un nom qui n'est pas un nom de personne. Le même traducteur et E.T. Sage ont fait d'autre part dépendre *omni genere honorum* de *clarus*.

8. V. n. à 38, 1 supra.

9. Sur les déplacements d'Antiochus en 195, voir 34, 33, 12.

10. Pour l'envoi de l'ambassade voir 34, 7 et 35, 12 supra.

11. Voir n. à 13, 10 supra.

12. Ce qui équivalait à une fin de non-recevoir.

INDEX NOMINVM [1]

1. Fondamentaux pour toute étude de Tite-Live sont la concordance de Packard, le thesaurus sur CD-Rom du PHI et l'index des noms établi par Russel M. Geer, dans le tome XIV de l'édition Loeb, Heinemann, Londres, 1967.

CARTES

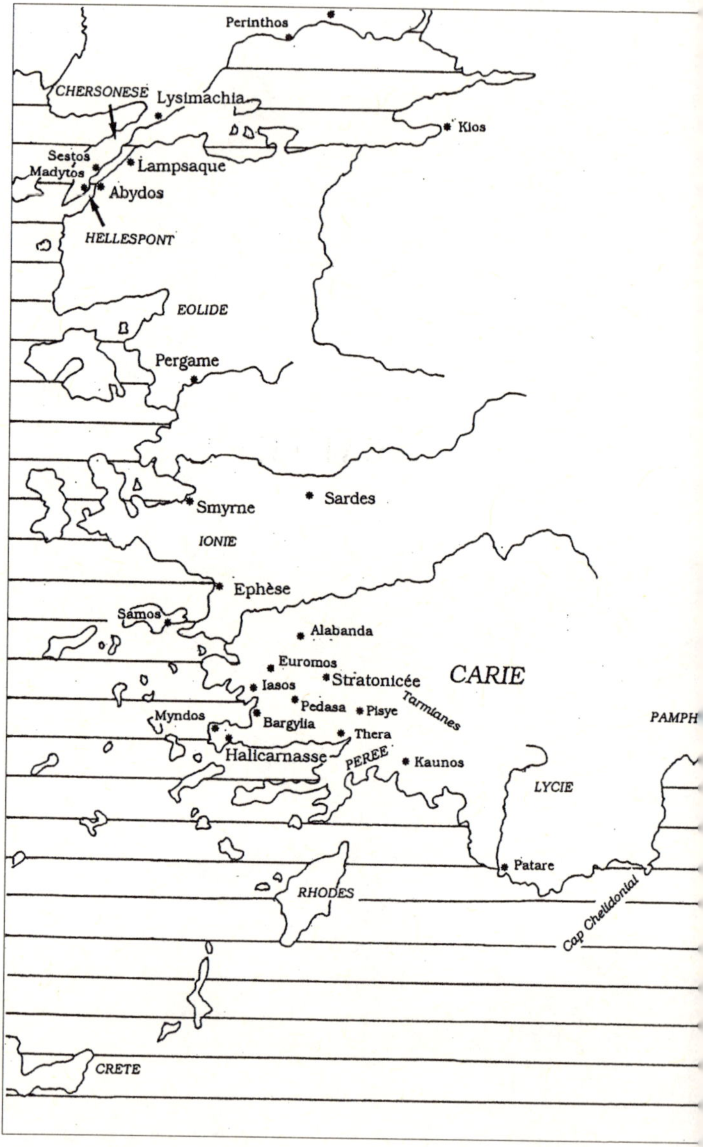

Perinthos
CHERSONESE
Lysimachia
Kios
Sestos
Madytos
Lampsaque
Abydos
HELLESPONT
EOLIDE
Pergame
Smyrne
Sardes
IONIE
Ephèse
Samos
Alabanda
Euromos
Stratonicée
CARIE
Iasos
Pedasa
Pisye
Tarmianes
Myndos
Bargylia
Thera
PAMPH
Halicarnasse
PEREE
Kaunos
LYCIE
Patare
RHODES
Cap Chelidonia
CRETE

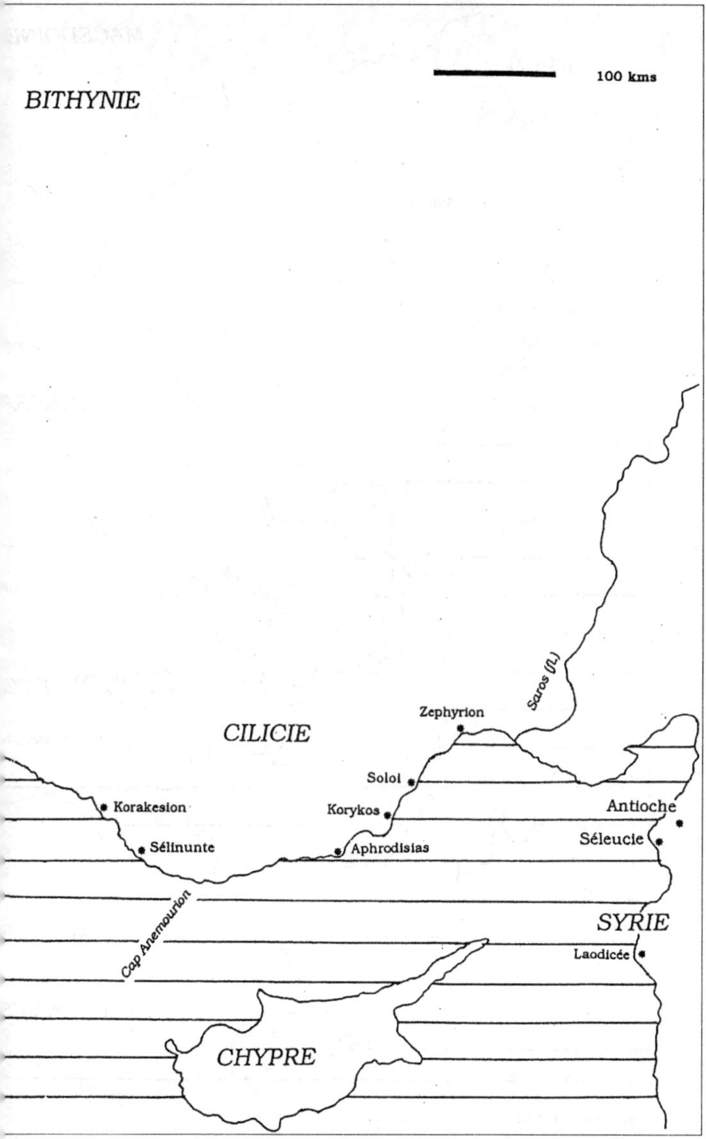
100 kms
BITHYNIE
CILICIE
Zephyrion
Saros (fl.)
Soloi
Korakesion
Korykos
Antioche
Sélinunte
Aphrodisias
Séleucie
Cap Anemourion
SYRIE
Laodicée
CHYPRE

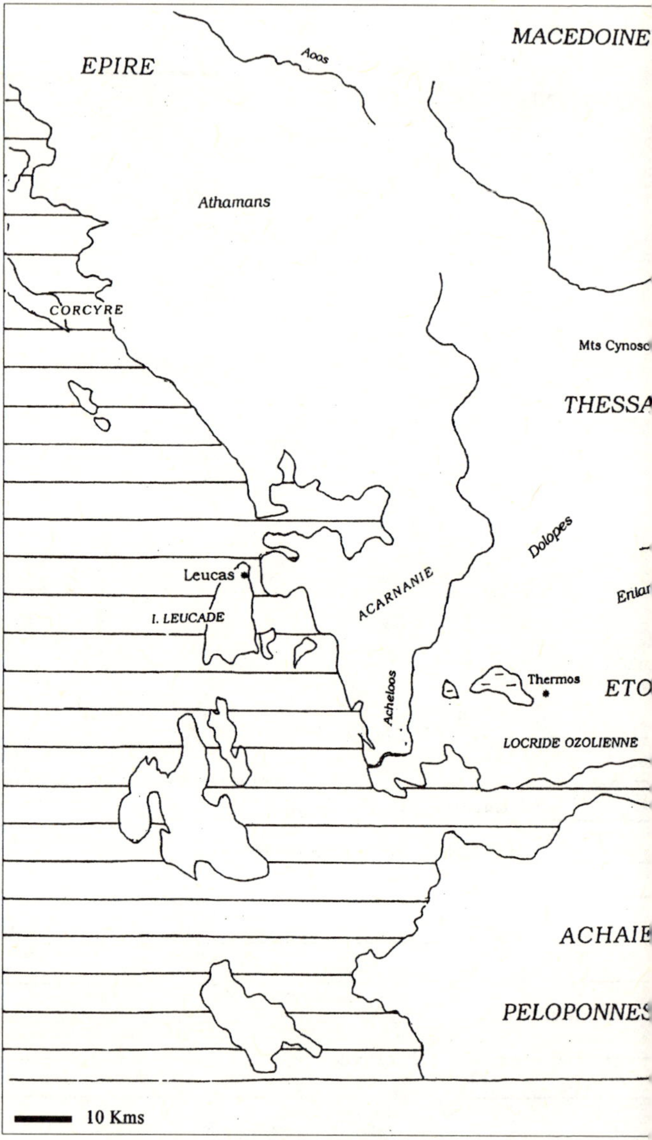
MACEDOINE
EPIRE
Aoos
Athamans
CORCYRE
Mts Cynosc
THESSA
Dolopes
Leucas
I. LEUCADE
ACARNANIE
Enian
Thermos
ETO
Acheloos
LOCRIDE OZOLIENNE
ACHAIE
PELOPONNES
10 Kms

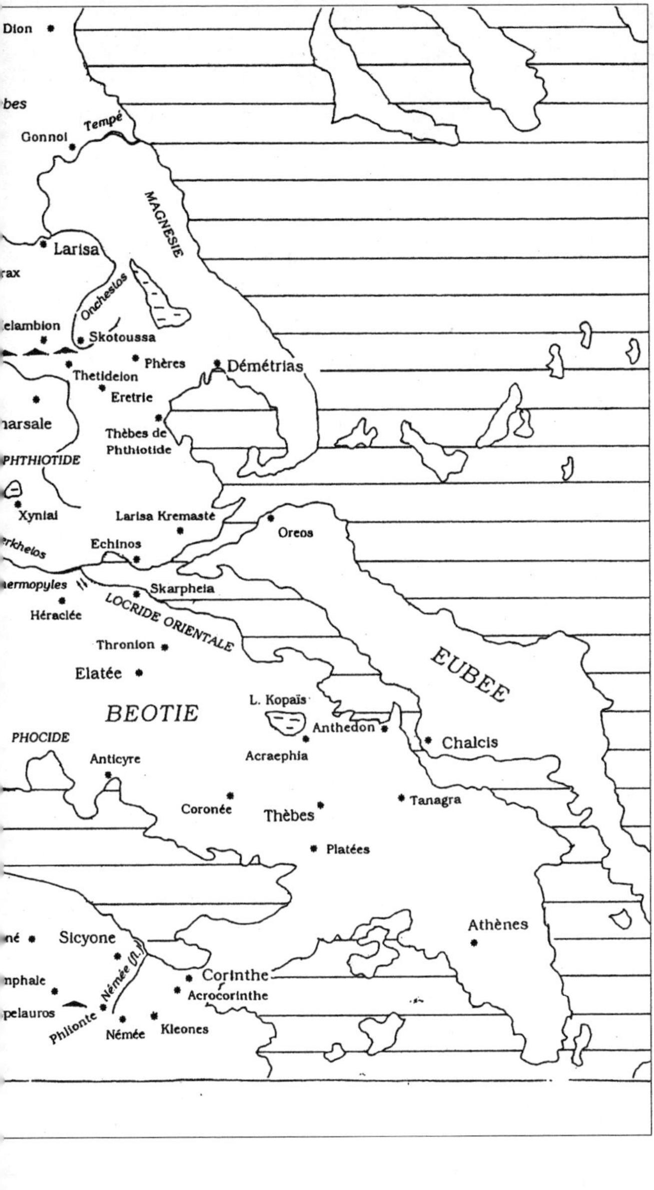
Dion
Gonnoi
Tempé
MAGNESIE
Larisa
Onchestos
Skotoussa
Phères
Démétrias
Thetideion
Eretrie
Thèbes de
Phthiotide
Xyniai
Larisa Kremaste
Oreos
Echinos
Skarpheia
Héraclée
LOCRIDE ORIENTALE
Thronion
Elatée
EUBEE
L. Kopaïs
BEOTIE
PHOCIDE
Anthedon
Chalcis
Anticyre
Acraephia
Coronée
Thèbes
Tanagra
Platées
Athènes
Sicyone
Némée (fl.)
Corinthe
Acrocorinthe
Phlionte
Némée
Kleones

TABLE DES MATIÈRES

COLLECTION DES UNIVERSITÉS DE FRANCE

OUVRAGES PARUS

Série grecque

dirigée par Jacques Jouanna
de l'Institut
professeur à l'Université de Paris Sorbonne

Règles et recommandations pour les éditions critiques (grec). (1 vol.).

ACHILLE TATIUS.
Le Roman de Leucippé et Clitophon. (1 vol.).

AELIUS THÉON.
Progymnasmata. (1 vol.).

ALCÉE.
Fragments. (2 vol.).

LES ALCHIMISTES GRECS.
(3 vol. parus).

ALCINOOS.
Les doctrines de Platon. (1 vol.).

ALEXANDRE D'APHRODISE.
Traité du destin. (1 vol.).

ANDOCIDE.
Discours. (1 vol.).

ANTHOLOGIE GRECQUE.
(12 vol. parus).

ANTIGONE DE CARYSTE.
Fragments. (1 vol.).

ANTIPHON.
Discours. (1 vol.).

ANTONINUS LIBERALIS.
Les Métamorphoses. (1 vol.).

APOLLONIOS DE RHODES.
Argonautiques. (3 vol.).

APPIEN.
Histoire romaine. (4 vol. parus).

APSINÈS.
Art rhétorique. (1 vol. paru).

ARATOS.
Phénomènes. (2 vol.).

ARCHILOQUE.
Fragments. (1 vol.).

ARCHIMÈDE. (4 vol.).

ARGONAUTIQUES ORPHIQUES. (1 vol.).

ARISTÉNÈTE. (1 vol.).

ARISTOPHANE. (5 vol.).

ARISTOTE.
De l'âme. (1 vol.).
Catégories. (1 vol.).
Constitution d'Athènes. (1 vol.).
Du ciel. (1 vol.).
Économique. (1 vol.).
De la génération des animaux. (1 vol.).
De la génération et de la corruption. (1 vol.).
Histoire des animaux. (3 vol.).
Marche des animaux - Mouvement des animaux. (1 vol.).
Météorologiques. (2 vol.).
Les parties des animaux. (1 vol.).

Petits traités d'histoire naturelle. (1 vol.).
Physique. (2 vol.).
Poétique. (1 vol.).
Politique. (5 vol.).
Problèmes. (3 vol.).
Rhétorique. (3 vol.).
Topiques. (1 vol. paru).

PSEUDO-ARISTOTE.
Rhétorique à Alexandre. (1 vol.).

ARRIEN.
L'Inde. (1 vol.).
Périple du Pont-Euxin. (1 vol.).

ASCLÉPIODOTE.
Traité de tactique. (1 vol.).

ATHÉNÉE.
Les Deipnosophistes. (1 vol. paru).

ATTICUS.
Fragments. (1 vol.).

AUTOLYCOS DE PITANE.
Levers et couchers héliaques. - La sphère en mouvement. - Testimonia. (1 vol.).

BACCHYLIDE.
Dithyrambes. - Epinicies. - Fragments. (1 vol.).

BASILE (Saint).
Aux jeunes gens. - Sur la manière de tirer profit des lettres helléniques. (1 vol.).
Correspondance. (3 vol.).

BUCOLIQUES GRECS.
Théocrite. (1 vol.).
Pseudo-Théocrite, Moschos, Bion. (1 vol.).

CALLIMAQUE.
Hymnes. - Épigrammes. - Fragments choisis. (1 vol.).

LES CATOPTRICIENS GRECS.
Les miroirs ardents (1 vol. paru).

CHARITON.
Le roman de Chaireas et Callirhoé. (1 vol.).

COLLOUTHOS.
L'enlèvement d'Hélène. (1 vol.).

DAMASCIUS.
Traité des premiers principes. (3 vol.).
Commentaire du Parménide de Platon. (3 vol. parus).

DÉMÉTRIOS.
Du Style. (1 vol.).

DÉMOSTHÈNE.
Œuvres complètes. (13 vol.).

DENYS D'HALICARNASSE.
Opuscules rhétoriques. (5 vol.).
Antiquités romaines. (2 vol. parus).

DINARQUE.
Discours. (1 vol.).

DIODORE DE SICILE.
Bibliothèque historique. (9 vol. parus).

DION CASSIUS.
Histoire romaine. (2 vol. parus).

DIOPHANTE.
Arithmétique. (2 vol. parus).

DU SUBLIME. (1 vol.).

ÉNÉE LE TACTICIEN.
Poliorcétique. (1 vol.).

ÉPICTÈTE.
Entretiens. (4 vol.).

ESCHINE.
Discours. (2 vol.).

ESCHYLE.
Tragédies. (2 vol.).

ÉSOPE.
Fables. (1 vol.).
EURIPIDE.
Tragédies (10 vol. parus).
GALIEN. (1 vol. paru).
GÉOGRAPHES GRECS. (1 vol. paru).
GÉMINOS.
Introduction aux phénomènes. (1 vol.).
GRÉGOIRE DE NAZIANZE (le Théologien) (Saint).
Correspondance. (2 vol.).
HÉLIODORE.
Les Éthiopiques. (3 vol.).
HÉRACLITE.
Allégories d'Homère. (1 vol.).
HERMÈS TRISMÉGISTE. (4 vol.).
HÉRODOTE.
Histoires. (11 vol.).
HÉRONDAS.
Mimes. (1 vol.).
HÉSIODE.
Théogonie. - Les Travaux et les Jours. - Bouclier. (1 vol.).
HIPPOCRATE. (10 vol. parus).
HOMÈRE.
L'Iliade. (4 vol.).
L'Odyssée. (3 vol.).
Hymnes. (1 vol.).
HYPÉRIDE.
Discours. (1 vol.).
ISÉE.
Discours. (1 vol.).
ISOCRATE.
Discours. (4 vol.).
JAMBLIQUE.
Les mystères d'Égypte. (1 vol.).
Protreptique. (1 vol.).
JOSÈPHE (Flavius).
Autobiographie. (1 vol.).
Contre Apion. (1 vol.).
Guerre des Juifs. (3 vol. parus).
JULIEN (L'empereur).
Lettres. (2 vol.).
Discours. (2 vol.).
LAPIDAIRES GRECS.
Lapidaire orphique. - Kerygmes lapidaires d'Orphée. - Socrate et Denys. - Lapidaire nautique. - Damigéron. - Evax. (1 vol.).
LIBANIOS.
Discours. (2 vol. parus).
LONGIN. RUFUS.
Fragments. Art rhétorique. (1 vol.).
LONGUS.
Pastorales. (1 vol.).
LUCIEN. (2 vol. parus).
LYCURGUE.
Contre Léocrate. (1 vol.).
LYSIAS.
Discours. (2 vol.).
MARC-AURÈLE.
Écrits pour lui-même. (1 vol. paru).
MARINUS.
Proclus ou sur le bonheur. (1 vol.).
MÉNANDRE. (3 vol. parus).
MUSÉE.
Héro et Léandre. (1 vol.).
NONNOS DE PANOPOLIS.
Les Dionysiaques. (13 vol. parus).
NUMÉNIUS. (1 vol.).
ORACLES CHALDAÏQUES. (1 vol.).
PAUSANIAS.
Description de la Grèce. (5 vol. parus).

PHOCYLIDE (Pseudo-).
(1 vol.).

PHOTIUS.
Bibliothèque. (9 vol.).

PINDARE.
Œuvres complètes. (4 vol.).

PLATON.
Œuvres complètes. (26 vol.).

PLOTIN.
Ennéades. (7 vol.).

PLUTARQUE.
Œuvres morales. (19 vol. parus).
Vies parallèles. (16 vol.).

POLYBE.
Histoires. (11 vol. parus).

PORPHYRE.
De l'Abstinence. (3 vol.).
Vie de Pythagore. - Lettre à Marcella. (1 vol.).

PROCLUS.
Commentaires de Platon. - Alcibiade. (2 vol.).
Théologie platonicienne. (6 vol.).
Trois études. (3 vol.).

PROLÉGOMÈNES A LA PHILOSOPHIE DE PLATON. (1 vol.).

QUINTUS DE SMYRNE.
La Suite d'Homère. (3 vol.).

SALOUSTIOS.
Des Dieux et du Monde. (1 vol.).

SAPHO-ALCÉE.
Fragments. (1 vol.).

SCYMNOS (Pseudo-)
voir GÉOGRAPHES GRECS.

SIMPLICIUS
Commentaire du manuel d'Épictète (1 vol. paru).

SOPHOCLE.
Tragédies. (3 vol.).

SORANOS D'ÉPHÈSE.
Maladies des femmes. (4 vol.).

STRABON.
Géographie. (10 vol. parus).

SYNÉSIOS DE CYRÈNE.
Hymnes (1 vol.).
Lettres (2 vol.).

THÉOGNIS.
Poèmes élégiaques. (1 vol.).

THÉOPHRASTE.
Caractères. (1 vol.).
Métaphysique. (1 vol.).
Recherches sur les plantes. (3 vol. parus).

THUCYDIDE.
Histoire de la guerre du Péloponnèse. (6 vol.).

TRIPHIODORE.
La Prise de Troie. (1 vol.).

XÉNOPHON.
Anabase. (2 vol.).
L'Art de la Chasse. (1 vol.).
Banquet. - Apologie de Socrate. (1 vol.).
Le Commandant de la Cavalerie. (1 vol.).
Cyropédie. (3 vol.).
De l'Art équestre. (1 vol.).
Économique. (1 vol.).
Helléniques. (2 vol.).
Mémorables (1 vol. paru).

XÉNOPHON D'ÉPHÈSE.
Ephésiaques ou Le Roman d'Habrocomès et d'Anthia. (1 vol.).

ZOSIME.
Histoire nouvelle. (5 vol.).
Tome I. N^lle^ éd. (1 vol.).

Série latine

dirigée par Jean-Louis Ferrary,
Directeur d'Études à l'École Pratique des Hautes Études (IVe section)

Règles et recommandations pour les éditions critiques (latin). (1 vol.).

ACCIUS.
Œuvres. Fragments. (1 vol.).

AMBROISE (Saint).
Les devoirs. (2 vol. parus).

AMMIEN MARCELLIN.
Histoires. (7 vol. parus).

L. AMPÉLIUS.
Aide-mémoire. (1 vol.).

ANONYME.
L'annalistique romaine. (2 vol. parus).

APICIUS.
Art culinaire. (1 vol.).

APULÉE.
Apologie. - Florides. (1 vol.).
Métamorphoses. (3 vol.).
Opuscules philosophiques. Fragments. (1 vol.).

ARNOBE.
Contre les Gentils. (1 vol.)

AUGUSTIN (Saint).
Confessions. (2 vol.).

AULU-GELLE.
Nuits attiques. (4 vol.).

AURÉLIUS VICTOR.
Livre des Césars. (1 vol.).

AURÉLIUS VICTOR (Pseudo-).
Origines du peuple romain. (1 vol.).
Abrégé des Césars. (1 vol.).

AVIANUS.
Fables. (1 vol.).

AVIÉNUS.
Aratea. (1 vol.).

BOÈCE.
Institution arithmétique. (1 vol.).

CALPURNIUS SICULUS.
Bucoliques. CALPURNIUS SICULUS (Pseudo-). Éloge de Pison. (1 vol.).

CASSIUS FELIX.
De la médecine. (1 vol.).

CATON.
De l'Agriculture. (1 vol.).
Les origines. (1 vol.).

CATULLE.
Poésies. (1 vol.).

CELSE.
De la médecine. (1 vol. paru).

CÉSAR.
Guerre civile. (2 vol.).
Guerre des Gaules. (2 vol.).

CÉSAR (Pseudo-).
Guerre d'Afrique. (1 vol.).
Guerre d'Alexandrie. (1 vol.).
Guerre d'Espagne. (1 vol.).

CETIUS FAVENTINUS.
Abrégé d'architecture privée. (1 vol.).

CICÉRON.
L'Amitié. (1 vol.).
Aratea. (1 vol.).
Brutus. (1 vol.).
Caton l'ancien. De la vieillesse. (1 vol.).
Correspondance. (11 vol.).
De l'invention (1 vol.).
De l'Orateur. (3 vol.).

Des termes extrêmes des Biens et des Maux. (2 vol.).
Discours. (22 vol.).
Divisions de l'Art oratoire.
Topiques. (1 vol.).
Les Devoirs. (2 vol.).
L'Orateur. (1 vol.).
Les Paradoxes des Stoïciens. (1 vol.).
De la République. (2 vol.).
Traité des Lois. (1 vol.).
Traité du Destin. (1 vol.).
Tusculanes. (2 vol.).

CLAUDIEN.
Œuvres. (3 vol. parus).

COLUMELLE.
L'Agriculture, (4 vol. parus).
Les Arbres. (1 vol.).

COMŒDIA TOGATA.
Fragments. (1 vol.).

CONSOLATION À LIVIE, ÉLÉGIES À MÉCÈNE, BUCOLIQUES D'EINSIEDELN. (1 vol.).

CORIPPE.
Éloge de l'Empereur Justin II. (1 vol.).

CORNÉLIUS NÉPOS.
Œuvres. (1 vol.).

CYPRIEN (Saint).
Correspondance. (2 vol.).

DRACONTIUS.
Œuvres. (4 vol.).

ÉLOGE FUNÈBRE D'UNE MATRONE ROMAINE. (1 vol.).

L'ETNA. (1 vol.).

EUTROPE.
Abrégé d'Histoire romaine. (1 vol.).

FESTUS.
Abrégé des hauts faits du peuple romain. (1 vol.).

FIRMICUS MATERNUS.
L'Erreur des religions païennes. (1 vol.).
Mathesis. (3 vol.).

FLORUS.
Œuvres. (2 vol.).

FORTUNAT (Venance).
(3 vol. parus).

FRONTIN.
Les aqueducs de la ville de Rome. (1 vol.).

GAIUS.
Institutes. (1 vol.).

GARGILIUS MARTIALIS
Les remèdes tirés des légumes et des fruits. (1 vol.)

GERMANICUS.
Les phénomènes d'Aratos. (1 vol.).

HISTOIRE AUGUSTE.
(5 vol. parus).

HORACE.
Epîtres. (1 vol.).
Odes et Epodes. (1 vol.).
Satires. (1 vol.).

HYGIN.
L'Astronomie. (1 vol.).
Fables (1 vol.).

HYGIN (Pseudo-).
Des Fortifications du camp. (1 vol.).

JÉRÔME (Saint).
Correspondance. (8 vol.).

JUVÉNAL.
Satires. (1 vol.).

LUCAIN.
La Pharsale. (2 vol.).

LUCILIUS.
Satires. (3 vol.).

LUCRÈCE.
De la Nature. (2 vol.).

MACROBE
Commentaire au songe de Scipion. (1 vol. paru).
MARTIAL.
Épigrammes. (3 vol.).
MINUCIUS FÉLIX.
Octavius. (1 vol.).
PREMIER MYTHOGRAPHE DU VATICAN. (1 vol.).
NÉMÉSIEN.
Œuvres. (1 vol.).
OROSE.
Histoires (Contre les Païens). (3 vol.).
OVIDE.
Les Amours. (1 vol.).
L'Art d'aimer. (1 vol.).
Contre Ibis. (1 vol.).
Les Fastes. (2 vol.).
Halieutiques. (1 vol.).
Héroïdes. (1 vol.).
Les Métamorphoses. (3 vol.).
Pontiques. (1 vol.).
Les Remèdes à l'Amour. (1 vol.).
Tristes. (1 vol.).
PALLADIUS.
Traité d'agriculture. (1 vol. paru).
PANÉGYRIQUES LATINS. (3 vol.).
PERSE.
Satires. (1 vol.).
PÉTRONE.
Le Satiricon. (1 vol.).
PHÈDRE.
Fables. (1 vol.).
PHYSIOGNOMONIE (Traité de). (1 vol.).
PLAUTE.
Théâtre complet. (7 vol.).
PLINE L'ANCIEN.
Histoire naturelle. (36 vol. parus).
PLINE LE JEUNE.
Lettres. (4 vol.).
POMPONIUS MELA.
Chorographie. (1 vol.).
PROPERCE.
Élégies. (1 vol.).
PRUDENCE. (4 vol.).
QUÉROLUS. (1 vol.).
QUINTE-CURCE.
Histoires. (2 vol.).
QUINTILIEN.
De l'Institution oratoire. (7 vol.)
RHÉTORIQUE A HÉRENNIUS. (1 vol.).
RUTILIUS NAMATIANUS.
Sur son retour. (1 vol.).
SALLUSTE.
La Conjuration de Catilina. La Guerre de Jugurtha. Fragments des Histoires. (1 vol.).
SALLUSTE (Pseudo-).
Lettres à César. Invectives. (1 vol.).
SÉNÈQUE.
L'Apocoloquintose du divin Claude. (1 vol.).
Des Bienfaits. (2 vol.).
De la Clémence. (1 vol.).
Dialogues. (4 vol.).
Lettres à Lucilius. (5 vol.).
Questions naturelles. (2 vol.).
Théâtre. Nlle éd. (3 vol.).
SIDOINE APOLLINAIRE. (3 vol.).
SILIUS ITALICUS.
La Guerre punique. (4 vol.).
STACE.
Achilléide. (1 vol.).
Les Silves. (2 vol.).
Thébaïde. (3 vol.).
SUÉTONE.
Vie des douze Césars. (3 vol.).

Grammairiens et rhéteurs. (1 vol.).

SYMMAQUE.
Lettres. (3 vol. parus).

TACITE.
Annales. (4 vol.).
Dialogue des Orateurs. (1 vol.).
La Germanie. (1 vol.).
Histoires. (3 vol.).
Vie d'Agricola. (1 vol.).

TÉRENCE.
Comédies. (3 vol.).

TERTULLIEN.
Apologétique. (1 vol.).

TIBULLE.
Élégies. (1 vol.).

TITE-LIVE.
Histoire romaine. (27 vol. parus).

VALÈRE MAXIME.
Faits et dits mémorables. (2 vol.).

VALERIUS FLACCUS.
Argonautiques. (1 vol. paru).

VARRON.
L'Économie rurale. (3 vol.).
La Langue latine. (1 vol. paru).

LA VEILLÉE DE VÉNUS (Pervigilium Veneris). (1 vol.).

VELLEIUS PATERCULUS.
Histoire romaine. (2 vol.).

VIRGILE.
Bucoliques. (1 vol.).
Énéide. (3 vol.).
Géorgiques. (1 vol.).

VITRUVE.
De l'Architecture. (8 vol. parus).

Catalogue détaillé sur demande

Ce volume,
le trois cent soixante-deuxième
de la série latine
de la Collection des Universités de France,
publié aux Éditions Les Belles Lettres,
a été achevé d'imprimer
en juillet 2002
dans les ateliers
de l'imprimerie F. Paillart
à Abbeville, 80103

N° d'édition : 4065. N° d'impression : 11805
Dépôt légal : juillet 2002.

Imprimé en France